Reinhard Hopp
Honda CB 750

Reinhard Hopp

Honda CB750

Die Geschichte einer Legende

Impressum

Einbandgestaltung: Andreas Pflaum

Bildquellen: Archiv Reinhard Hopp, Uli Schwab, Mick Walker, Stefan Wolf, Cycle World, Motor-Cycle, MOTORCYCLIST/Japan, American Honda Motors/USA, Honda Motor Co. Ltd./Japan, Vintage Japanese Motorcycle Club/England

ISBN 3-613-01920-1

Copyright © by Motorbuch Verlag, Postfach 103743, 70032 Stuttgart.
Ein Unternehmen der Paul Pietsch Verlage GmbH & Co.

1. Auflage 1998

Der Nachdruck, auch einzelner Teile, ist verboten. Das Urheberrecht und sämtliche weiteren Rechte sind dem Verlag vorbehalten. Übersetzung, Speicherung, Vervielfältigung und Verbreitung einschließlich Übernahme auf elektronische Datenträger wie CD-Rom, Bildplatte usw. sowie Einspeicherung in elektronische Medien wie Bildschirmtext, Internet usw. ist ohne vorherige schriftliche Genehmigung des Verlages unzulässig und strafbar.

Lektorat: Joachim Kuch
Innengestaltung: Katharina Jüssen
Repro: digibild reinhardt, 73037 Göppingen
Druck: Maisch & Queck, 70839 Gerlingen
Bindung: E. Riethmüller, 70176 Stuttgart
Printed in Germany

Inhalt

Vorwort — 6

Einführung — 7
Vom Traum zur Wirklichkeit

Soichiro Honda — 10
Der Weg zur Honda CB 750 Four

Born in the USA — 15
Die Bigbike-Idee

Technik im Detail — 18
Die Anatomie eines Welterfolgs

Die Prototypen — 38
Ein Traum wird wahr

Unter der Lupe — 42
Die CB 750 Four-Modelle

Die »anderen« Hondas: — 113
die Four-in-one-Modelle

Knapp verfehlt — 128
Der inoffizielle Geschwindigkeitsweltrekord

Vier gewinnt — 131
Die Four im Rennsport

Der Thronfolger — 138
Honda CB 750 Four DOHC

Die dritte Generation — 151
Honda CBX 750 F

Der Sprung zurück in die Neuzeit — 160
Die CB Seven-Fifty

Rat und Tat — 168
Clubs und Szene

Anhang — 171
Technische Daten

Vorwort

Dieses Buch ist gewidmet meinem Sohn Frederic, meiner Frau Barbara (und ihrem Verständnis), meinem Bruder Bernd und allen Liebhabern von HONDA-Motorrädern.

Mein besonderer Dank gilt den unzähligen Freunden und Enthusiasten, welchen wir diese lebendige Szene verdanken und die mich in vielfältiger Weise bei meiner Arbeit unterstützen, insbesondere jedoch American Honda Motors, Frank Berger, Peter Hartenstein, Honda Motor Ltd., Tokio, Frank Albert Illg, Karlheinz Rumm, Ulli Schwab, Stefan & Stefan, und – unverzichtbar – posthum Soichiro Honda für seinen Ideenreichtum und außergewöhnlichen unternehmerischen Mut, den ersten Schritt zu tun.

Ohne ihn wäre weder ein grandioses Stück Motorradgeschichte noch dieses Buch geschrieben worden.

Das Genie – Soichiro Honda.

»Die bestehenden und künftigen Motorradfahrer auf der Welt besitzen im Grunde keine Motorräder, die sie begeistern. Also müssen wir sie bauen. Und zwar so, daß jeder Anspruch der diesbezüglich gestellt wird, von uns ohne Einschränkungen erfüllt werden kann.«

Soichiro Honda

Einführung

Vom Traum zur Wirklichkeit

»Honda«

Dieser Name verkörpert nicht nur ein bekanntes Markenzeichen. Er steht auch für den ehrgeizigen Unternehmer Soichiro Honda, den Mann, der die Geschichte des Motorradbaues prägte wie kein anderer.

Der Sohn eines Schmieds aus der japanischen Provinz schuf aus dem Nichts einen Weltkonzern, und auch wenn dieser schon seit mehr als 20 Jahren den Löwenanteil seines Umsatzes mit Automobilen und anderen Produkten macht: Das Unternehmen ist der weltgrößte Motorradproduzent und verdankt diese Stellung Soichiro Hondas außergewöhnlichem Interesse für motorisierte Zweiräder. Sie waren von Beginn an Dreh- und Angelpunkt seines Wirkens und Schaffens.

Trotz hoher Massenfertigung und damit konkurrenzlos niedriger Verkaufspreise galten anspruchsvolle Motorentechnik, überdurchschnittliche Qualität und Zuverlässigkeit bald als »Honda-typisch«, wie auch die stimmige Optik und die perfekte Werbung zu Markenzeichen von Honda-Motorrädern wurden.

Doch keine einzige Maschine hat ein solches Echo rund um den Erdball ausgelöst und so nachhaltig eine ganze Szene verändert, wie gerade die Honda CB 750 Four. Sie bestimmte maßgeblich die Richtung der nachfolgenden Motorradkonstruktionen.

Die bahnbrechende Neuentwicklung setzte völlig neue Maßstäbe. Angefangen bei der fast schon luxuriösen Ausstattung über die Fahrleistungen bis hin zur optischen Ausgewogenheit: Die Four bestätigte Hondas Marktführerschaft in Sachen Qualität und Zuverlässigkeit. Sie war, kurzum, eine technische und stilistische Meisterleistung.

»Unvergleichlich« war das in diesem Zusammenhang am häufigsten zu lesende Attribut. Dieser Meilenstein in der Geschichte des Motorradbaus war von Anfang an ausgereift, obwohl es Hondas erster Versuch war, in die große Hubraumklasse vorzudringen.

Die »Königin« der Motorräder war geboren. Sie wurde mit Superlativen überhäuft. Oftmals, so schien es, fehlten den Kommentatoren die Worte, um dieser zweirädrigen Sensation gerecht zu werden.

Und die kleine Gemeinde der Motorradfahrer war sowieso begeistert: Der unverblümt zur Schau gestellte Vierzylinder-Leichtmetall-Reihenmotor, die elegante, chromblitzende vier-in-vier Auspuffanlage, die Leistungsdaten und schlußendlich die Scheibenbremse im Vorderrad ließen die Herzen höher schlagen. Robyn Davis von Amerikas meistgelesener Motorradzeitschrift *Cycle World* brachte es auf den Punkt: »Mit dieser Maschine war klar, daß ein neues Zeitalter angebrochen war – jetzt wußte wirklich jeder, wie alt die anderen Motorräder waren.«

Honda war mit der CB 750 zum Vorreiter einer neuen Technologie und Konstruktion in der Fließbandfertigung geworden, viele Hersteller folgten diesem Vorbild im Laufe der späteren Jahre.

Das erste »super-bike«:
Honda CB 750 Four.

Honda CB 750

Soichiro Honda

Der Weg zur Honda CB 750 Four

Anfang 1946 richtete Soichiro Honda in einer Bretterbude in Hamamatsu seine ersten Verkaufsräume ein. Die Firma nannte sich »ART« -Automobile und Servicestation. Im Oktober des gleichen Jahres gründete er dann das »Honda-Technical-Reserarch-Institute«. Bis Sommer 1947 setzte er dort Benzinmotoren aus Armeebeständen in die verschiedensten Fahrrad-Rahmen und verkaufte diese unter eigenen Namen. 1948 bewies sein erster Motor (50 cm^3, Zweitakter) aus eigener Fertigung, daß Honda auch Nachbauten der »Armeevorlage« verkaufen konnte. Ein eigens entwickelter Preßstahlrahmen führte kurz darauf zu den ersten komplett selbst gefertigten Honda-Motorrädern: Im September 1948 wurde die Honda Motor Company gegründet.

1950 entstanden bereits täglich 300 »Dream«-Modelle, noch ausschließlich für den japanischen Markt, doch schon 1954 gelangten erstmals einige Honda-Juno-Roller (200 cm^3) in die USA. Im Jahr darauf erschien die erste Honda mit obenliegender Nockenwelle (250 cm^3 Dream), Honda avancierte nun zum größten Motorradhersteller Japans. Erste Exporterfolge konnte Honda 1957 verzeichnen, 285 Juno-Roller wurden in weniger als zwölf Monaten nach Südostasien verkauft. 1958 lieferte Honda zwei Maschinen in die USA, nach Asien der nächste Exportmarkt, den der Sohn eines Schmiedes anvisiert hatte. 1959 etablierte er in den Vereinigten Staaten eine eigene Niederlassung; American Honda Motors orderte 96 Maschinen. Im gleichen Jahr stieg Honda mit einer Jahresproduktion von 500 000 Einheiten zum größten Motorradhersteller der Welt auf. Honda feierte das auf seine Weise und schickte ein Team zur Tourist Trophy auf die Isle of Man. Noch belächelte die etablierte Konkurrenz das Exoten-Team mit ihren seltsamen Maschinen.

Die erste amerikanische Niederlassung in Los Angeles – offizieller Firmenwagen mit Super Cub und Sports Cub im Gepäck.

In den nächsten acht Jahren lächelte Honda. Bis zum Rückzug aus dem Grand Prix Sport 1967 errangen seine Werksmaschinen 16 Fahrer-Weltmeisterschaften, 18 Marken-Weltmeisterschaften und 137 Grand-Prix-Siege. Von 1959 bis 1967 gewann die Marke mit der Adlerschwinge achtzehn Rennen auf der Isle of Man, die damals noch zur Weltmeisterschaft zählten. Der Name »Honda« genoß, zumindest in Motorradfahrer-Kreisen, Weltruf.

Die Rennerfolge verhalfen auch den Serienmodellen weltweit zum Durchbruch und sorgten für neue Verkaufsrekorde: 1960 wurden in den USA bereits 140 Honda-Motorräder pro Monat abgesetzt, 1962 verkaufte American Honda 65 000 Maschinen und hielt einen Marktanteil von rund 50 Prozent. Wicderum zwei Jahre später war die amerikanische Honda-Filiale der größte Motorradhändler der Welt.

Begünstigt wurde dieser Erfolg durch die veralteten europäischen Konkurrenzmodelle, deren Technik noch in der Regel auf irgendwelchen Vorkriegsmodellen basierte. In Deutschland, noch Mitte der 50er Jahre einer der größten Absatzmärkte, war die Nachfrage außerdem völlig zusammengebrochen. Fast alle Hersteller kämpften um ihr Überleben, neue Entwicklungen verboten sich in dieser Lage beinahe von selbst.

Ganz anders die Einschätzung von Honda: Er glaubte an die Zukunft des Motorrads und gab aufwendige Marktstudien in Auftrag: Sie wurden zu einem wesentlichen Bestandteil seines Erfolges.

Zu Beginn der weltweiten Exportoffensive konzentrierten sich diese Analysen vornehmlich auf die USA. Sie bestätigten Hondas Einschätzung, daß dort noch große Lücken im Angebot existierten. So gab es »

nichts Vernünftiges, Praktisches« oder »Spaßiges und dennoch sparsam« im kleinen Hubraumbereich. Und in der großen Klasse wurden lediglich einige technisch betagte »Eisenhaufen« für eine kleine Minderheit angeboten. Ganze 60 000 Motorräder wurden jährlich in USA verkauft, die Motorradfahrer besaßen ein negatives Image. Daher war es nur folgerichtig, zuerst die unteren Hubraumklassen mit neuen, leichten Modellen zu beleben, wobei die guten Verkaufsergebnisse in Asien Soichiro

Steve Mc Queen

Hondas Cub fand viele Liebhaber: hier Steve McQueen.

Hondas eigene Markteinschätzungen bestätigten. Außerdem waren die Anforderungen an ein Fortbewegungsmittel im unteren Hubraumsegment rund um den Globus so ziemlich identisch. Bereits 1958 entwickelte er unter diesen Prämissen unter der Modellbezeichnung »Cub« ein 50 cm^3 Moped, das auch als besser ausgestattete »Super Cub« (frei übersetzt »Baby«) in den Export ging. Komplett ausgestattet – mit Beinschild und bereits ab Werk montierten Einkaufskorb – zeichnete sich das genügsame »Baby« durch sein zeitloses Styling aus. Außerdem verlangte es lediglich ein Minimum an Pflege bei einfachster Wartung. Obwohl ein Zweitaktmotor billiger gewesen wäre, entschied sich Honda für die aufwendigere Viertakt-Lösung, zu gut konnte er sich noch

Honda CB 750

Ein neues Zeitalter beginnt – CL 77: die Sportversion der »Super Hawk«.

an den grausamen Gestank der ersten Nachkriegs-Zweitakter erinnern.

Um auch in den USA zum Marktführer zu werden, startete Honda eine große Werbekampagne, die in erster Linie das Motorrad-Image verbessern sollten. Mit diese Werbekampagne ging American Honda in die Werbe-Geschichte ein, gekonnt zielte man auf die neuentdeckte Freizeitbranche. Der Slogan »Die nettesten Leute triffst Du auf einer HONDA« wurde zum Klassiker. Erstaunlicherweise sagten diese Inserate nichts über Motorräder, doch der Besitz einer Honda wurde so zum neuen Statussymbol. Millionen von Menschen, die nie davon geträumt hatten, ein Motorrad zu fahren, erwarben eine Honda. Die Rechnung ging auf: Die ersten der noch heute produzierten Cub-Modelle kauften die Amerikaner gleich direkt aus dem Container – »Einfach, weil sie jeder haben wollte«, wie die Händler berichteten. Soweit es die Verkaufszahlen betrifft, ist dieser »Honda-Volkswagen« mit deutlichem Abstand das erfolgreichste motorisierte Zweirad aller Zeiten. Bislang verließen über 26,5 Millionen Stück die Produktionsanlagen.

Soichiro Honda

Die amerikanische Kundschaft konnte 1959 aber auch schon unter größeren Honda-Motorrädern wählen. Von der Benly-Serie (250 cm³/300 cm³) existierten Touring-, Sport- und Scrambler-Versionen sowie Rennkits für Ausweisfahrer. Es waren die ersten Modelle, welche auch nach Europa exportiert wurden. Die zu Anfang den Japanern – nicht ganz zu unrecht – nachgesagte Neigung, bestehende Konzepte nur kopieren, traf auf Honda schon bald nicht mehr zu: Die Cub war eine durch und durch eigenständige Entwicklung und die erste einer langen Reihe von Modellen, die sich weder an amerikanische noch europäische Maschinen anlehnten. Das technische Know-how dazu hatte Honda beim Bau der vielen Rennmaschinen erworben.

Darüber hinaus trichterte der Firmenchef seinen Konstrukteuren immer wieder ein: »Studiert am Markt erhältliche Motorräder. Dann überlegt, wie wir sie technisch besser, langlebiger und leistungsmäßig überlegener konstruieren können. Baut keine Motorräder für Minderheiten, sondern fragt die Leute, was sie sich wünschen.« Viele Skeptiker, insbesondere in Europa, begegneten anfänglich den relativ preisgünstigen Maschinen mit Mißtrauen und bezweifelten deren Haltbarkeit. Sie mußten in den meisten Fällen ihre Meinung revidieren. Anspruchsvolle Technik, hohe Leistungen und außergewöhnliche Qualität wurden fast schon zu einem Markenzeichen des japanischen Herstellers. Honda setzte auf dem wichtigen amerikanischen Markt ständig neue Impulse, säte Wind und erntete schließlich Sturm.

Ab 1961 liefen die neuen Serien CB 72 (250 cm³) und CB 77 (305 cm³) – in USA als »Hawk« oder »Super Hawk« bezeichnet – vom Band und erschlossen weitere Märkte. Mit 145 beziehungsweise 153 km/h Höchstgeschwindigkeit und einer Nenndrehzahl von 9200/ 9.000/min wurden Rennmaschinen zu Alltagsmotorrädern. Jetzt endlich nahm man auch in Europa Notiz davon. Obwohl Honda zu diesem Zeitpunkt bereits über ein Jahrzehnt Motorräder baute, hatte man den Eindruck, als ob über Nacht ein völlig neuer Produzent mit den »richtigen« Ideen und Maschinen aufgetaucht sei. Die hohen Stückzahlen brachten genug Gewinne, um die ehrgeizen Pläne des Firmengründers zu finanzieren, der weiter investierte: In neuartige Fertigungsanlagen, riesige Gebäudekomplexe mit ausgeklügelter Logistik und mehrstöckige Bänderstraßen.

Die dafür notwendigen Maschinen lieferten europäische Firmen: Hochwertige Präzisionsmaschinen, technisch auf dem neuesten Stand, die vielfach noch nach Hondas Vorstellungen modifiziert und erweitert wurden: Im Japan jener Zeit herrschte Aufbruchstimmung, und davon kündete auch die Honda-Hauszeitschrift: »Alle arbeiten für ein gemeinsames Ziel«. Die Voraussetzungen, um neue Herausforderungen anzugehen, hätten besser nicht sein können.

Seine »Ideenfabrik« in Asaka koppelte Honda bereits sehr früh vom Stammwerk ab und verselbständigte sie in Form einer eigenen Firma Honda R & D Ltd, Research & Development. Die ehemalige Entwicklungsabteilung erhielt drei Prozent der Unternehmenseinnahmen und konnte – losgelöst von wirtschaftlichen Zwängen – entwickeln. Auch das war ein Novum in der Motorradwelt. Diese Rahmen-Bedingungen basierten auf einer einzigartigen Grundlage: In der Worstcase-Betrachtung – also ausgehend von der schlimmsten denkbaren Annahme – würde R & D 99 Prozent »Ausschuß« erarbeiten. Doch das verbleibende eine Prozentpünktchen, als »verwendbares Neuprodukt« in Produktion gebracht, würde für die Erhaltung der Marktführerschaft völlig ausreichen: Kein anderer Motorradhersteller konnte in so kurzer Zeit so viele Modelle zur Serienreife bringen und gleichzeitig eine Großserienproduktion aufbauen. 1962 war die Modellpalette auf elf Maschinen angewachsen und der ehrgeizige Japaner war gewillt, den Schritt auch in die größeren Hubraumklassen zu wagen.

Vom Konzept her sollte es noch einmal ein Zweizylindermotor werden, ihn stellte Honda am 1. August 1965 in Form der CB 450 Super Sport vor. Technisch wieder sehr anspruchsvoll, belegte er den Werbeslogan: »Von der Rennstrecke auf die Straße – stark genug, einer 500er oder 650er davonzufahren«. Tatsächlich gab es keine andere 450er, die 43 PS bei 8500/min mobilisierte und eine Höchstgeschwindigkeit von 170 km/h erreichte. Zwei vakuumgesteuerte Unterdruckvergaser mit

Honda CB 750

32 mm Saugrohr-Durchmesser und ein hochkomplex gegossener Zylinderkopf mit Drehstab-Ventilfedern und zwei Nockenwellen markierten eine neues Zeitalter im Motorradbau. Eigenwillig und unverwechselbar im Aussehen, sorgte sie in ihrer Klasse für kaum möglich gehaltene Leistungen. Mit ihr konnte die Nachfrage nach einer »großen Honda« endlich erfüllt werden. Allerdings nur vorübergehend. Der Markt belohnte Hondas Mut, allerdings nicht so reich, wie man sich das in Tokio vorgestellt hatte. Vibrationen und die Zweizylinder-Bauweise setzten dem ungestümen Vorwärtsdrang vorerst physikalische Grenzen.

Da erschien es doch erfolgversprechender, sich der eigenen Rennmotoren zu erinnern und »etwas aus diesem Bereich zur Serienreife zu führen« (Pressezitat bei der Vorstellung der Honda CB 750). Die Entwicklungsabteilung hatte jedes Hubraumvolumen, jede Motorenkonzeption (vom Einzylinder bis zur sechszylindrigen Renn- oder Serienmaschine) angedacht, die ermittelten Werte gespeichert und war darüber hinaus imstande, zum Beispiel das Strömungsverhalten und den Wirkungsgrad von unzähligen Auspuffanlagen abzurufen.

In knapp zweijähriger Entwicklungszeit reifte die Revolution im Motorradbau heran: Am 25. Oktober 1968 präsentierte Honda auf der Internationalen Motor Show in Tokio die CB 750. Es war der Beginn eines neuen Zeitalters, beziehungsweise – wie Chronisten 30 Jahre später feststellten – »lebte die CB 750 nicht in einer Ära, sondern schuf eine«.

Aus Hondas Traum wird ein Meisterstück.

Born in the USA
Die Bigbike-Idee

Hondas wichtigster Exportmarkt war Nordamerika, also die Vereinigten Staaten und Kanada. Das schier unvorstellbare Käuferpotential dieses reichen Kontinents zu erobern, war für ein junges, exporthungriges Unternehmen eine unwiderstehliche Herausforderung. Doch wer hier erfolgreich sein wollte, durfte sich keine Blöße geben, denn US-Käufer waren qualitätsbewußt. Hinzu kamen die dort vorherrschende Erwartung, weite Strecken ohne technische Mängel bewältigen zu können und die amerikanische Vorliebe für »große« und starke Technik. In der Bigbike-Klasse teilten sich nur wenige Anbieter diesen lukrativen Markt. Die Untersuchungen der Japaner bestätigten die Einschätzung, daß es in dieser Klasse eigentlich keine modernen und optisch ansprechenden Maschinen gab. Folglich mußte die Neuentwicklung den Stand der technischen Möglichkeiten verkörpern, und dies möglichst langfristig. Kein Frage auch, daß geringster Wartungsanspruch, hohe Lebenserwartung und außergewöhnliche Leistung bei allen Umfragen auf den vorderen Plätzen landeten.

Die Entwicklung der Honda CB 750 Four erfolgte also nicht nach dem »Zufallsprinzip«, auch nicht vor dem Hintergrund, die Modellpalette sukzessive nach oben zu erweitern, nachdem Honda in den unteren Hubraumklassen zum unangefochtenen Marktführer aufgestiegen war. Ausschlaggebend waren vor allem zwei Gründe: Erstens fehlte Honda eine erfolgversprechende Serienmaschine, um an den prestigeträchtigen amerikanischen Rennveranstaltungen teilnehmen zu können, und zweitens hatte man inzwischen genug Erfahrungen mit dem Verkauf der Honda CB 450 gemacht. Sie waren nicht die besten. Ausgerechnet die Resonanz der amerikanischen Kunden auf die erste große Honda enttäuschte; die CB 450 – obwohl für USA entwickelt und mit anspruchsvoller technischer Ausstattung versehen – kam im Hauptexportland nicht an.

Dafür gab es mehrere Gründe: Trotz geänderter Kurbelwelle mit 180° Kröpfung – für besseren Massenausgleich – entwickelte die CB 450 ungewöhnlich starke Vibrationen. Darüber hinaus ermöglichte das ungünstig abgestufte Viergangetriebe keinen optimalen Leistungsanschluß. Umfragen in den USA nannten ferner ein »sehr gewöhnungsbedürftiges Aussehen« der CB 450 – Spitzname »Black Bomber« – als weiteren Grund. Auch die

CB 450 – auf dem richtigen Weg, aber noch nicht das Optimum.

Honda CB 750

Der »black bomber« brachte nicht den erhofften Durchbruch.

nicht sonderlich benzinresistente, schwarze Lackierung konnte dem bisherigen Ruf der Marke in Qualität, Zuverlässigkeit und Styling nicht gerecht werden. Zwar besserte Honda bei dem nach knapp zwei Jahren angebotenen Nachfolgemodell deutlich nach, jedoch waren die verlorenen Verkaufszahlen trotz aller Anstrengungen nicht mehr aufzuholen. Bei der nächsten Neuentwicklung – gerade in der großen, prestigeträchtigen Hubraumklasse – wollte Honda besser vorbereitet sein. »Wir dürfen niemals die Kunden enttäuschen«, so lautete eine Kernaussage von Soichiro Honda.

Verglichen mit den Rennerfolgen auf dem alten Kontinent sah man in Amerika die Marke mit der Adlerschwinge von Mitte bis Ende der sechziger Jahre relativ selten auf dem Siegertreppchen. Das Reglement der American Motorcyclist Association (AMA) schrieb vor, daß nur Rennmaschinen, die auf einem Serienmodell basierten, an Rennen teilnehmen durften. Honda hatte bislang als größten Trumpf lediglich die CB 450 im Ärmel; die 250er und 305er waren im Vergleich zu der übermächtigen Konkurrenz fast chancenlos. Für europäische Einsätze konnten die japanischen Ingenieure die jeweils benötigte Rennmaschine – quasi sofort – aus dem Hut zaubern. Technisch war Honda in der Lage, leistungsstarke Ein-, Zwei-, Vier-, Fünf- oder gar Sechszylinder zu bauen. Das Engagement im Rennsport zahlte sich – wie bei anderen dort erfolgreichen Herstellern auch – aus: Im Serienmaschinenbau, im Bekanntheitsgrad und letztlich im gestiegenen Verkauf. Alle diese Faktoren fehlten im Angebot für das größte Abnehmerland. Honda berief sich in den Anzeigen zwar auf die Grand-Prix Erfolge, was der Masse der Amerikaner allerdings völlig gleichgültig war. Wohl gelang es, den Verkauf der kleineren Modelle durch das Motorrad-gemäßere Image aufzuwerten, doch der Durchbruch in der angepeilten Oberklasse war so nicht zu erreichen.

Zuständig für den Einsatz und Wartung der 450er Honda-Rennmaschinen in Amerika war Bob Hansen. Er mußte allmählich – trotz Werksunterstützung – erkennen, daß gegen die starke Konkurrenz von BSA, Triumph und Harley Davidson auf Dauer keine Honda bestehen konnte. Und an Rennerfolge, vergleichbar denen der Marke in Europa, war sowieso nicht zu denken. Der tatkräftige Amerikaner flog kurzerhand 1967 nach Japan und unterrichtete Soichiro Honda von den Problemen. Er erinnerte an die bereits vorhandenen technischen Möglichkeiten und forderte für amerikanische Rennfahrer eine konkurrenzfähige Maschine, am besten einen Multi-Zylinder, der sich der bereits von europäischen Pisten bekannten »Renntechnik« bediente. Für eine solche Honda sei eine entsprechende Nachfrage zweifellos vorhanden: »Wir sollten diese Chance nicht anderen überlassen, die Zeit ist reif«. Hansen flog danach zurück nach Wisconsin und war sich nicht sicher, ob der große Japaner ihm überhaupt zugehört habe. Genau das hatte Soichiro Honda allerdings sehr genau. Ihm war bald klar, daß Bob Hansen recht hatte. Nach internen Beratungen gab Honda dann grünes Licht, den schon seit längerer Zeit diskutierten Mehrzylinder-Entwurf auf die Räder zu stellen.

Die große »Dream« mußte – wie alle Honda-Modelle – Hondas ureigenste Motorrad-Vorstellungen widerspiegeln. Konkurrenzlos preiswert, haltbar, sauber (im Hinblick auf so manches öltropfende Konkurrenzprodukt), sicher, stärker und vor allen Dingen: wartungsfreundlich mußte sie sein, und so ansprechend verpackt (»eine Honda muß jeder zweifelsfrei erkennen können, insbesondere von hinten«), daß sie von allen anderen Maschinen auf den ersten Blick zu unterschieden werden konnte. Vollgestopft mit aktueller Technik. Erstmals war außerdem eine Maschine zu entwickeln, die über die Serienversion hinaus konstruktive Reserven für den Rennsport mitzubringen hatte. Amerikas große Hubraumklasse vor Augen, mußte dieses neu zu bauende Serienmotorrad in erster Linie »zuverlässiger und ausdauernder als jede andere Maschine dieser Kategorie selbst weiteste Entfernungen mängelfrei zurücklegen können«. Damit stellte Honda selbst klar, daß an einen reinen Supersportler nicht gedacht war. Ferner hatten sich die Konstrukteure nur an amerikanischen Fahrern zu orientieren; japanische Anatomie oder Vorstellungen blieben unberücksichtigt. So wurde die Honda CB 750 Four zum ersten japanischen Motorrad, das von Anfang an speziell für die USA entwickelt und gebaut werden sollte, von der Sitzgeometrie angefangen. Kein einfaches Lastenheft.

Glücklicherweise hatte das eigene Forschungs- und Entwicklungsunternehmen freie Kapazitäten. Nach dem 1967 vollzogenen Rückzug aus dem internationalen Renngeschehen standen hochqualifizierte Mitarbeiter zur Verfügung, die nun nicht mehr durch die Renn-Aktivitäten des Werks blockiert wurden. Andererseits waren die Teams gut eingespielt, verfügten über die notwendigen technische Vorrichtungen sowie einen reichen Schatz an Erfahrungen.

Bis es zur Festlegung des endgültigen Designs verging viel Zeit, doch nachdem Honda in die Entwicklungsphase eingetreten war, wurde dieses Projekt mit ungeheurer Macht vorangetrieben. Im Februar 1968 fiel der Startschuß für die Umsetzung, um im Oktober des gleichen Jahres als Prototyp die Welt in Erstaunen zu setzen. Selbst für einen Hersteller, der in der Fertigung von Mehrzylindern über Erfahrungen verfügt, war das eine außerordentlich schnelle Entwicklungsgeschwindigkeit.

1968 erhielt Mr. Hansen Post aus Tokyo. Dem Schreiben lagen einige Fotos einer unbekannten, vierzylindrigen Maschine bei. Im Begleitschreiben wurde um Verständnis für die Tatsache gebeten, daß die diesjährige Rennunterstützung für die CB 450 aus Nippon vorübergehend eingestellt werden müsse. 1969, so die Zusi-

Die ersten beiden, seriennahen Prototypen – die silberne Lackierung – gelangte nicht in die Serienproduktion.

cherung, stünden ihm dann drei Maschinen eines ganz neuen Typs zur Verfügung. Das auf den vertraulich übersandten Fotos abgebildete Motorrad entsprach in den Grundzügen der CB 750 Four (der Typenname war noch nicht bekannt), verfügte allerdings noch über Gabel und Vorderrad-Geometrie der CB 450, einschließlich Duplexbremse. Zu diesem Zeitpunkt – dies belegt auch der Briefwechsel – kämpfte Honda noch mit technischen Problemen, sowohl was den Motor als auch den Rahmen der künftigen Serien- und Rennmaschine betraf.

Honda CB 750

Technik im Detail

Die Anatomie eines Welterfolgs

Eigentlich wies die so revolutionäre Honda CB 750 Four keine technische Weltneuheit im Motorradbau auf. Vierzylinder-Motorradmotoren waren nicht unbekannt. Ihre Premiere erlebte diese Bauart Anfang des 20. Jahrhunderts in Fahrzeugen der Firmen Laurin & Clement und F.N., Belgien. Auch die Scheibenbremse im Vorderrad war kein Novum. Technisch gesehen bereits »ein alter Hut«, kam sie vereinzelt auch an kleineren Rennmaschinen zum Einsatz.

Dennoch war die Honda eine der technisch fortschrittlichsten Motorrad-Konstruktionen aller Zeiten. Allerdings sollte man in diesem Zusammenhang das Wort »Fortschritt« mit Vorsicht verwenden, denn vielfach ermöglichen erst neue Rohstoffe und bessere Bearbeitungsmethoden die Verwirklichung von Ideen und Konstruktionen, die schon längst angedacht waren. »Fortschritt« bedeutet in diesem Zusammenhang aber auch, daß erstmals ein Hersteller über die für eine Großserienproduktion notwendige technische Ausstattung und die vertrieblichen Möglichkeiten verfügte. Honda bewirkte daher auf vielen Gebieten einen Strukturwandel, der schließlich die ganze Motorradbranche erfaßte. Auch dafür steht die Honda CB 750 Four. Was das Besondere an ihr ausmachte, war nicht das Konstruktionsprinzip an sich, sondern die Umsetzung und der Aufwand, der dabei betrieben wurde. Erst die Summe aller Faktoren zusammen, die Kombination aus sauber durchkonstruierten Detaillösungen und gekonnter Weiterentwicklung bestehender, technischer Errungenschaften führte schließlich zu diesem Meilenstein der Motorradgeschichte.

Federführend bei der Entwicklung der Vierzylinder-Honda – das »CB« oder »K« Kürzel in der Typologie stand selbst bei der Vorstellung noch nicht fest – waren Yoshiro Harada sowie Einosuke Miyachi, der auch für das Design verantwortlich war. Insgesamt beteiligten sich an diesem streng geheimen Großprojekt vierzig handverlesene Mitarbeiter, die quasi Tag und Nacht im Einsatz waren. Sie betrachteten ihre Aufgabe als »die bisher größte Herausforderung außerhalb der internationalen Rennwettbewerbe« (Honda-Mitarbeiterzeitschrift) – und die Zeit drängte.

Bei der Erstellung des Lastenhefts des künftigen Motors wurden verschiedene Ideen diskutiert, doch schließlich setzte sich das Mehrzylinder-Konzept durch. Auch über die künftige Zylinderzahl herrschte schnell Einigkeit. Damit stand aber auch fest, daß es für dieses Motorrad noch kein Vorbild gab, nichts, woran man sich hätte orientieren können. Daher griffen die Honda-Techniker in erster Linie auf die hauseigenen Datenbestände zurück und analysierten auch die Werte der parallel verlaufenden Autoproduktion. Honda fertigte Vierzylinder-Motoren für die kleinen Sportwagen S 600 (seit 1964) sowie S 800 (seit 1965). Allerdings verfügten diese Aggregate über Wasserkühlung. Auch wenn der Zugriff auf die Honda-Datenbank nicht sofort das gewünschte Ergebnis brachte, so war sie letzlich für die relativ kurze Entwicklungsdauer dieses »Meilensteines im Motorenbau« *(News Week)* verantwortlich.

Eine Wasserkühlung schied ziemlich schnell aus, die Kaufleute votierten aus Kostengründen dagegen, außer-

Technik im Detail

dem wäre diese Konstruktion zu schwer geraten. In Anlehnung an seine Rennmaschinen dachte Honda daher erstmals daran, den künftigen Vierzylinder-Motor quer in den Rahmen zu setzen, was eine optimale Luftkühlung aller Zylinder-Einheiten gewährleisten würde. Außerdem stammte die Technik aus dem Rennmotorenbau und hatte sich bereits vielfach im Grand-Prix-Sport bewährt. Auch im Automobil-Rennsport verfügte Honda über langjährige Erfahrungen im luftgekühlten Leichtmetall-Motorenbau. Der im August 1964 erstmals eingesetzte Formel-1-Rennwagen ist ein solches Beispiel; sein Debüt gab er auf dem Nürburgring. Mit der nächsten Evolutionsstufe dieses Rennwagens, dem RA 273 V, gewann Honda unter Richie Ginther 1965 in Mexiko seinen ersten Grand Prix und belegte Platz sechs bei der Konstrukteurs-Wertung; 1967 siegte John Surtees mit dem weiterentwickelten RA 300 beim Großen Preis von Italien und arbeitete sich bis auf Platz vier der Weltmeisterschaft vor. Der V12-Renner mit Vierventil-Zylinderköpfen siegte auch beim GP Frankreich und schaffte 1968, ebenfalls mit Surtees am Steuer des RA 301, einen dritten Platz beim Großen Preis der USA.

Der Motor

Bei diesem Rennwagenmotor setzten die Konstrukteure an: Im Honda CB 750-Motor rotierte die Kurbelwelle des F1-Renners. Die Kurbelwelle wurde aus einem Stück geschmiedet und feingewuchtet; ihre fünffache Lagerung auf speziell ausgelegten Gleitlagern entsprach der des vierrädrigen Rennwagens – ein weiteres Novum im Motorradbau. Im Vergleich zu einem Rollen-Kugellager spart die Gleitlagerung Gewicht, benötigt weniger Raum, vereinfacht Montage und Wartung, arbeitet geräuschloser und ist obendrein noch in der Produktion preiswerter. In einer Mehrzylinder-Maschine, wo bedingt durch die Bauart, eine größere Lageranzahl erforderlich ist, tragen Gleitlager auch zu einem ruhigen Motorlauf bei.

Auch bei maximaler Belastung bieten Gleitlager nur Vorzüge, was sich von einem Rollenlager nur sehr bedingt sagen läßt. Hohe Drehzahlen steigern den Verschleiß, nicht zuletzt aufgrund der Vielzahl von Einzelteilen; außerdem tendieren die Rollen oder Kugeln bei hoher Zentrifugalkraft dazu, das Öl abzuschleudern. In der von Honda gewählten Gleitlagerung schwammen die

Der konstruktive Ausgangspunkt: Honda BT 18.

Honda CB 750

In diesem Motor dreht sich die gleiche Kurbelwelle, wie in der CB 750 Four.

Teile auf einem Ölfilm, selbst bei sehr hohen Umdrehungen.

Weitere Lagerteile, welche verschleißen könnten, gab es nicht. Daneben sorgte diese Konstruktion auch für eine bessere Ölkühlung: Das unter Druck eingeleitete Motoröl führte sehr schnell die Hitze ab und stellte einen einwandfreien Fluß sicher. Für die dauerhafte Funktion der Komponenten war – im Vergleich zu den bisher in Serie gefertigten Modellen – allerdings ein wesentlich höherer Öldruck erforderlich. Gleitlager erfordern bauartbedingt unter Druck gesetzten Schmierstoff, daher mußte eine völlig neue Ölversorgung geschaffen werden. Für Lagerung und Führung der Getriebewellen griff Honda auf Radial-Kugellager zurück. In diesem Bereich war

Erste Konstruktionszeichnung des künftigen Motors.

Technik im Detail

die bisherige Bauart optimal: niedriger Öldruck und keine hochtourigen Umdrehungszahlen. Ein einheitliches Drucksystem sollte nur dort geschaffen werden, wo es konstruktiv notwendig war.

Die Kraftübertragung der Kurbelwelle erfolgte durch zwei endlos gefertigte, einreihige Rollenketten auf die wälzgelagerte, dahinter angeordnete Primärwelle. Durch das auf ihr befindliche Primärkettenrad untersetzte Honda die Kurbelwellen-Drehzahl im Verhältnis 1,708 : 1. Im Boden darunter fand ein durch Federn belasteter, mechanischer Kettenspanner mit Hartgummi-Führungsrolle Platz. Praktischerweise war es möglich, auch ohne Ausbau und Zerlegung des Motors die Primärketten auf Verschleiß zu prüfen. Nach Entfernen der Ölwanne war mit einer Schiebelehre die Längung der Ketten einfach zu ermitteln. Während der Entwicklungsphase wurden auch andere Konstruktionen getestet. Die Japaner bauten Motoren mit Zahnriemen- und Zahnrad-Primär-Antrieben; sie wurden später aus Kostengründen wieder verworfen.

Auf der Primärwelle wurden fünf Wellenzahnräder angebracht; an ihrer rechten Seite befand sich der Kupplungskorb; die Kupplungseinheit ging auf Grand-Prix-Modelle zurück. Die Mehrscheiben-Naßkupplung lief im Ölbad, was einerseits die Kupplung schmierte und andererseits die von den Reiblamellen erzeugte Wärme abführte. Der wartungsfreie, mit Teflon beschichtete Kupplungs-Seilzug betätigte sieben Reib- und sechs dazwischen liegende sechs Stahllamellen. Honda entschied sich bei der CB 750 für die Verwendung von neu entwickelten, hochfesten Neoprenmaterial für die Reibscheiben; die Kupplung erhielt lediglich vier Kupplungsfedern, bei den ersten 1756 Serienmodellen kamen sieben Stahllamellen zum Einsatz.

Direkt hinter der Primärwelle befand sich auf einer weiteren Welle das aus fünf Zahnrädern bestehende Vorlegegetriebe im hinteren Teil des Kurbelgehäuses. Der nur leicht modifizierte, aus anderen Modellen bekannte Schaltmechanismus bestand aus drei Schaltgabeln, Walze und dem vom Fußschalthebel geführten Schaltarm. Die kurze Endantriebswelle bildete den Abschluß der Kraftübertragung; mit ihr rotierten schließlich insgesamt elf unterschiedliche Wellenzahnräder auf kleinstem Raum im horizontal teilbaren Kurbelgehäuse. Und die trotz eines serienmäßigen Elektrostarters vorhandene Kickstarter-Einrichtung machte das Dutzend Zahnräder voll. Honda war es gelungen, einen in seinen Abmessungen sehr kompakten Motor zu schaffen. Mit 535 Millimetern Breite fiel er deutlich schmäler aus als etwa die BMW-Boxer aus dieser Zeit.

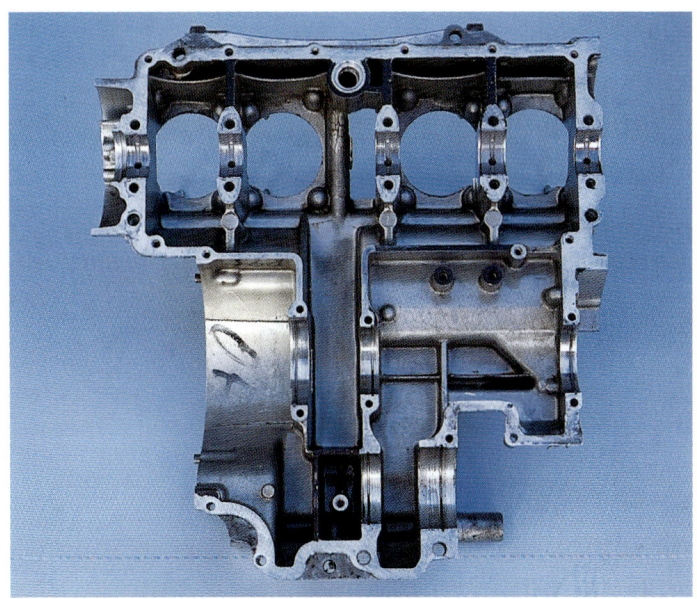

Stationen zum Meisterstück: das filigrane, kompakte Kurbelgehäuse-Oberteil der CB 750 Four, K0.

Die Hubzapfen der Kurbelwelle der beiden äußeren Zylinder wurden gegenüber den inneren um 180 Grad versetzt, um Vibrationen vorzubeugen. Jeder Pleuelfuß wurde im Wangenbereich geteilt (zerlegbar) und mit Gleitlagern versehen. Der Pleuelkopf kam ohne zusätzliche Büchse für die Kolbenbefestigung aus und trug eine Ölbohrung im Kolbenbolzen-Auge. Die Haupt- und Pleuellager stellte Honda aus einer Zinnlegierung her.

Aus Kostengründen entschied sich das Werk für nur eine Nockenwelle, nicht zuletzt, weil das neue Spitzenmodell nicht ausschließlich im Rennsport eingesetzt werden sollte. Für diese unkomplizierte Technik sprachen auch – neben den Umfrage-Ergebnisse, die den Stellenwert überschaubarer Technik erwiesen – Ge-

Honda CB 750

Mehr Platz braucht man nicht: das bestückte, untere Kurbelgehäuse der K0.

Auch das Verhältnis von Bohrung und Hub dürfte auf den Automobilsport zurückgehen. Der 1966 eingesetzte Vierzylinder-F2-Rennmotor verfügte wie die Prototypen über 72 mm Bohrung und 58 mm Hub. Bei 994 cm³ leistete dieser Rennwagen mit der Bezeichnung BT 18 über 150 PS bei 11 000/min. Der daraus abgeleitete CB 750 Four-Motor wies lediglich eine um acht Millimeter auf 64 mm verringert Bohrung auf. Mit den aus 746 cm³ mobilisierten 75 PS bei 9.300/min waren tatsächlich Geschwindigkeiten von über 200 km/h möglich.

Der Zylinderkopf, gleichfalls aus Leichtmetallguß gefertigt, trug eingelassene, halbkugelförmige Brennräume aus Stahl (hemisphärisch), um eine bessere Leistungsausbeute sicherzustellen. An seiner Auslaßseite wurden die Abgas-Öffnungen mit versenkten Bohrungen versehen. In diese Gewinde wurden vier verchromte Flanschstücke aus einer Stahllegierung angeschraubt, welche die Krümmer der Auspuffanlage aufnahmen. Das durchdachte Befestigungssystem erlaubte es, die Auspuffanlage individuell und einfach zu justieren. Im Unterschied zur CB 450 verzichtete Honda bewußt auf ei-

wichtsgründe. Der Kopf wog schließlich kaum mehr als der Zylinderkopf der CB 450 mit zwei Nockenwellen. Im Modellversuch liefen auch Motoren mit vier Ventilen pro Brennraum, doch deren Fertigung sprengten die Kalkulation. Dem Rotstift zum Opfer fiel auch das sogenannte »Zwei-plus-zwei-Verfahren«, die Idee, auf ein gemeinsames Kurbelgehäuse zwei »Twins« nebeneinander zu setzen. Erste Probefahrten wurden auch absolviert, doch der Fertigungsaufwand war enorm. Wieder meldeten sich die »Autoleute« zu Wort und rieten zur effizienteren, günstigeren und gußtechnisch einfacheren Herstellung eines gemeinsamen Zylinderblocks, in den nur noch die Laufbuchsen eingepreßt werden mußten.

K0-Sandguß-Zylinderbank – in der Mitte ist der Steuerkettenschacht noch sehr schmal ausgefallen.

Technik im Detail

Die Ventil-Anordnung in halbkugelförmigen Stahlkalotten – oben sind die eingeschraubten Ansaugstutzen deutlich zu erkennen.

ne starre Fixierung durch Stehbolzen, Halbschalen und Bundmuttern. Die Auspuffschelle hielt den aufgestülpten Krümmer in der gewünschten Position. Für den Fahrer hatte dieses Befestigungsprinzip einen weiteren Vorteil: die Kupfer-Dichtungsringe zwischen Zylinderkopf und Krümmer brauchten nur noch bei der äußerst seltenen Abnahme der Flanschstücke erneuert zu werden.

An der Einlaßseite des Zylinderkopfes wurden vier Leichtmetall-Stutzen, mündend in die Einlaßkanäle, mit Feingewinde bereits im Werk montiert. Sie endeten mit gleichen Abstand hinter dem Kopf und wurden von den Ansaug-Gummis der Einzelvergaser umschlossen. Die Gummistücke trugen an ihren Rändern im Innenbereich Aussparungen und legten sich luftdicht über die Ansaugstutzen und die Vergaser, gehalten von leicht demontierbaren Schlauchschellen.

Die Ventile wurden hängend im Zylinderkopf angeordnet und trugen je eine innere und äußere Ventilfeder, oben und unten je einen Ventilfederteller und wurden am Ende durch zwei Keile gesichert. Durch die Verwendung von einer inneren und einer äußeren Ventilfeder wurde, wie bei den bisherigen Honda-Motorrädern, einer Materialermüdung vorgebeugt. Die Ventile (Einlaß 32 mm, Auslaß 28 mm) stammten von Mitsubishi und wurden im 45-Grad-Winkel angeordnet. Um bei einem Teller-Berührungen zu vermeiden, ordnete Honda diese nicht genau parallel zueinander an, sondern mit leichtem Versatz. Die Betätigung erfolgte über acht Kipphebel; die Nockenwelle war vierfach gleitgelagert und wurde von je zwei demontierbaren Lagerböcken gehalten. Das ermöglichte den Austausch verschlissener Lager, ohne daß ein neuer Zylinderkopf angeschafft werden mußte.

Der Nockenwellen-Antrieb lag zwischen dem zweiten und dritten Zylinder, eine Fortsetzung des bisherigen, Honda-typischen Konstruktionsprinzips. Allerdings wurde der Vorschlag, auch bei dem neuen Vierzylinder-Motor an diese Stelle den Primär-Antrieb zu setzen, erst drei Monate nach Entwicklungsbeginn im Mai 1968 verwirklicht. Wie bei der 450er Serienmaschine wurde die Nockenwelle durch eine Endloskette angetrieben. Für die notwendige Kettenspannung sorgte der hinter der Zylinderbank angebrachte, einstellbare Kettenspanner. Er basierte auf dem von den Twins bekannten Bauteil, wurde für den Einsatz in diesem Motor leicht modifiziert: Bisher spannte ein Kunststoffkeil oder eine Rolle am Ende des Kettenspanners die Steuerkette. Bei der neu entwickelten Spann-Einrichtung lief die Steuerkette S-förmig durch zwei Kunststoffrollen hinter dem Kettenspanner

Honda CB 750

Der Zylinderkopf der K0 von oben – ohne Nockenwelle und Lagerböcke – mit den versenkten Zündkerzen war eine ingeniöse Herausforderung.

durch; eine integrierte Schraubenfeder drückte die Rollen nach innen und spannte so selbsttätig die Kette. Die Sache war narrensicher und pflegeleicht. Um die Steuerkette nachzuspannen, mußte nur von Zeit zu Zeit die Schraube am Steuerketten-Spanner gelöst werden. Eine gegenüber dem Spanner angebrachte Führungsschiene verhinderte ein eventuelles Schlagen der Kette.

Im Unterschied zu den bisherigen Modellen entschieden sich die Ingenieure beim Nockenwellen-Antriebsrad der CB 750 Four für ein austauschbares, mittig auf der Welle angeschraubtes Zahnrad. War bisher das Kettenrad mit der Welle verschweißt, konnte jetzt das verschlissene Rad ausgetauscht und die Nockenwelle weiter verwendet werden. Der Zylinderkopf-Deckel bestand aus gegossenem Leichtmetall, welcher die typischen Honda-Ventil-Einstellkappen mit O-Ringen trug. Rechts und links außen wurde der Schriftzug »OHC 750« eingegossen. Mittig saß ein kleiner Dom, die »Öldampf-Sammelkammer«. Sie nahm Öldämpfe und überschüssiges Motoröl aus der Antriebseinheit auf; ein Entlüftungsschlauch, am hinteren Teil des Doms befestigt, transportierte das überschüssige Öl nach unten. Außerdem mündete beherbergte der Zylinderkopf-Deckel den Drehzahlmesser-Antrieb. Über eine Radial-Verzahnung von der Nockenwelle angetrieben, übertrug eine Stahlzunge die Umdrehungen an die eingehängte Drehzahlmesserwelle.

Das endgültige Design des neuen Motors stand im August 1968 fest. In der ersten Produktionsstufe – noch auf eine Kleinserie ausgelegt – gab es keine großserientaugliche Motoren-Gußfertigung. Die Kurbelgehäuse wurden in Handarbeit gefertigt und ausschließlich in aufwendigen und teuren Sandgußformen hergestellt. Erst später wurden sie durch vollautomatische Abläufe und dem Kokillen-Niederdruckguß-Verfahren ersetzt.

Der Kopf wie die Zylinder wurden anfänglich ohne Stege zwischen den Kühlrippen gegossen. Ab 100 km/h entwickelten sich Schwirrgeräusche, weshalb Honda senkrechte Stege in den Kühlrippen-Aufbau goß und kleine Gumminoppen dazwischen setzte. Weitere Modifikationen folgten, so kam es auch zu einer neuen Auslegung von Bohrung (jetzt 61mm) und Hub (63 mm statt 58 mm). Das verbesserte deutlich den Durchzug, auch aus unteren Drehzahlen heraus. Die englische Motorrad-Konkurrenz auf dem amerikanischen Markt im Blick, wußte Honda aus vielen Untersuchungen, daß es den amerikanischen Fahrern in erster Linie bei großen Motorrädern auf Drehmoment und ein breit nutzbares Drehzahlband ankam, nicht auf eine rennmäßige Leistungsentfaltung. Der mit 9:1 verdichtete Vierzylinder leistete letzlich 67 PS bei 8000 Umdrehungen. Schon bei 2000 Touren stellte die Maschine soviel Drehmoment zur Verfügung, wie die zuvor gebaute CB 450 bei Höchstleistung anzubieten hatte. Dabei wog eine CB 450 180 Kilogramm, die neue CB 750 Four brachte nur 38 Kilo mehr auf die Waage. Im Vergleich zu der 1967 eingesetzten 500er Vierzylinder-Rennmaschine mit 85 PS bei

Technik im Detail

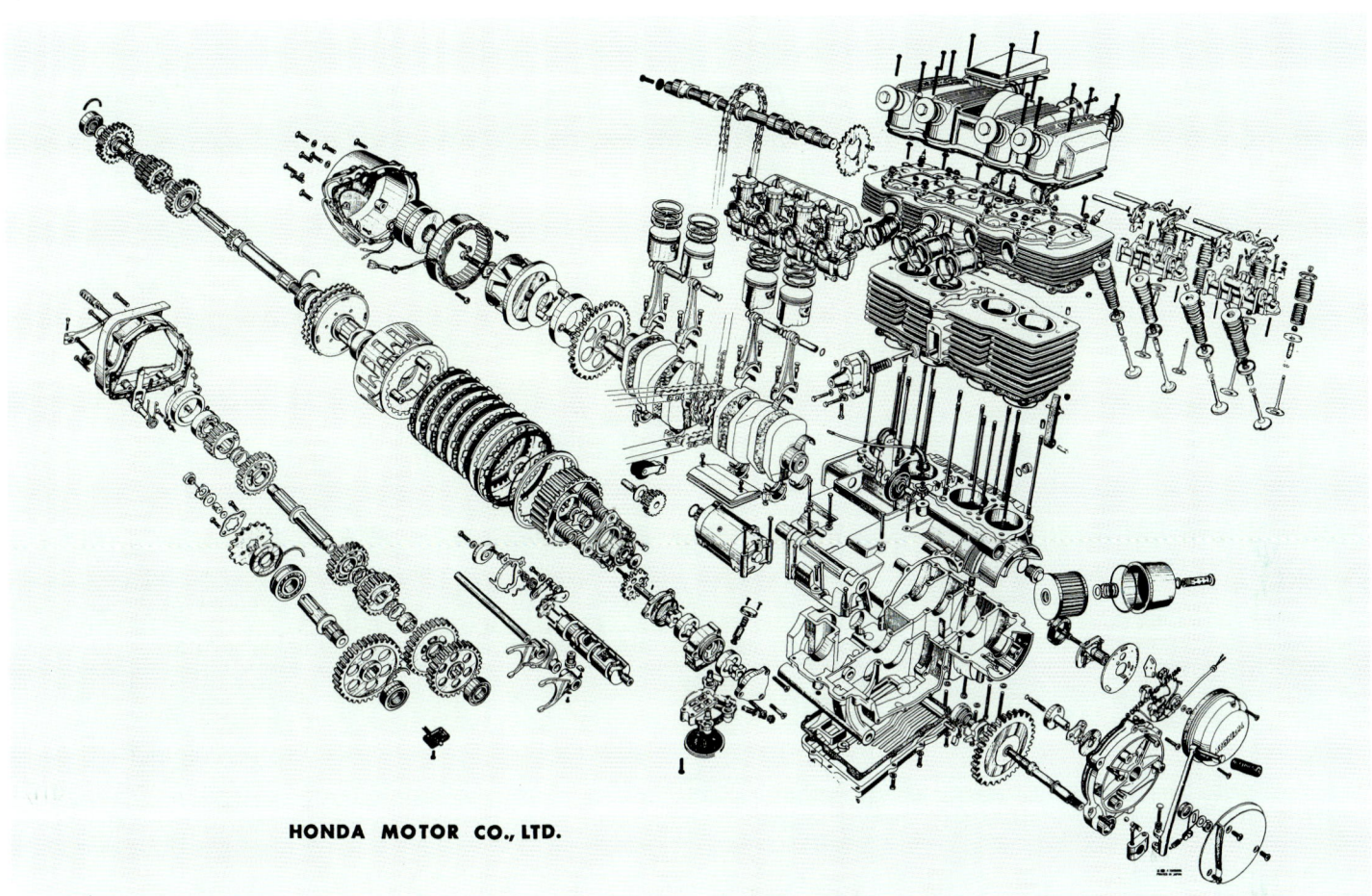

Die Zusammensetzung im Überblick – nur die eingeschraubten Ansaug-Stutzen im Zylinderkopf fehlen.

12.000/min war diese Nenndrehzahl für eine Honda schon wieder recht niedrig.

Das Standvermögen der CB 750 wird besonders im Vergleich zu anderen Motorrädern deutlich. Bei 8000/min lag die Kolben-Geschwindigkeit bei 16,8 Meter in der Sekunde. Eine BMW R 69 S erreichte bei Nenndrehzahl 17m/s, die Horex Regina (1953) 19,1m/s und die Kolben der seit 1968 angebotenen Norton Commando legten gar 20,76 Meter zurück. Der Drehmoment-Verlauf des neuen Honda-Motors konnte sich gleichfalls sehen lassen: bereits bei 3000/min waren es 5,2 mkg und 24 DIN-PS; das höchste Drehmoment wurde mit 6,1 mkg bei 7000/min gemessen. Technisch war ein weiteres Teilziel erreicht: hohe Lebenserwartung und eine fast unverwüstliche Konstruktion.

Der Ölkreislauf

Die Ölversorgung hatte wesentlichen Anteil an der außergewöhnlichen Standfestigkeit des Vierzylinder-Motors. Schon seit den ersten Zweizylindern CA 70/71 (1957/1959) setzte Honda auf ein System mit Trockensumpf-Schmierung und separatem Öltank, da wegen der relativ geringen Ölmenge im Fahrbetrieb bei starker Schräglage die Ölpumpe Luft ansaugen könnte. Außerdem ermöglichte diese Lösung ein Mehr an Bodenfreiheit. Diese Faktoren gaben den Ausschlag. Der Öltank wurde bei der CB 750 Four im rechten Rahmendreieck plaziert; eine Trochid-Rotorpumpe übernahm die le-

Honda CB 750

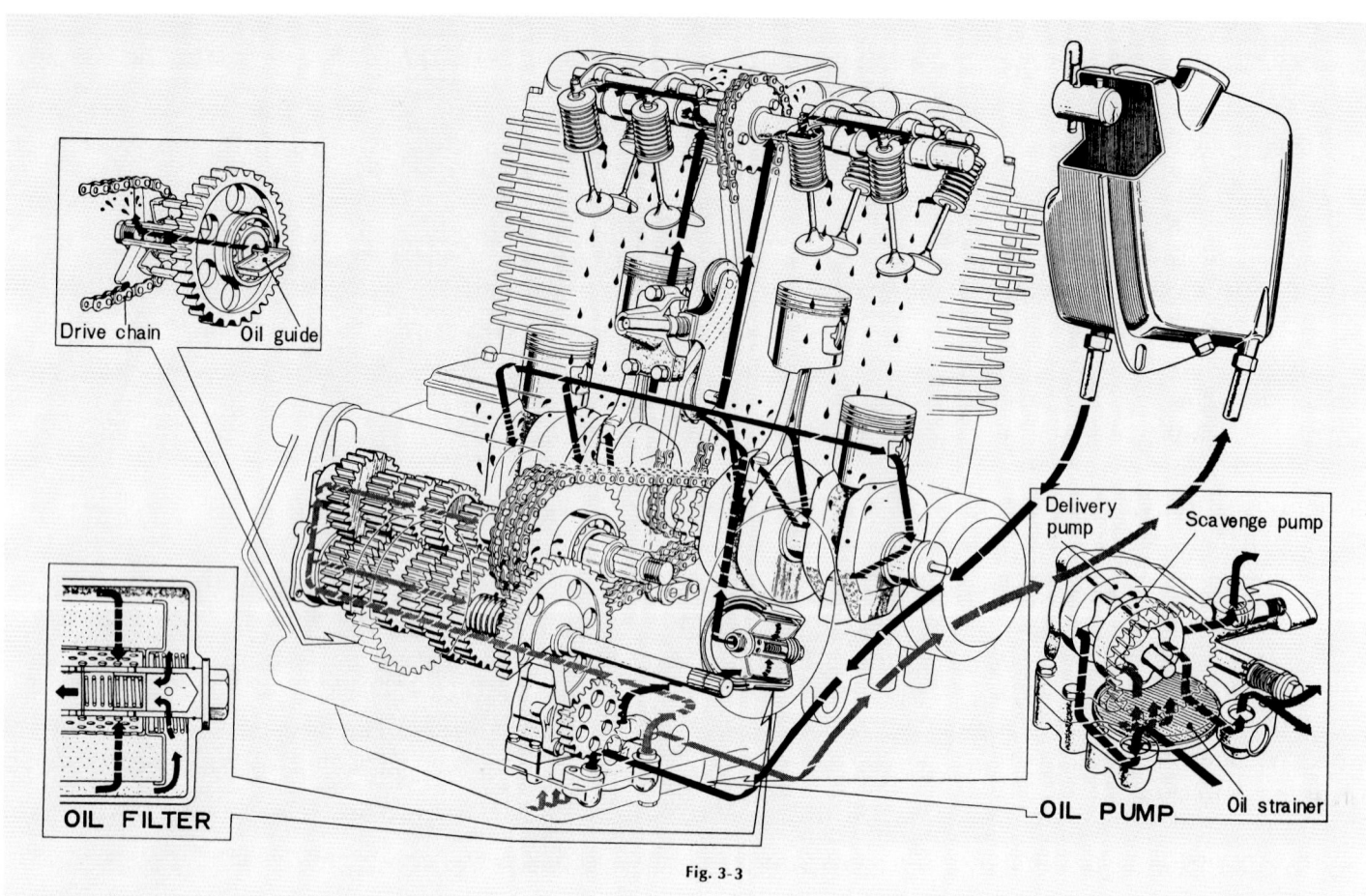

Der Ölkreislauf – die Tröpfchen-Darstellung war der Rückfluß – die dicken Linien die Ölzufuhr unter Druck über die inneren Stehbolzen-Bohrungen.

benswichtige Ölversorgung. Honda nutzte diese – an ein großes Uhrwerk erinnernde – Pumpe sowohl im Rennsport als auch, in abgewandelter Form, im Pkw-Bau. Aus Gewichtsgründen aus einer Aluminiumlegierung hergestellt, bestand sie aus einer Förder- und Saugpumpe, betätigt durch zwei Rotoren. Damit kein Öl aus dem höher gelegenen Tank nachfloß, wurde ein Rückschlag-Ventil eingebaut, das erst bei laufendem Motor öffnete. Darüber hinaus wurde ein Überdruckventil integriert, das bei zu hohem Öldruck den Schmierstoff direkt in das Kurbelgehäuse ableitete. Angetrieben wurde die Pumpe von einem Zahnrad über die Primärwelle und baute einen Öldruck von stattlichen 4 kp/cm² (60 Psi) auf. Selbst im Leerlauf fiel der Öldruck nie unter 30 Psi ab. Neben dem unter Druck stehenden Öl, über die im Kurbelgehäuse eingegossenen Ölkanäle zu den Gleitlagern gepumpt, versorgte die über ein Zahnrad von der Primärwelle angetriebene Pumpe auch das Getriebe. Demontage und Wartung der Ölpumpe war durch Abnehmen der flachen Ölwanne leicht möglich; der Motor mußte nicht ausgebaut werden. Bevor das Öl zu den Schmierstellen gelangte, mußte es einen Feinfilter passieren. Aus Platzgründen entschloß sich Honda, diesen Filter vorne am Motor zu befestigen. Die mittig durch den Filter hindurch verlaufende Spezialschraube enthielt ein Bypaß-Ventil. Gesteuert durch den Öldruck, stellte es auch bei verstopften Filter die Ölversorgung sicher. Allerdings floß dann das Öl (das Ventil öffnete erst bei einem Druck von

Technik im Detail

1,5 kp/cm²) ungefiltert in den Ölkreislauf, in dem 3,5 Liter zirkulierten.

Wie bei anderen Hondas auch wurde die Nockenwelle über Bohrungen in den beiden inneren Motorstehbolzen mit Öl versorgt. Erstmals verfügte nun eine Honda über eine Öldruckwarnlampe, ihr Geber saß unteren Kurbelgehäuse. Aktiviert wurde sie bei einem Öldruck unter 0,5kp/cm². Um bei Wartungsarbeiten relativ einfach den Öldruck prüfen zu können, brachte Honda eine Referenz-Bohrung auf der rechten Seite des oberen Kurbelgehäuses an.

Für einen Ölwechsel mußten neue Handgriffe geübt werden. Nach Entfernen der rechten Seiten-Abdeckung lag der Öltank frei. An seiner tiefsten Stelle befand sich die Haupt-Ablaßschraube. Ein Ablassen war nur unter Zuhilfenahme eines Trichters möglich, um das Öl nicht seitlich über die Maschine laufen zu lassen. Für die Entsorgung der Ölmenge im Trockensumpf genügte das Öffnen der Ablaß-Schraube an der flachen Ölwanne. In einem dritten Schritt wurde der vorne, mittig am Kurbelgehäuse angeschraubte Hauptölfilter demontiert und ein neues Feinfilter-Element eingesetzt.

Lob von den Testfahrern erhielt der leicht von außen zugängliche Ölpeilstab. Durch eine Aussparung im Seitendeckel in den Öltank geführt, wurde eine Ölstandskontrolle selbst bei heißem Motor – ohne verbrannte Fingerspitzen wie bei den Zweizylindern – zum Kinderspiel. Nachdem sich Honda erneut für einen offene Sekundärkette entschlossen hatte, sollte dieses stark beanspruchte Bauteil eine separate, permanente Ölzufuhr erhalten. Das aus englischen Motorrädern bekannte System wurde übernommen; durch eine kleine Bohrung in der Antriebswelle sollte konstant ein Teil des Motoröls – aufgefangen durch ein »Fangblechstück« im Motorinneren – direkt der Antriebskette zugeleitet werden. Zu hohe Ölverluste verhinderte ein in die hohlgebohrte Fixierschraube des Antriebsritzels gepreßtes Faserstück, das das Öl nur tröpfchenweise an die Kette gelangen ließ.

Innerhalb der laufenden Serie wurde die »Zwangsschmierung« in mehreren Stufen geändert und vom Aufbau weiter vereinfacht – wie noch viele andere Motorteile auch, die innerhalb der ersten Sandguß-Serie überar-

Brilliante Motor-Technik: deutlich sind die Kühlluft-Durchlässe zwischen den Zylindern auszumachen.

beitet oder verbessert wurden. Die Vorverstellung des Zündzeitpunktes steuerte ein Fliehkraftregler, er wurde hinter einem Chrom-Deckel am rechten Kurbelwellen-Stumpf plaziert. Der Honda-typische Anlasser verschwand, vor Feuchtigkeit geschützt, in einer Mulde hinter der Zylinderbank, abgeschlossen durch eine Chromplatte.

Zuverlässigkeit und Lebensdauer des Honda-Aggregats wurden später geradezu sprichwörtlich. Ausgelegt auf noch höhere Leistungen, spulte der mit reichlich Reserven versehene Vierzylinder nicht selten über 150.000 km ab, bevor eine Generalüberholung notwendig wurde. Entscheidend für dem guten Ruf der Neukon-

Honda CB 750

Der »Masterpiece«-Motor, wie ihn die Amerikaner bezeichneten: *auf kleinstem Raum höchstmögliche Technik.*

Die Gemischaufbereitung

Die Firma Keihin, die seit den Tagen des ersten Honda-Motorrads die entsprechenden Vergaser lieferte, übernahm auch hier die Entwicklung der Gemisch-Aufbereitungsanlage. Die zunächst verwendete Vergaseranlage enthielt vier Gasschieber, wie sie schon in ähnlicher Form bei den CB 72/CB 77-Modellen verwendet wurden. Die vier Vergaser wurden auf einer gemeinsamen Trägerplatte angeschraubt und über Ansaugrohre aus Gummi mit dem Zylinderkopf verbunden. Die paarweise identische Anordnung ergab für alle vier Vergaser den gleichen Strömungsweg. Der Leerlauf wurde über die Luftregulier-Schraube und die Position des Gasschiebers durch eine markante Rändelschraube justiert. Im unteren Teil jedes Vergasers befand sich die durch Federklammern gehaltene, abnehmbare Schwimmerkammer; diese war zu Beginn noch mit gelöteten Schwimmern aus Messig ausgerüstet. Zwei Kraftstoff-Anschlüsse gaben das Benzin an die paarweise miteinander verbundenen Vergaser über zwei T-Stücke ab.

Die Wartung gestaltete sich recht einfach. Ohne den Ausbau der Vergaser konnte nach Entfernen der unteren Schwimmerkammer die Düsen entfernt, gereinigt und der Schwimmerstand kontrolliert werden, lediglich die exakte Justierung des Unterdrucks in der Anlage stellte

struktion waren auch die intensiven Probeläufe auf dem Prüfstand: 200 Stunden nonstop mit 70 Prozent der Nenndrehzahl (etwa 6000 /min), anschließend ohne Pause weitere 20 Stunden bei Nenndrehzahl (8.500/min). Diese mechanische Belastung mußte ohne Einschränkungen erfüllt werden, bevor Honda dem Vierzylinder die Produktionsfreigabe erteilte. Eines der größten Probleme während dieser Prüfstand-Marathons war die enorme Hitzeentwicklung, welche mitunter für einen Riß im Ölfilm sorgte. Die zunächst verwendeten Kolben mußten komplett überarbeitet werden und enstanden aus einer speziellen Aluminium-Legierung in sich leicht verjüngenden Form, was die Verbrennungshitze möglichst schnell ableiten sollte. Hunderte von Teststunden vergingen auch, bis die optimale Anordnung der beiden Kompressions- und des einen Ölabstreifrings gefunden war. Darüber hinaus wurden auch Versuche mit unterschiedlicher Verdichtung durchgeführt.

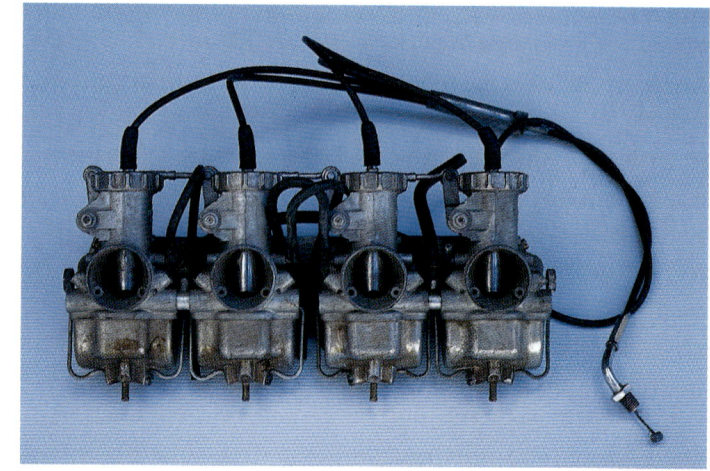

Einsparungen ohne Leistungsverlust: Für die erste Serie fertigte Keihin je zwei x zwei modifizierte Twinschiebervergaser.

größere Anforderungen. Nach der Abnahme des Tanks und unter Zuhilfenahme von vier Meßuhren wurde jeder Vergaser eingestellt. Die korrekte Einstellung der vier Gaszüge erfolgte durch eine Kontermutter auf dem Vergaserdeckel. Honda montierte ab Werk bei der Erstserie 140er, später 120er Hauptdüsen und 40er Leerlaufdüsen; der Saugrohr-Durchmesser betrug 28 Millimeter.

Das System der Choke-Betätigung stammte, nahezu unverändert, von den Twins, ein einstellbares Gestänge betätigte über einen Hebel alle vier Starterklappen gleichzeitig. Der Chokehebel saß auf dem Starterklappen-Gestänge des linken, äußeren Vergasers.

Den lackierten Luftfilterkasten setzten die Honda-Techniker in das Dreieck zwischen Rahmenrückgrat, Batteriekasten und Vergaser. Das untere Luftfilterkasten-Element wurde von zwei Flügelschrauben gehalten, der Luftfilter war leicht austauschbar. Amerikanische Testberichte empfahlen, den Serienfilter bei der ersten Inspektion gegen einen Einsatz von K&N zu tauschen. Der bessere Luftdurchlaß und die »Eine-Million-Meilen-Garantie« versprachen noch eindrucksvollere Werte und grenzenlose Haltbarkeit.

Die Elektrik

Die Drehstrom-Lichtmaschine saß am linken Kurbelwellenstumpf. Der Drei-Phasen-Generator von Automobil-Zulieferer Hitachi prägte die Optik des Kurbelgehäuses. Bereits ab 5000/min standen 210 Watt zur Verfügung, was allerdings mit einem Gewicht von fünf Kilogramm erkauft werden mußte. Dafür enthielt es weder Bürsten noch Schleifringe; der Strom wurde über einen einstellbaren Doppel-Kontaktregler weitergeleitet. Sinnvoll war hierbei die individuelle Regler-Einstellmöglichkeit. Bei zu niedriger Batteriespannung konnte durch einfache Justierung des Reglers der Ladestrom erhöht oder gesenkt werden. Die sehr zuverlässig funktionierenden Bauteile, ergänzt durch den Silizium-Gleichrichter, saßen, leicht zugänglich, hinter dem linken Seitendeckel.

Die Elektrik galt ebenfalls als mustergültig, sie wurde im Lampengehäuse zusammengesteckt und farblich abgesetzt. Die Kabelverbinder erhielten durchsichtige Isolatoren, um Feuchtigkeit fernzuhalten. Im Gegensatz zu anderen Motorrädern konzentrierte Honda alle anderen wichtigen Anschlüsse gut geschützt und leicht zugänglich am Batteriekasten unterhalb der Sitzbank. Sogar Ersatzsicherungen, in einer Kunststoffbox durch Gummielemente erschütterungsfrei aufbewahrt, waren serienmäßig an Bord.

Der 190 Millimeter große Scheinwerfer in »sealed-beam«-Bauweise entsprach den amerikanischen Bestimmungen, die eine nicht lösbare Einheit von Reflektor und Streuscheibe verlangten. Damit war es für einen amerikanischen Fahrer leicht möglich, an vielen Tankstellen preiswerten Universalersatz zu erhalten – Honda dachte fast an alles. Langlebig wie das Motorrad waren die von Toyo gefertigten Zündspulen einschließlich der eingegossenen Zündkabel-Endstücke. Unterhalb des Tanks am Rahmenhauptrohr montiert, waren sie qualitativ hochwertig ausgelegt und bedurften keinerlei Pflege. Die Batterie war komplett in Gummi gelagert.

Das Fahrwerk

Sehr aufwendig gestaltete sich die Entwicklung von Rahmen und Fahrwerk; in dieser Baugruppe mußte viel erprobt und geändert werden. Durch seine Rennsportaktivitäten verfügte Honda über große Erfahrung in der Konstruktion und Fertigung von Stahlrahmen für den Hochgeschwindigkeitsbereich. Jedoch lagen diesen speziellen Erkenntnissen überwiegend topfebene Rennstrecken zugrunde, die dabei eingesetzten Dämpfungselemente und Fahrwerksauslegungen waren eigens dafür entwickelt worden. Im Gegensatz zum Motor, der sich zumindest in Teilbereichen an die 1967 eingesetzte Halbliter-Vierzylinder-Grand-Prix-Rennmaschine anlehnte, kam eine Übernahme des Rahmens nicht infrage: Den Motor als mittragendes Teil in einen nach unten offenen Rahmen zu integrieren, schien den Konstrukteuren zu gewagt. Ferner bezweifelten sie die notwendige Stabilität im rauhen Alltagsbetrieb. Daher entschloß man sich, die Rahmen-Unterzüge der neuen Maschine unter dem Motor hindurch zu führen. Honda orientierte sich in dieser Phase an der bislang schnellsten eigenen

Honda CB 750

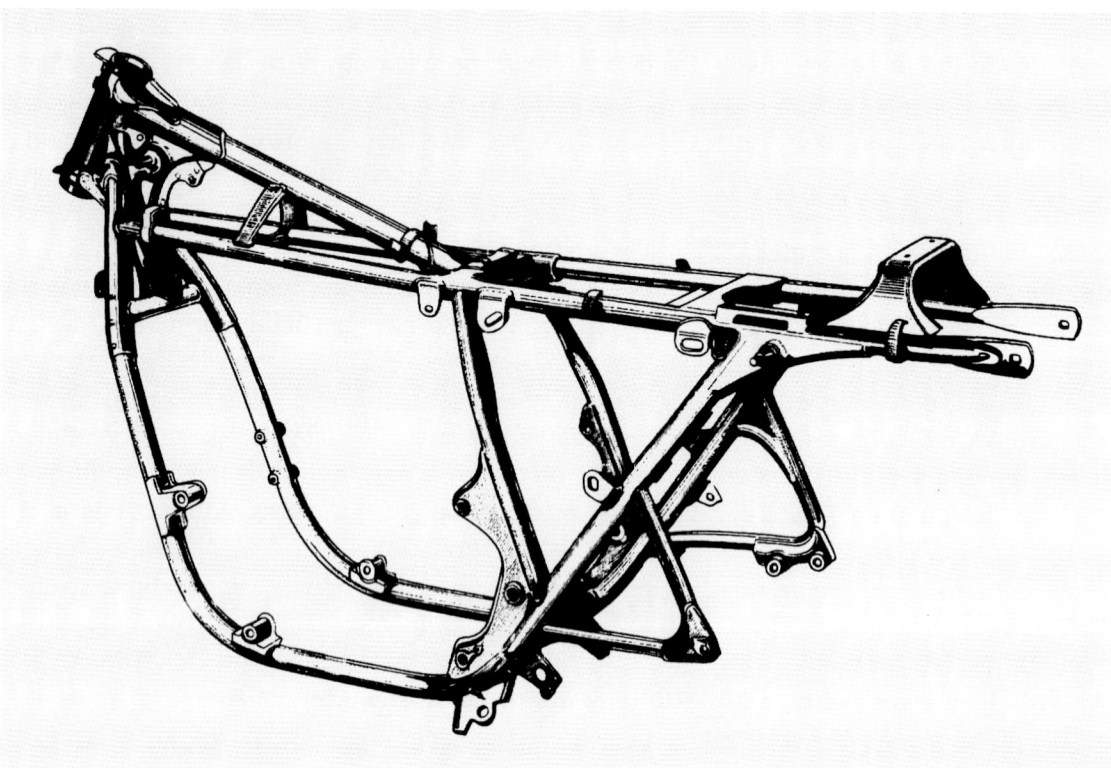

Das Ergebnis vieler Versuche:
Honda's erster Doppelschleifen-Rahmen.

Serienmaschine, der CB 450. Der dort verwendete Rahmen und das Fahrwerk erschien den Konstrukteuren als Planungsgrundlage am besten geeignet. Auch bei der CB 450 wurde der Motor im unteren Bereich des verwendeten Halb-Doppelwiegenrahmens nochmals von zwei Rahmenunterzügen gehalten. Bei der CB 750 Four war durch die vier Auspuffkrümmer und Endrohre, des seitlich unterzubringenden Öltanks, der beschränkten Platzverhältnisse im Vergaser- und Luftfilterbereich sowie durch den Motor selbst eine stärkere und abgewandelte Rahmenausführung unabdingbar.

Im Gegensatz zu dem bisher bei den Twin-Modellen praktizierten System verzichtete Honda auf eine zusätzliche Abstützung des gewichtigen Vierzylinders am oberen Rahmenhauptrohr. Dafür nämlich hätte der komplette Zylinderkopf einschließlich seiner Abdeckung sowohl technisch (Kühlluft) als auch optisch (einzugießende Befestigungsmöglichkeit) überarbeitet werden müssen. Zusammen mit den teilweise durch Rahmen und Kurbelgehäuse hindurch geführten Schrauben so-

wie der vorderen Aufnahme (zwei ausgestanzte Blechstücke) wurde die von der CB 450 bekannte und für die CB 750 Four übernommene Aufnahme einzig auf den unteren Rahmenbereich beschränkt. Nach mehreren Versuchen fiel die Entscheidung für einen massiven Doppelschleifen-Rahmen aus nahtlos gezogenen Stahlrohren. Um die Fertigung zu vereinfachen, wurden die Schleifen komplett vorgefertigt und seitlich angeschweißt. Hier zeigt sich die Kompromißlosigkeit und der Einfallsreichtum, mit dem Honda in der Herstellung konstant nach effizienten Wegen suchte. Das neue Stahlskelett – für Honda war es der erste in Serie gefertigte Doppel-Wiegenrahmen – schien stabil genug, um allen Anforderungen gerecht zu werden.

Das im Durchmesser über drei Zentimeter dicke Rahmenhauptrohr führte mittig schräg unter dem Tank hindurch und mündete in einem stabilen Querträger, welcher die Rahmenrohre im hinteren Teil verband. Kostengünstige Blechformteile, welche Honda bei seinen bisherigen Serienrahmen traditionell verwendete, erfüllten zwei wesentliche Aufgaben. Einerseits war ihre Verwendung technisch wenig aufwendig und problemlos durchzuführen, andererseits sorgten sie für eine Verbesserung der Stabilität und Verbindung der einzelnen Rahmenrohre untereinander. Der gewählte Rohrdurchmesser (und damit das Gewicht) konnte so auf ein Mindestmaß beschränkt werden. Gleichermaßen wurde der Lenkkopf und seine an ihm angeschweißten Rohre damit ummantelt und verstärkt. Im Bereich der Hinterrad-Schwinge wurde auf jeder Seite des Rahmens zusätzlich eine Verstrebung eingeschweißt. Sie verband nochmals die schleifenförmige Konstruktion mit den oberen und unteren Rahmenrohren. Umschlossen von weiteren Formteilen sollte die erzielte Verwindungssteifheit ausreichen, um die Hinterrad-Schwinge sicher zu führen. Zwei trapezförmige Ausläufer zur Befestigung der Auspuffdämpfer wurden an der hinteren, nach oben verlaufenden Schleife des Rahmens angeschweißt. Den leicht geneigten Motor konnte der Rahmen grundsätzlich nur von der linken Seite aufnehmen. Bis der neue Rahmen seine endgültige Form gefunden hatte und serienreif war, verging fast soviel Zeit wie bei der Motoren-Entwicklung.

Auf eine Neuentwicklung der hydraulisch gedämpften Teleskopgabel konnte der Hersteller getrost verzichten; bis auf einige Details entsprach sie der CB 450-Anlage. Sogar die verwendeten Gabelkolben und ihr Aufbau blieben identisch, einschließlich der Führungen, Ventile und Sprengringe. Einzig die bei der 450er anfänglich außen unter den Gummimanschetten angebrachten Schraubenfedern sind bei der CB 750 Four in die Standrohre verlegt. Damit liefen die Standrohre der Four an ihrem oberen Ende nicht mehr konisch zu, sondern endeten gleichlaufend gezogen. Durch diese Änderungen kamen sie, im Vergleich zur CB 450-Gabel, auf jeder Seite mit 50cm³ weniger Gabelöl aus. Der Standrohr-Durchmesser entsprach mit 35 mm dem der 450er. Spätere Fahrversuche ergaben die besten Dämpfungsresultate mit dem »ATF (Automatic-Transmission-Fluid) Öl« - eine Ölsorte, welche speziell für Automatikgetriebe entwickelt wurde.

Das Steuerkopflager mit Stahlkugeln samt Laufringen übernahm Honda auch für dieses Modell. Es war günstig herzustellen, erfüllte bei entsprechender Einstellung und Wartung alle Anforderungen und hatte sich bereits hunderttausendfach bewährt. Auch für die sensible Hinterhand griff Honda zu bekannten Teilen. Die Schwinge mit rechteckigem Querschnitt wurde aus gepreßtem Stahlblech mit hoher Steifigkeit gezogen. Durch zwei Federbeine am Rahmen abgestützt, wurde der Drehpunkt der Schwinge in unmittelbarer Nähe des Getriebe-Kettenritzels plaziert. Vertikale Radbewegungen bei Unebenheiten sollten sich nicht auf die Sekundär-Kettenspannung übertragen.

Trotz parallel laufender Versuche blieb die Planung »Kardan« in der Schublade. Eine einfache Rollenkette für den Sekundärantrieb mußte genügen. Zum Einbau gelangte eine - gegenüber der CB 450 nur leicht verstärkte - Version in den Abmessungen 3/8 x 5/8 mit 98 Gliedern. Ein Ketten-Clipschloß sollte einen leichten Austausch ermöglichen. Obwohl Honda zusammen mit dem Hersteller Takasako diese Kette neu entwickelte, blieb sie der einzige, anfängliche Schwachpunkt der sonst so erfolgreichen Maschine. Bessere Materialien standen in diesem Bereich noch nicht zur Verfügung; Erfahrungen mußten die Kettenhersteller in dieser PS-Klasse erst noch sammeln.

Die Lagerung der Schwinge übernahmen zwei eingepreßte Stahlbuchsen, eine quer hindurch geführte Lagerhülse sowie der zur Fettbefüllung hohlgebohrte Lagerbolzen. Durch Staubkappen und Filzringe abgedichtet, trug er an jedem Ende Schmiernippel und eine selbstsichernde Mutter. Diese preiswerte Konstruktion war sehr langlebig und erstaunlich präzise; vorausgesetzt, die notwendige Fettfüllung wurde regelmäßig erneuert und aufgefüllt. Andernfalls drang Wasser ein und führte durch Rost zu einem vorschnellen Verschleiß sowie Festgehen der Lagerung im Buchsenbereich. Nach den gesammelten Erfahrungen der nicht als pflegeversessen bekannten Amerikaner entschloß sich Honda im Verlauf der späteren 750 Four Modelle, auf Kunststoff-Lagerbuchsen umzusteigen. Die Schwinge wurde an ihrem Ende offen ausgelegt, verschraubte Widerlager schlossen sie. Eine Raddemontage war nach Entfernen dieser Begrenzungen ohne Abbau der Auspuffanlage

Honda CB 750

möglich. Das Hinterrad konnte nach hinten herausgezogen werden; durch die rechts und links angebrachten Radspanner konnte die Antriebskette eingestellt werden. Die verchromten Federbeine, mit Stickstoffgas im Dämpfereinsatz befüllt und zusätzlich durch eine Schraubenfeder abgestützt, wiesen einen Hub von 87 mm auf und waren in ihrer Federrate dreifach justierbar.

Bei der Reifenwahl wurden keine Kompromisse eingegangen. Der japanische Lizenznehmer von Dunlop wurde zur strengsten Verschiegenheit verpflichtet. Kein Konkurrent sollte auch nur erahnen, welches Projekt Honda da auf die noch zu bestimmenden Reifen stellte.

Zum damaligen Zeitpunkt gab es noch keine entsprechenden Hochgeschwindigkeitsreifen. Honda konnte zusammen mit Dunlop Japan zum ersten Mal unter Beweis stellen, daß es in kürzester Zeit möglich war, eine neue Reifengeneration zu entwickeln. »Roadmaster«, auf der Reifenflanke einvulkanisiert, war das Ergebnis. In den Größen 3,25-19 vorn und 4,00-18 hinten war der Reifen selbst bei hohen Geschwindigkeiten standfest. Er sicherte optimale Traktion und griff auf fast allen Straßenbelägen. Er war der Vorreiter einer neuen Reifengeneration aus japanischer Fertigung, welcher den speziell in Europa mit wenig Lob bedachten japanischen Reifenstandard ablösen sollte.

Die Bremsen

Bis zuletzt gab es noch zwei Bereiche, die noch nicht »endgültig« feststanden. Es handelte sich um die Scheibenbremse im Vorderrad und die Auspuffanlage. Oft wurde die Frage gestellt: Warum Scheibenbremse und warum ausgerechnet Honda?

Die Antwort fällt in beiden Fällen leicht: Erstens kostete die Produktion einer Duplexbremse schon 1968 mehr als die Fertigung einer Scheibenbremse. Und zweitens: Wer dann, wenn nicht Honda, hätte diesen Schrift unternommen?

Die ersten Scheiben wurden aus Gußeisen gefertigt und übertrafen die Duplex-Trommelbremse in der Wirkung, waren aber korrosionsanfällig. Die Scheibe wurde daraufhin aus rostfreiem Edelstahl hergestellt. Die endgültige Version der ersten Honda-Scheibenbremse bestand aus drei Teilen: der Bremsscheibe mit einem Durchmesser von 296 mm und 7 mm Stärke; einem sternförmig gegossenen, inneren Kranz aus einer Aluminium-Legierung (dieser Adapter übernahm die Befestigung am Vorderrad) und Edelstahlnieten zur Verbindung der Einzelteile. An der Radnabe wurde die Scheibe durch sechs Schrauben, welche durch den inneren

Wie harmonisch sich die neue Bremsanlage in das Gesamtbild einfügte, wird hier deutlich - links oben ist der im »Scharnier« eingehängte Bremssattel-Träger erkennbar.

Scheibenkranz und die kleine Radnabe hindurch geführt wurden, befestigt. Zusätzlich wurden Sicherungsbleche um die Muttern gelegt. Für die weltweit erste Motorrad-Scheibenbremse in Großserie mußte ein Bremssattel samt Befestigung mit entwickelt werden. Konstruktiver Ausgangspunkt für die Anbringung waren die Tauchrohre der Vordergabel. Sowohl von der Kostenseite als auch von der Bremswirkung waren die Erbauer davon überzeugt, daß eine Scheibenbremse völlig ausreichen würde, um die angestrebten Ergebnisse zu erzielen. Warum die linke Seite des Vorderrades gewählt wurde, ist durch die Modellvergangenheit erklärbar. Bei den bisherigen Serienmodellen wurde fast ausschließlich an der rechten Radnabe die Tachometerführung – samt Tachometerwelle – eingebaut, während links der Seilzug für die Duplexbremsen eingehängt und mit dem Bremsgestänge verbunden wurde.

Diese konstruktive Vorgehensweise wurde mit der CB 750 fortgeschrieben; eine Mechanik zur Aufnahme von Tachometerantrieb und Scheibenbremse konnte entfallen und letztlich gab die Symmetrie den Ausschlag. Vorausschauend goß Honda auch am rechten Tauchrohr die gleichen Aufnahmepunkte mit an, um den Fahrern eine spätere Aufrüstung durch eine zweite Scheibenbremse zu ermöglichen.

Der nächste Konstruktionsschritt zur Bremssattel-Aufnahme war ein massives, am linken Tauchrohr verschraubtes Leichtmetall-Gußstück. Wie in die Scharniere einer Tür wurde in dieses feststehende Teil der eigentliche, drehbare Ausläufer, welcher an seinem Ende den Bremssattel aufnahm, eingehängt und befestigt. Damit ließ sich dieser Ausläufer samt Bremssattel horizontal zur Bremsscheibe bewegen. Durch eine quer verlaufende Schraube wurde er in seinem seitlichen Spiel eingestellt. Je nach Abnutzungsgrad des inneren, feststehenden Scheibenbremsbelages konnte mit dieser Einrichtung relativ einfach die Bremse nachgestellt werden. Der Bremssattel wurde durch zwei Innensechskant-Schrauben mit dem Ausläufer und dem inneren, zweiten Bremsbelagträger verschraubt. Die äußere Einheit trug den Bremskolben, Bremsbelag, sowie Anschlüsse für die Entlüftung und Zuleitung der Bremsflüssigkeit durch eine kurze Bremsleitung aus Metall, welche in Höhe des Vorderradschutzbleches in einen Hochdruckschlauch überging. Die ersten Serienmodelle trugen eine Bremszange aus rauhem Leichtmetallguß, welche noch sehr provisorisch aussah. Später wurde der Bremssattel mit Kühlrippen versehen – für ein besseres Aussehen poliert und mit Klarlack überzogen.

Den Hauptbremszylinder montierte Honda direkt neben den Handbremshebel und goß diese Einheit samt Bremsflüssigkeits-Behälter aus einem Stück – von der Funktionsweise und dem Aufbau aus der Automobil-Abteilung des Werkes modifiziert übernommen. Eine spezielle Membran – zwischen der Oberkante des Behälters und dem Bremsflüssigkeits-Spiegel eingesetzt, verhinderte, daß Feuchtigkeit in das Bremssystem vordringen konnte; sie setzte sich in dem gummiartigen Einsatz ab. Ein markanter Deckel mit Dichtungsring – anfänglich noch poliert – verschloß den Flüssigkeitsbehälter. Bis die Anlage serienreif war, fuhren die ersten Testmotorräder noch mit der kompletten Vorderradgeometrie – einschließlich Duplexbremse und den Armaturen der CB 450 – »intern« durch Japan.

Die Auspuffanlage

Auffällig lange wurde mit der Auspuffanlage experimentiert. Vom reinen Bauprinzip kosten vier einzelne Rohre Leistung, sind im Gewicht schwerer und in der Produktion teurer. Da andererseits die Aufgabe nicht darin bestand, ein kompromißloses Sportmotorrad zu bauen, ging Honda auch hier einen individuellen Weg. Erste Fahrten unternahm die künftige CB 750 mit schwarzen Auspuffrohren und birnenförmigen Endstücken. Die vier Auspuffrohre waren von Anfang an einteilig. Die gebogenen Krümmerrohre wurden in die Dämpfer hineingeschoben und verschweißt. Integrierte Prallbleche im Dämpferbereich sowie ein ausgeklügeltes Resonanz-System steuerten zur PS-Ausbeute bei. Die Krümmer im vorderen Bereich wurden doppelwandig ausgeführt, um Hitze-Verfärbungen der Verchromung zu vermeiden. Die gewählte Abstimmung ergab jenes bekannt gewordene, typische Geräuschverhalten, welches die Amerikaner

Honda CB 750

Genial konnte die Befestigung der Auspuff-Anlage mit den Sozius-Fußrasten gelöst werden.

später mit »fantastic big racing-sound« in ihren Testberichten beschrieben. Schwierig gestaltete sich die Befestigung der Auspuffanlage am Rahmen. Zuerst wurde die vordere Befestigung der Krümmer am Zylinderkopf neu gestaltet. Über am Zylinderkopf verschraubte Hutzen konnte die eigentliche Dämpfereinheit aufgeschoben werden. Der Krümmeranfang war so gestaltet, daß er sich wie ein Rohr im Rohr in die Hutze hineinschieben ließ. Ein kurz nach dem Krümmerbeginn außen aufgeschweißtes zweites Rohrstück wurde über die Hutze gesteckt. Mit Kühlrippen versehen, legte sich über diese Konstruktion eine Befestigungsschelle, welche die Krümmer mit den Hutzen verband. Durch diese Lösung war ein begrenztes Anpassen einzelner Rohre an der ansonsten starren Einheit möglich geworden.

Die Befestigung der Auspuffdämpfer geriet zur aufwendigen Detailarbeit. Versuche mit Längsstreben zur Fixierung am Dämpferende und Rahmen, wie von den Rennmaschinen bekannt, schieden sowohl aus optischen als auch praktischen Gründen aus. Eine zweite Person hätte bei dieser Konstruktion nicht mehr bequem sitzen können. Wohin mit den hinteren Fußrasten? Nach unzähligen Versuchen hatte ein technischer Zeichner schließlich die Lösung gefunden und vorgeschlagen, Fußrasten und Auspuffanlage durch eine einzige Schraube zu halten. In jeden der vier Dämpfer wurde ein kurzes Teilstück eingeschweißt, durch das die Befestigung von

Technik im Detail

Auspuff und Fußraste gelang. Die Position der Fahrerfußrasten fällt – von oben betrachtet – wie bei der BMW R-Serie unsymmetrisch aus. Man wählte diese Anordnung, weil der Motorschwerpunkt nicht mit dem restlichen Fahrzeugschwerpunkt in einer Linie lag. Es gelang so, den Fahrer – unbewußt – in eine den Schwerpunkt optimierende Position zu bringen – ohne daß dies beim Fahren auffällt.

Die gelungenen, großen Instrumente versprachen 240km/h; 8.500/U auf dem Drehzahlmesser im fünften Gang entsprachen tatsächlich 200km/h.

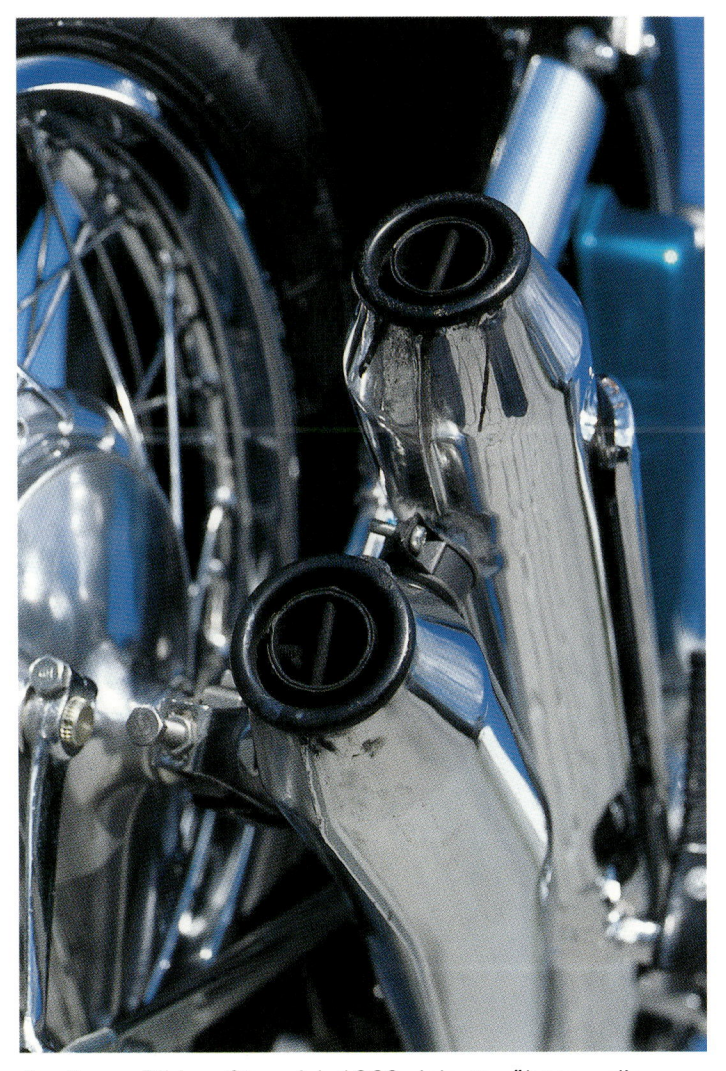

Die Ausstattung

Der dem Styling des neuen Motorrades angepaßte Tank – erstmals nur mit dem »HONDA«-Schriftzug und ohne die Adlerschwinge – wurde noch von Hand zusammengeschweißt. Mit einem Fassungsvermögen von achtzehn Liter markierte er ein neues Limit für Honda-Serienmaschinen. Die werksinterne Vorserie versah Honda mit dem Tank der CB 450; vor der Präsentation erhielt er sein endgültiges Design: Golden-schwarze Streifen, an der Seite nach oben verlaufend. Honda übernahm für die CB 750 die ausschließlich im Rennsport verwendete Tankdeckel-Betätigung; in den technischen Unterlagen als »Schnellverschluß« beschrieben. Ein Daumendruck auf den federbelasteten Wipp-Mechanismus genügte, um den Tankdeckel zu öffnen, er mußte nicht mehr geschraubt oder abgenommen werden. Nippon Seiki entwarf eine neue Generation von sehr gut ablesbaren, blendfreien Instrumenten. Tachometer und Drehzahlmesser, zum Fahrer hin angewinkelt, wurden in Gummi gelagert und von zwei Spannringen in den Gummi-Manschetten umfaßt. Eine einzige Schraube hielt die zwischen den Instrumenten zusammenlaufenden Chromspangen und damit die gesamte Konstruktion. Die In-

An dieses Bild mußten sich 1969 viele gewöhnen – die Rücksicht der CB 750 Four K0: die Dämpfer-Endstücke mit ihren charakteristischen Mittelstegen.

Honda CB 750

Nur zwei Schalter am linken Lenkerende: Blinker und Hupe genügten.

Der neue Unterbrecher-Schalter – noch in schwarz; dreistufiger Lichtschalter und Starterknopf darunter.

strumentengehäuse bestanden aus einem schwarzen, strukturierten Kunststoff, sowie einer eingegossenen, leicht erhobenen und klaren Deckplatte. Die Fernlicht-Kontrolleuchte, bei den ersten Serienmodellen noch in dunkelrot gehalten, die gelbe Blinkerkontrolle und die grüne Leerlaufanzeige waren von anderen Honda-Modellen bereits bekannt. Premiere hatte die hellrote Öldruckanzeige im Drehzahlmesser-Instrument – mittlerweile eine unverzichtbar gewordene Einrichtung. Englische Testfahrer fühlten sich an einen Düsenjäger erinnert.

Bei den ersten Prototypen saßen die hoch angeordneten Kontrolleuchten noch in den Instrumenten-Skalen; vor Serienbeginn wanderten sie in das untere Instrumententeil. Das Finish der Instrumente überzeugte, so daß es andere Hersteller, zum Beispiel Laverda, übernahm. Die hellpolierten Lenkerarmaturen und der Hauptbremszylinder der Prototypen wurden zur Vermeidung von Blendeffekten bei Serienbeginn durch mattschwarz eloxierte ersetzt. Die vertieft eingegossenen Funktionsangaben wurden rot unterlegt. Der Unterbrecher-Schalter auf der rechten Armatur war bei den ersten Serienmaschinen ebenfalls schwarz durchgefärbt und fiel klein aus. Honda tauschte ihn wenig später in ein rotes, größeres Exemplar, um seine Funktion zu unterstreichen.

Als der Präsident Soichiro Honda bei der internen Vorstellung des neuen Modells auch eine Probefahrt unternehmen wollte, rieten ihm seine Mitarbeiter, »er möge besser zwei Helme aufsetzen« – die Welt sei noch nicht reif für ein solche Verantwortung.

Unter dem linken Seitendeckel die elektrische »Zentrale« – sie bereitete nie Probleme; trotzdem sind in der Mitte die in Gummi gelagerten Ersatzsicherungen zu erkennen.

Technik im Detail

Ansichten eines Traums: ein Koloß von Motor, vier Auspuffkrümmer.

Honda CB 750

Die Prototypen

Ein Traum wird wahr

Am 25. Oktober 1968 präsentierte Honda nach nur achtmonatiger Entwicklungszeit die Honda Dream 750 Four, der Besucherandrang zur Tokyo Motor Show übertraf selbst hohe Erwartungen.

Erstaunlicherweise machte Honda vergleichsweise wenig Aufhebens um seine sensationelle Neuerscheinung, eine Pressemitteilung und das neue Motorrad mußten genügen.

Die CB 750 war die einzige Neuerscheinung in dieser Hubraum-Kategorie; andere Aussteller beschränkten sich im wesentlichen auf Modellpflege-Maßnahmen oder zeigten neue – vorerst für den asiatischen Markt bestimmte – Leichtkrafträder. Damit geriet die neue Honda auf ihrem Drehteller, von lichtstarken Spots angestrahlt, zum Mittelpunkt dieser Ausstellung. Im Unterschied zu vielen Einzelanfertigungen, Studien, Technologieträgern oder Experimentierfahrzeugen – deren Serienanlauf oft fraglich war – hatte Honda einen seriennahe Prototypen zur Show gebracht, keine Frage: Diese Maschine sollte auch gebaut werden. Und zwar so schnell wie möglich.

Festzulegen waren noch die endgültige Serienleistung, die Preise und die für die geplante Serienproduktion zu überarbeitenden Details. Schließlich sollte dem wartenden Publikum nicht aus Kostengründen eine völlig andere große Honda zur Verfügung gestellt werden, wie jene, die auf dieser Ausstellung oder auf Photos zu sehen war. Diese Hausaufgaben erforderten von Honda eine völlig neue Strategie. Bislang hatten sich die gebauten Motorräder am Leistungs- und Preisniveau der Mitbewerber orientiert, für dieses Topmodell fehlten dagegen jeglichen Anhaltspunkte. Honda selbst mußte vorangehen, Grundsatzentscheidungen treffen und als erster Her-

25.10.1968 – kurz vor Ausstellungseröffnung und dem danach erfolgten Ansturm auf die neue Technologie: Honda CB 750 Dream.

Der neue Vierzylinder-Vorserien-Motor – deutlich ist die im oberen Bereich der Vergaseranlage verlegte Querwelle zu erkennen – sie wurde erst viel später verwirklicht.

Der Prototyp, welcher in Tokio sein Debut gab und die Herzen höher schlagen ließ.

steller diese Kategorie definieren; Serienmotorräder mit diesen PS-Zahlen waren seinerzeit nicht erhältlich und schon gar nicht zu günstigen Preisen.

So befürchtete Honda insgeheim auf einigen Märkten nicht nur Euphonie, sondern auch Restriktionen und fragte sich, ob diese »Rennmaschine« überhaupt einem breiten Publikum ohne Folgen angeboten werden dürfte. War diese Maschine beherrschbar? Waren die Fahrer überhaupt fähig, mit dieser Leistung umzugehen? Würde es gesetzliche Beschränkungen geben? Schließlich betrat Honda mit der Four ein völlig neues Marktsegment, und es blieb die Frage, wie die Öffentlichkeit auf diese 750er reagieren würde.

Eine der wichtigsten Fragen stellte sich nach der Absatzmöglichkeit. War genügend Nachfrage für Maschinen mit über 50 PS überhaupt vorhanden, um eine Massenfertigung in erheblicher Stückzahl zu realisieren? Soichiro Honda glaubte zu diesem Zeitpunkt immer noch, daß es bei einer »Kleinserie« dieser Maschine bleiben würde und betrachtete die Neuentwicklung als technisches Experiment, »wovon sich höchstens sechstausend Maschinen jährlich verkaufen« ließen.

Die Prototypen

Von der CB 750 gab es drei verschiedene Vorserien, die jedoch der Öffentlichkeit nicht zugänglich waren.

Zunächst entstanden die werksinternen Testfahrzeuge. Mit unterschiedlichen technischen Auslegungen – angefangen von der Übersetzung, der Auspuff-Bestückung, Vergaser-Anordnung, Rahmen-Geometrie – vermittelten sie erste Eindrücke. Ausgestattet mit unzähligem technischen Gerät und Armaturen glichen sie rollenden Versuchslabors, zu erkennen war diese Version an Tank und Vorderradaufbau, an Instrumenten und Sitzbank. Diese Komponenten entstammten ausnahmslos der CB 450 Serien-Produktion. Mit kürzeren, birnenförmigen Auspuff-Dämpfern und mattschwarzen Krümmern glichen sie optisch einer technischen Kreuzung aus einer Rennmaschine, Testlabor und CB 450 mit völlig anderem Fahrgeräusch. Die japanischen Testfahrer berichteten immer wieder von großen Problemen beim Gasgeben: Allesamt hatten sie Mühe, sich überhaupt auf der Maschine zu halten, so überrascht waren sie von der vehe-

Honda CB 750

Stationen einer Entwicklung: erste Testfahrten mit dem »Zwitter«.

ment einsetzenden Leistung. Von diesen Testversionen gingen erste Fotos um die Welt.

Aus dieser Testserie entwickelte sich die erste Kleinserie der »Vorstellungsfahrzeuge«. Der Vorderrad-Aufbau, Gabel, Bremse und Lenker-Armaturen stammten unverändert aus der CB 450. Dagegen wich der problemlos passende Tank der CB 450 K 1 einer größeren Neuentwicklung, erstmals mit den charakteristischen, schwarz-goldenen und auflackierten Streifen verziert. Noch war er höher ausgeformt und nicht so flach wie bei der späteren Serie. Neue Rundinstrumente von Nippon Seiki – im Vergleich zur CB 450 ebenfalls deutlich angewachsen – paßten besser zu den neuen Relationen. Erstmals wurden an einer Honda-Serienmaschine die Instrumente angewinkelt montiert. Damit lagen sie direkt im Blickfeld des Fahrers. Die Auspuffanlage war jetzt verchromt und im Dämpferbereich schlanker ausgefallen, trug allerdings noch nicht ihre endgültige Form. Die – im Vergleich zum späteren Serienmodell – flacher gepolsterte Sitzbank trug an ihrem Ende noch einen relativ hohen »Bürzel«. Dieses spätere, dann allerdings niedriger ausgeformte »Erkennungszeichen« der ersten Serie verdankte seine Existenz den Testfahrern aus dem Rennsport und nicht den Designern von Honda. Die Fahrer wünschten sich am Bankende »einem spürbaren Halt«, damit man beim Beschleunigen »im Sattel« bleiben könne. Neu überarbeitet wurden Luftfilter-Abdeckung und Seitendeckel. Im Unterschied zur späteren Serien-Fertigung fielen sie sehr groß aus; das auf rotem Grund eingelassene, zunächst verwendete Signet wirkte auf den Abdeckungen etwas verloren. Streng vertraulich, erhielten nur ausgesuchte Personen Kenntnis von dem Stand der Entwicklung durch übersandte Photos. Von einer Scheibenbremse hingegen war auch bei diesem Prototyp noch nichts zu sehen oder zu erahnen.

Diese gab es erst bei der dritten und letzten Vorserie zu sehen, jener, die als Prototyp bei der Ausstellung in Tokio stand. Die Befestigung der Tachometer-Welle durch eine große Überwurf-Mutter am Antrieb blieb vorerst als einziges Teil aus der CB 450 Produktion dem Vorderrad erhalten. Noch hatte die »neue« Bremsanlage die Ausstrahlung eines Eigenbaues im Experimentier-Stadium.

Vorderrad-Geometrie einschließlich Armaturen und Tank stammten noch von der CB 450 – der Rest sieht schon dem späteren Four-Modell sehr ähnlich.

Die Prototypen

Zweite Evolutionsstufe: schon sehr nahe an der Ausstellungsmaschine: die nach hinten gezogene, obere Gabelbrücke sollte den Lenker näher an den Fahrer heranführen. Vergaser- und Luftfilter-Einheit standen auch noch nicht fest.

Aber das war den Konstrukteuren völlig egal. Montiert und einsatzfähig war für dieses Ereignis wichtiger wie perfektes Finish.

Der Motor dieser unbezahlbaren »Erstausgabe« wies eine Bohrung von 65 mm sowie einen Hub von 58 mm auf, was 746 cm^3 Gesamt-Hubraum ergab; die Leistung wurde mit 75 PS bei 9.300/min. angegeben. Damit dürfte diese Honda tatsächlich die 200 km/h Grenze nicht nur erreicht, sondern auch übertroffen haben. Möglich wurde diese Mehrleistung durch die vier Beschleuniger-Pumpen an den Vergasern sowie die andere Abgasführung in den immer noch leicht birnenförmig verlaufenden und kürzeren Auspuffdämpfern. Die Vergaser-Betätigung erfolgte durch zwei Gaszüge und wurde durch ein Gestänge mit Querwelle zwangssynchron vorgenommen. Die polierten Lenkerarmaturen entsprangen noch dem 450er Standard. Der Unterbrecher-Schalter für die Zündung, in den Ersatzteil-Katalogen als »Kill-Schalter« bezeichnet, hatte noch nicht seinen Platz gefunden. Darüber hinaus fanden sich noch viele andere Details, die so nicht in Serie gingen

In den USA sorgte unlängst ein »Prototyp« mit der Motornummer CB 750E-1000037 und der Rahmen-Nummer CB 750 -1000035 für Aufregung. Unentdeckt fristete er angeblich jahrelang sein Dasein auf einem Schrottplatz. Der Amerikaner Robert Brocks, der in Los Angeles ein »bikes are us« Geschäft betreibt, hat ihn erworben und will ihn komplett originalgetreu restaurieren. Das Datum der Erstzulassung bestätigt den 16.6.1969. Bei der Maschine soll es sich um jenes Motorrad handeln, mit welchem Honda im Jahr zuvor Testfahrten auf dem Atakawa-Kurs in Japan durchgeführt hatte. Mr. Brocks vermutet, daß diese Maschine großen amerikanischen Händlern als Demonstrations-Fahrzeug gedient haben könnte.

Dieser nun fabrikneu aufgebaute »Zwitter« trägt den Tank der Honda CB 450 K1 – einschließlich einstellbaren Lenkungs-Dämpfer durch Reibplatten – jedoch auch die spätere Scheibenbremse der CB 750 Four. Beim genaueren Betrachten fällt auf, daß viele Teile aus der späteren Serienproduktion (welche zum Zeitpunkt der Prototypen-Erprobung noch gar nicht gefertigt waren) wahllos mit seltenen Prototypenteilen (Öltank-Verschluß, Seitendeckel-Embleme, Hupe etc.) vermengt wurden. Ferner spricht gegen einen »echten« Prototyp die Ausgestaltung der Kühlrippen am Motor, die Vergaseranlage sowie viele weitere Details. Honda fertigte – dies belegen die Motor- und Rahmen-Aufzeichnungen ab der Serien-Nummer 1000001 – keine Prototypen mehr; die reinen Vorserien-Modelle trugen lediglich den internen Code »300«, die Projektnummer der späteren Serie.

Nicht Fisch, nicht Fleisch, sorgte dieses Fahrzeug für viele Rätsel: Prototyp oder umgebaute »Serie«?

Honda CB 750

Unter der Lupe

Die CB 750 Four-Modelle

Die erste: Honda CB 750 Four K0

Die erste Presse-Pressemeldung wurde am 30. April 1969 lanciert, Honda kündigte das »größte und fabelhafteste Motorrad, welches je zum Verkauf angeboten wurde« an, die »Honda CB 750 Four«. Und die *Japan Motor Press* stellte die »neue japanische Herausforderung« am 1. Juli 1969 vor. Die Resonanz war gewaltig, nicht nur in Japan: Die einschlägigen Fachzeitschriften rund um den Erdball versuchten ihren Lesern dieses »Super-Bike« möglichst detailliert näher zu bringen – auch große, internationale Tageszeitungen schrieben ausführlich über diese Honda.

Der Knoten war geplatzt. Kaum, daß es genügend Vorführmaschinen gab – die ersten Prospekte mußten nachgedruckt werden – setzte weltweit eine Flut von Bestellungen ein. Vorrangig wurde Amerika bedient, das wichtigste Abnehmerland. Die Befürchtungen von Soichiro Honda vor Augen, »daß diese Maschine höchstens fünftausend Abnehmer« finden würde, ließ American Honda Motors nichts unversucht, um auch in der Werbung neue Maßstäbe zu setzen. Bevor noch die ersten Serienexemplare das Band verließen, verfrachtete Honda die in Tokyo gezeigte Ausstellungsmaschine per Flugzeug nach Amerika: auf den ersten Anzeigen – und dem US-Prospekt – fuhr der (nicht lieferbare) Prototyp über amerikanische Highways. Darunter war in großen, roten Lettern zu lesen: »Ihr wußtet, früher oder später würde es Honda tun.« In den technischen Daten waren allerdings die »richtigen«, späteren Seriendaten abgedruckt. In der Namensgebung sollte die neue Maschine – in Anlehnung an frühere Serienerfolge – unter Honda Dream 750 Four firmieren; erst in letzter Minute wurde das Vorhaben zu den Akten gelegt, obwohl es zu dieser Honda wirklich gepaßt hätte.

Der Prototyp in voller Fahrt auf den Straßen Amerikas für das erste Prospekt des neuen Zeitalters: »Ihr wußtet, früher oder später würde es Honda tun« stand darunter.

Unter der Lupe

Honda CB 750 Four – die erste Serienmaschine, welche in die Vereinigten Staaten gelangte – Seriennummer 3. Man beachte den Bremssattel (ohne Kühlrippen) und den zweiten, eingegossenen Ring am Lichtmaschinen-Gehäuse.

Der erste Preis bei Auslieferung betrug 385.000 Yen oder 1.666 US-Dollar. In der ersten Pressemeldung wurde noch über einen Kaufpreis von 600.000 Yen spekuliert. Auch wenn sie später doch noch erheblich günstiger wurde, geriet sie zur bislang teuersten Serien-Honda überhaupt. Für diese vielen Yen konnte man sich auch einen fabrikneuen Kleinwagen kaufen. Im Vergleich zur internationalen Konkurrenz lag das Honda-Motorrad preislich lediglich im Mittelfeld.

Die Änderungen gegenüber den Prototypen

Die Leistungs-Reduzierung auf 67 DIN-PS wurde ohne größere Anstrengungen erreicht. Der Ansaugtrakt im Luftfilterbereich erhielt kleinere Durchlässe, entsprechend angepaßte Vergaser und eine neu abgestimmte Auspuffanlage. Im Innern des Motors wurde eine andere Nockenwelle mit zahmeren Steuerzeiten eingebaut und das nutzbare Leistungsband des Vierzylinders durch andere Übersetzungen breiter ausgelegt. Die charakteristische Auspuffanlage wurde, in modifizierter Form, beibehalten.

Obwohl die Auspufftöpfe sehr schlank ausfielen und damit nur ein kleines Expansions-Kammervolumen aufwiesen, wurden die Abgase durch zwei Passagen über gelochte innere Blechanordnungen und kurze, flötenähnliche Endstücke (umwickelt mit Glasgewebe) gerade soweit abgedämpft, daß sie noch den amerikanischen Zulassungs-Bestimmungen entsprachen. Die oben liegenden Dämpferrohre wurden mit Hitzeleitblechen abgedeckt, um die Schuhsohlen der Mitfahrer nicht anzuschmelzen.

Bei den Sandguß-Modellen waren diese Bleche noch mattiert, sie wurden erst später verchromt. Die Quer-

Honda CB 750

schnitte der ersten Serienexemplare waren übrigens noch nicht rund, die dem Radinnern zugewandte Seite aller Dämpfer war am Rohrende abgeflacht, was für einen Radausbau oder das Spannen der Kette Platz schaffen sollte. Wie sich in der Praxis herausstellte, war das unnötig, die Auspuffdämpfer erhielten kurze Zeit später ihre runde Form.

Änderungen gab es auch an der Vergaseranlage. Die Gemischbatterie am Prototyp war noch sehr aufwendig, die Zwangssteuerung per integrierter Welle fiel ebenso dem Rotstift zum Opfer wie die leistungsfördernden Beschleuniger-Pumpen. Die Betätigung der vier Gasschieber erfolgte nun über einen einzigen Gaszug, der in ein Vierfach-Verteilerstück unterhalb des Tanks mündete. Daß das funktionierte, wußte Honda bereits von seinen Grand-Prix-Modellen. Allerdings stieg damit der Zeitaufwand für Wartung und Einstellung der Anlage.

Der Rahmen des Prototyps wurde für die Serie überarbeitet und um 50 auf 2160 mm gekützt, sein Gewicht betrug 16,5 kg. Durch einen leicht steileren Lenkkopfwinkel vergrößerte sich der Radstand um 25 mm auf 1480 mm. Die obere Gabelbrücke wurde ebenfalls modifiziert, wodurch die Höhe geringfügig abnahm und die Lenkeraufnahme ihre bekannte Form erhielt. Während der Prototyp noch 800 mm breit gewesen war, legte die Serie um 85 zu, da für die US-Kunden eine breitere, bequemere Lenkstange erforderlich war.

Die weit oben in den Instrumenten eingelassenen Kontrolleuchten saßen zunächst oben im Ziffernblatt; vor Serienbeginn wurden sie nach unten verlegt. Die Farbe der Zifferblätter wurde anthrazit, die Ziffern selbst türkis. Lenker-Armaturen und Hauptbrems-Zylinder wurden erstmals – zur Vermeidung von Blendeffekten – mattschwarz eloxiert.

Am Prototyp fehlte auch noch der von Honda entwickelte und mit der CB 750 Four vorgestellte »Kill«-Schalter, der die Zündung unterbrach, ohne daß unter den Tank zum Zündschloß gegriffen werden mußte. Der Unterbrecher-Schalter an der rechten Lenkerarmatur bot drei Positionen, nur bei waagerechter Stellung war der Stromkreislauf geschlossen. Grau und unscheinbar hob sich dieses wichtige Sicherheitsmerkmal von der mattschwarzen Oberfläche nicht sonderlich ab, erst im späteren Serienverlauf mit Einführung der Kokillenguß-Gehäuse wurde er größer, besser gekennzeichnet und hellrot eingefärbt.

Bei der Vorserien-Maschine bestanden die Bremsleitungen aus Metall, in der Serie kamen Hochdruck-Bremsschläuche; der Scheiben-Durchmesser der vorderen Bremsanlage wuchs auf 296 mm. Beibehalten wurde die Edelstahl-Legierung der Bremsscheibe sowie die sich selbst nachstellenden Bremsbeläge. Damit war unfreiwillig ein anderes Problem geschaffen: Edelmetalle besitzen einen erheblich kleineren Reibungs-Widerstand – sie sind nicht mit herkömmlichen, unveredelten Materialien zu vergleichen. Honda konnte die Bremsbeläge aus seiner Automobil-Fertigung nicht einsetzen. Also mußten für dieses Motorrad neue Bremsbeläge entwickelt werden.

Die Fertigungsstätte Saitama aus der Vogelperspektive. Links die hauseigene Teststrecke.

Unter der Lupe

Vorbereitung der Heckschutzblech-Montage an die frisch lackierten Rahmen.

Einsparungen und Veränderungen auch an Seitendeckel und Luftfilter-Gehäuse: Die aufwendige Vorserien-Konstruktion wurde komplett neu gestaltet. Der Luftfilterkasten wurde, wartungsfreundlich, zweigeteilt und nach unten abnehmbar ausgelegt; die Seitendeckel wuchsen in ihrer Größe und waren eckiger. Einzeln abnehmbar und mit drei Kunststoffnasen versehen, wurden sie in gummierte Ösen des Rahmens eingesteckt. Das auf den Seitendeckeln angebrachte Emblem wuchs auf das Dreifache der ursprünglichen Größe und erhielt eine neue Optik. Harmonisch fügte es sich mit seinen goldenen und verchromten Farbgebungen in das Gesamtbild ein.

Maßstäbe in der Großserien-Fertigung

Trotz modernster Produktionsanlagen, überlappender Bänder mit minutiöser, »getakteter« Anlieferung von einzelnen Bauteilen und vorgefertigte Einheiten konnten 1969 nicht alle Kunden bedient werden – und das, obwohl Honda mehr Motorräder als Deutschland, Frankreich, Holland, Italien, England, Amerika und Spanien zusammen fertigte. In jener Zeit mußten auf den Übersee-Transportschiffen sämtliche Lagerkapazitäten genutzt werden, so daß häufig die Motorrad-Transportkisten auch die Pkw-Decks mit Beschlag belegten. Etwa vier Wochen waren die Frachter unterwegs, der Verkauf in Nordamerika begann am 6. Juni 1969.

Honda fertigte die CB 750 Four in zwei verschiedenen Werken. Der Motor entstand im neuen Motorenwerk in Saitama. Dort beschäftigte Honda 2150 Mitarbeiter. Von hier traten die Vierzylinder ihre erste Reise per Schiff nach Hamamatsu an. Honda fertigte dort neben dem neuen Flaggschiff Mini-Bikes, Zweitakt-Moto-Cross-Maschinen, Mopeds und Motorräder der Hubraumgrößen 125 bis 450 cm^3 aber auch Außenbord-Motoren, Ra-

Nächster Schritt – Motorenmontage – bei der Autoproduktion »Hochzeit« genannt.

Honda CB 750

Kurz vor Bandende – die Maschine ist fertig für den Probelauf.

senmäher und tragbare Generatoren. Das hier zur Verfügung stehende Gelände war mit 155.200 qm über ein Drittel größer, die 1.980 Mitarbeiter hatten alle Hände voll mit der Rahmen- und Endmontage zu tun.

Die Großserienfertigung bei Honda lief anno 1969 in folgenden Stationen ab: Motorenmontage und erster Probelauf auf dem eigenen Motorprüfstand (unmontiert). Es folgten die Montage von Rahmen/Motor/Öltank/Luftfilteranlage einschließlich Vergaser/komplettes Hinterrad-Schutzblech, Schwinge, Federbeine, Ständer, Hinterrad/elektrische Ausrüstung/vormontierte Vorderradgabel samt Instrumenten/Tank/Sitzbank/Schalldämpfer und am Ende das Vorderrad sowie das dazugehörige Schutzblech. Monatelang mußten Sonderschichten eingelegt werden und erstmals durften sich sogar japanische Käufer in Geduld üben, obwohl alle zwei Minuten eine CB 750 vom Band rollte – die die Monteure hofften, bald noch unterbieten zu können. Fast schon unendlich lange im Gegensatz dazu dauerte der fünfzehnminütige Probelauf in speziell eingerichteten, sechs Quadratmeter großen Kabinen.

Bevor es soweit war, bediente sich Honda schon bei der Fertigungskontrolle der Motoren recht außergewöhnlicher Methoden, um jegliches Risiko eines (menschlichen) Montagefehlers auszuschließen. Für wichtige Schraub-Verbindungen mußten die Arbeiter am Band spezielle Ratschennüsse verwenden, die in ihrem Innern einen farbig getränkten Filz trugen. So konnte bei der anschließenden Sichtkontrolle sofort festgestellt werden, daß zumindest die Nuß auf der Schraube angesetzt worden war. Nach der Montage des Motors wurde dieser verschlossen und in ein Wasserbecken getaucht. Anschließend wurde Luft in die Antriebseinheit hineingepumpt. Anhand des Volumens konnte schnell festgestellt werden, ob alle Teile eingebaut waren. Ferner zeigte sich an der Tatsache, ob Luftblasen aufstiegen oder nicht, daß der Motor dicht war. Erst danach ging es zum Motoren-Prüfstand. Dieses sehr zuverlässige Verfahren wurde lange Jahre angewandt.

Ergab die Endabnahme des montierten Motorrades keinerlei Mängel, konnte die fabrikneue Four teilzerlegt ihre Reise in Holzverschlägen antreten. Die Händler hatten lediglich das Vorderrad samt Schutzblech, das Rücklicht und den linken, vorderen Blinker, den Gangschalthebel – neben den Rückspiegeln, die Sitzbank und die Batterie zu montieren. In den Transport-Verschlägen waren ferner die verchromte Abdeckung für die Kupplung, die Fußrasten-Gummis, und neben dem Fahrerhandbuch, eine kleine Dose mit dem Originallack zum Ausbessern etwaiger Blessuren verstaut. Honda überließ nichts dem Zufall. Eine detaillierte »Set-Up« Auslieferungs-Beschreibung« mit Bildern der einzelnen Montageschritte – war Teil der Erstausrüstung.

Die Rahmen-Nummer begann bei 1000 001 und war anfangs mit der Motornummer identisch; der Motor-Nummer wurde lediglich der Buchstaben »E« für Engine hinzugefügt. Erst 18 Monate später, quasi mit der schon deutlich modifizierten Nachfolgereihe sollten die Zusätze »K« (1) hinzukommen und der schon nicht mehr lieferbaren Erstserie posthum zu jenem begehrten Kürzel »K0« verhelfen.

Modellpflege im Detail: die Sandguß-Modelle

Die Sandguß-Modelle sind heute besonders gesucht, nach Deutschkland wurden sie allerdings offiziell nie eingeführt. Man erkennt diese seltenen Exemplare an ihrem relativ rauhen und unlackierten Motorgehäuse. Der Ventildeckel war von Anfang an poliert und mit Klarlack versehen. Bei diesen Modellen fand man ferner mitunter noch unbehandelte, polierte Toyo-Lenkerarmaturen und ein auffallend schmales Kettenschutzblech.

Schon nach den ersten 219 Maschinen wurde das untere Kurbel-Gehäuse leicht abgeändert, um nach weiteren 7000 Maschinen gründlicher überarbeitet zu werden, erkennbar auch an der leicht »tieferen« Ölwanne.

Die frühen Serien-Ausführungen trugen am Bremskolben-Gehäuse noch keine eingegossenen Kühlrippen und wurden brüniert.

Der auf seiner Oberfläche noch rauhe, unlackierte und in Handarbeit gegossene Motor.

Die ersten Sandguß-Motoren im Land der unbegrenzten Möglichkeiten.

Lediglich die ersten 7499 Motoren entsprangen dem aufwendigen Sandguß-Verfahren. Hierbei wurde die flüssige Aluminium-Legierung in eine Sandform eingebracht. Die in Handarbeit hergestellten Komponenten sind leicht an der körnigen Oberfläche und der unbehandelten Struktur zu erkennen. Die späteren, maschinell angefertigten Ausführungen wurden lackiert und mit Klarlack versehen. Nach dem Kokillen-Druckgußverfahren hergestellt, waren erheblich höhere Stückzahlen in kürzerer Zeit möglich, ferner fiel weniger Ausschuß an und Nachbearbeitungen wurden fast überflüssig. Für die japani-

Honda CB 750

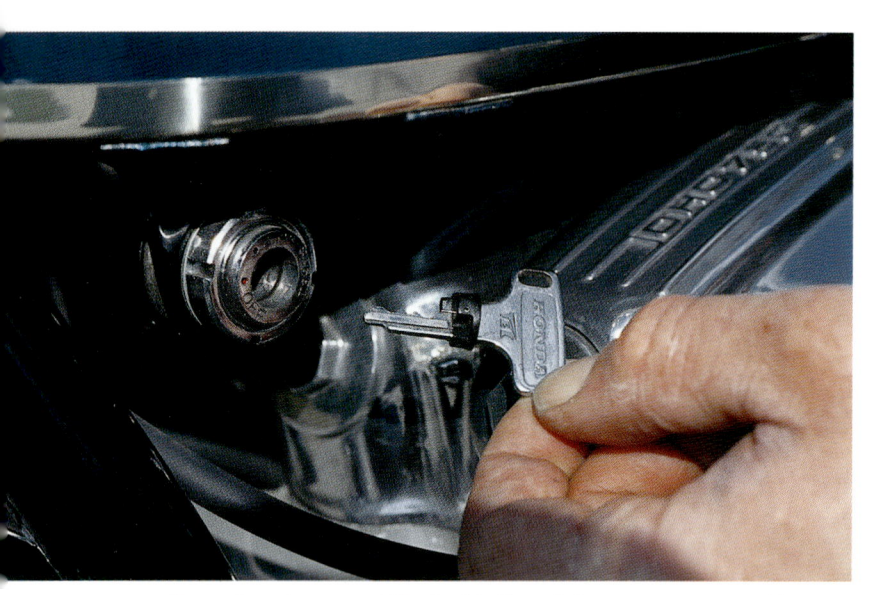

Das eingelassene Zündschloß und der angegossene Kunststoff-Ring am Zündschlüssel gehörten zur ersten Serie.

deutet noch keine klare Zuordnung; beide Versionen wurden ausgeliefert. Bei den ersten 7500 Serienmaschinen war das auf den Dämpfern eingravierte Signet »HM (Honda-Motor) 300«(Codenummer der CB 750) noch eckig ausgeführt: dabei handelte es sich um die lauteste Version, die späteren mit den ovaleren Gravuren waren etwas gezähmter. Der äußere, rechte Krümmer verlief gerade und ohne Sicken im Bereich des Fußbremshebels vorbei. Die auf den beiden oberen Dämpfern angebrachten Hitzeleitbleche waren mattiert, während sie später – wie die der Ausstellungsmaschine – nur noch verchromt montiert wurden.

Das Zündschloß wies einen kleinen Plastikring auf; mit der Umstellung der Motorenproduktion auf industriellen Kokillenguß wurde es durch das bekannte, bei allen anderen Honda-Motorrädern verwendete Drei-Wege-Schloß ersetzt.

schen Kaufleute sprach ferner die Tatsache, daß die neuen Gußformen praktisch unbegrenzt verwendet werden konnten. Europa bekam die ersten CB 750 Four Modelle erst nach dieser Fertigungs-Umstellung; Sandguß-Modelle waren hierzulande unbekannt.

Am einfachsten zu erkennen ist eine frühe Four (eine K0-Bezeichnung gab es ja noch nicht) am glattflächigen, lackierten Luftfilterkasten in Tankfarbe und den großen, geschlitzten Seitendeckeln (Öltank und Elektrik), welche zu Beginn noch durch silberne Nylongitter unterlegt waren. Während der obere Teil des Luftfilter-Kastens auch heute noch lieferbar ist, sind das Unterteil des Kastens sowie die Seitendeckel nicht mehr erhältlich – verschiedene Clubs planen bereits eine Nachfertigung. Die Identifizierung setzt sich fort in der glattflächigen, linken äußeren Getriebe-Abdeckung neben dem Lichtmaschinen-Deckel. Hier war noch keine (später eingegossene) Schalt-Reihenfolge zu erkennen.

Leicht fällt auch die Zuordnung des ersten Tank-Verschlusses, welcher noch ohne Schloß wie im Grand-Prix-Sport jener Tage durch Betätigung (Niederdrücken) des Hakenschlosses mit Schnapp-Verschluß aufsprang. Ob nun unterhalb des Tanks die beiden Chromzierstreifen mit oder ohne zusätzliche schwarze Inletts auskam, be-

Kurz nach Serienbeginn erhielt das Bremszylinder-Gehäuse Kühlrippen angegossen – das Schutzblech blieb noch scharfkantig.

Unter der Lupe

Nur die ersten Serienmodelle besitzen jene drei »Kleinigkeiten«, die sie mittlerweile so begehrenswert erscheinen lassen wie Blaue Mauritius bei den Briefmarken-Sammlern: die Sitzbank mit den auf der Sitzfläche quadratisch unterteilten, eingegossenen Feldern und dem leichten »Aufwärtshaken« am Ende, das polierte Ölfiltergehäuse ohne Kühlrippen und schließlich jenen Ölmeßstab, welcher mittig noch einen erhaben laufenden Steg zum leichteren Öffnen mit sich führte. Das vordere Schutzblech war an den Kanten noch nicht umbördelt.

Das Ketten-Sicherungsblech an der Hinterradnabe war noch nicht erfunden, und der Zündungs-Unterbrecherschalter noch schwarz. Die Einstellschraube des Gaszuges am Gasdrehgriff besteht aus einer Flügelmutter aus Kunststoff.

Modellpflege im Detail: die Technik

Die konstruktiven Änderungen an und in der Antriebseinheit der K0-Serie waren vielfältig. Die Pflegemaßnahmen begannen bereits nach den ersten 140 Motoren durch eine stärkere Schraube (10 x 82 mm statt 8 x 80 mm) im Bereich des Endantriebs; sie verschraubte die Kurbelgehäuse in diesem Bereich. Im außergewöhnlich langen Produktionsleben der Honda CB 750 Four sollte den Konstrukteuren die Lagerung des Endantriebs noch häufig Kopfzerbrechen bereiten.

Ab der Motornummer 1000 220 gab es die Kurbel-Gehäuse nur noch als Set mit neuer Bestellnummer; in diesem Zusammenhang wurde die vordere Ölkanal-Verschlußschraube von 16 auf 13mm verkleinert und erhielt einen O-Ring. Zuvor war es möglich gewesen, je nach Bestellnummer entweder nur die obere oder lediglich die untere Gehäusehälfte zu ordern.

Mit der Seriennummer 1000 425 nahmen sich die Konstrukteure erstmals dem Problem der bisweilen herausspringenden Gänge an; eine geänderte Kurbelwelle folgte ab der Nr. 1001081, während ab der Motornummer 1001760 die Kupplung nur noch über sieben (vorher: acht) Stahllamellen verfügte.

Fast 2000 Motoren später (1003528) wurde die Endantriebswelle an der Ritzelaufnahme verbessert und ein anderes Ritzel verwendet; das rechte Kugellager der Getriebe-Hauptwelle erhielt mit der Motornummer 1005307 einen Lagerhaltering, um ein axiales Spiel zu vermeiden.

Umfangreiche Modifikationen setzten mit der Motornummer 1007415 ein. Das untere Kurbelgehäuse erhielt im Bereich der Hauptgetriebewelle eine runde, große Öffnung, welche durch eine leicht entfernbare Abdeckung nach außen verschlossen wurde. Damit dieser konisch geformte und durch einen O-Ring abgedichtete Deckel während der Fahrt nicht verloren ging, wurde er auf der linken Seite von einem angeschraubten Blechstück gehalten – gegenüber übernahm diese Aufgabe die abgeänderte Ölwanne durch einen angegossenen, dreieckigen Ausläufer.

Diese Teile sind in keinem Ersatzteil-Katalog verzeichnet. Die Existenz dieses Deckels war durch neue Fertigungs- und Bearbeitungs-Maschinen bei der Kurbelgehäuse-Produktion bedingt und hatten keine, wie ursprünglich vermutet, optische Kontroll-Funktion. Tatsächlich war es nach Abnahme dieses Deckels ohne Mo-

Näher konnten die Ingenieure die Auspuff-Anlage nicht an den Rahmen heranführen; »HM 300« Signet war das Erkennungszeichen der ersten Anlage.

Honda CB 750

Die nur für Amerika und Kanada bestimmte, erste »Sandguß«-Serie.

torausbau möglich, einen Teil der Getrieberäder und der Schaltklauen zu begutachten; reparieren oder austauschen konnte man indes durch dieses »Guckloch« nichts.

Von einem »ungekühlten« Ölfiltergehäuse hatte Honda bereits mit der Motornummer 1009554 Abschied genommen und baute das mit Kühlrippen versehene Element ein. Ein weiterer Grund für die Modifikation war die häufig zu fest angezogene, mittig plazierte Befestigungsschraube: das Gehäuse deformierte sich schnell und riß ein. Honda wies daher alle Händler an, das heute so begehrte Teil vor Auslieferung an den Kunden abzuschrauben, unfrei an den jeweiligen Importeur zurückzusenden und gegen die Version mit den Verstärkungsrippen auszutauschen. Im Zylinderkopf-Bereich setzten

Der neue Tankverschluß aus dem Grand-Prix-Sport sowie die erste Generation der Bremszylinder-Mechanik – ein Gaszug mußte genügen.

Unter der Lupe

erste Änderungen ab der Motornummer 1010336 ein. Die Lagerböcke und Halterungen der Nockenwelle erhielten zusätzliche Bohrungen für eine verbesserte Ölzufuhr und wurden ausgetauscht; überarbeitet wurde ferner die quer verlaufenden Kipphebelwellen und der Ventildeckel. Die Auslaß-Ventilführungen sowie die Ventilschaft-Dichtungen modifizierten die Techniker ab der Nr. 1014996 durch verstärkte und verbesserte Materialien. Für die nächsten zwölftausend Motoren waren keine Änderungen zu vermelden, sieht man von der besser justierbaren Zündungsgrundplatte (ab 1024074) einmal ab.

Die wohl deutlichste Überarbeitung des CB 750 Four K0 Motors setzte mit der Nr. 1026144 ein, laut Ersatzteilkatalog gab es einen neuen Zylinderkopf samt Zylinder. Allerdings sind die Unterschiede minimal, keine Rede davon, daß hier etwa eine neue Antriebseinheit entstanden wäre: Der Zylinderkopf erhielt eine zusätzliche Bohrung für eine Sechs-Millimeter-Schraube im vorderen, mittigen Bereich. Das Gewinde wurde in den Zylinder (welcher damit gleichfalls ersetzt wurde) geschnitten. Honda nahm diese Maßnahme vor, um den Zylinderkopf noch besser abzudichten und gleichmäßiger anziehen zu können. Eine überarbeitete Zylinderkopf-Dichtung war obligatorisch; die Schrauben-Befestigung der Lagerböcke, welche die Nockenwelle aufnahm wurde auf selbstsichernde Gewinde umgestellt. Äußerlich leicht zu erkennen sind diese Motoren an der Anzahl der eingelassenen Gummis zwischen den Leichtmetall-Kühlrippen zur Vermeidung von Schwirrgeräuschen während der Fahrt. An diesem Kopf waren nur noch acht Stück von ihnen zu finden (zuvor zwölf), während bei der Zylindereinheit noch 21 Stück benötigt wurden, somit eines weniger wie zuvor. Die Antriebsketten-Schmierung durch freigeschleudertes Motorenöl – bislang durch ein eingepreßtes Faserstück in der hohlgebohrten Ritzelwelle vorgenommen – wurde durch eine individuell einstellbare Schraube ersetzt. Somit konnte jetzt die der Kette zugeführte Schmiermenge reguliert werden.

Die wichtigste Neuerung war ein stabiler, L-förmig gebogener Bügel, welcher unter dem Namen »Protektor« (Schutz) in der Teileliste erschien. Seine Aufgabe bestand darin, das Kurbelgehäuse bei einer sich plötzlich öffnenden Kette vor Schaden zu bewahren. Um diesen Bügel einbauen zu können, wurde auch die Kettenritzel-Abdeckung geändert. Zusätzlich baute Honda in diese Abdeckung eine Kettenführung aus Hartgummi ein. Tatsächlich gab es danach keine teuren Totalschäden mehr, die auf Kettenrisse zurückzuführen wären.

Noch glattflächig und lackiert: die Seitendeckel/Luftfilter-Kombination; der kleine, abgeknickte Hebel am Vergaser war der Choke.

Detailarbeit war am Schaltmechanismus notwendig, um ein häufig kritisiertes Herausspringen der Gänge zu verhindern. Die bisherige Ausführung bestand aus sieben Einzelteilen, in der überarbeiteten Version war sie auf elf Teile angewachsen. Der Aufwand hat sich gelohnt: Auch ohne Änderung der Schaltklauen oder der Schaltwalze konnte spürbar leichter geschaltet werden.

Ab der Motornummer 1042806 wurden die Kupplungs-Druckfedern an allen bisher ausgelieferten Honda CB 750 Four von den Händlern kostenlos gegen eine überarbeitete Version ausgetauscht. Der Einbau – vergütet wurde eine Arbeitszeit gemäß Richtzeitliste von 1,4 Stunden – sollte möglichst umgehend vorgenommen werden. Die Kosten-Erstattung konnte nur nach Rück-

Honda CB 750

Mit einer Kreuzschlitz-Schraube in der Mitte wurden die Instrumente gehalten. Zweimal eine rote Warnlampe – dunkelrot im Tachometer für das Fernlicht; hellrot im Drehzahlmesser für den Öldruck.

sendung der alten Federn erfolgen – mitgeteilt im Händler-Rundschreiben der European Honda Motor Trading GmbH vom 2.9.1970. Die geringere Feder-Vorspannung der neuen Teile sorgte für ein weicheres Einkuppeln.

Modellpflege im Detail: das Fahrwerk

Die Dämpfergummis für den Hinterrad-Antrieb wurden ab der Rahmennummer 1016996 modifiziert. Sie erhielten zwei Löcher in jedem Gummikörper und sollten, zusammen mit einer besseren Gummi-Mischung eine ruckartige Kettenbelastung bei scharfer Beschleunigung oder plötzlichem Schließen des Gasdrehgriffes verhindern. Honda versprach sich damit eine Erhöhung der Kettenlebensdauer und wies seine Händler an, unter Angabe der Rahmen- und Motornummer sowie den Daten des Besitzers diese Umrüstung umgehend durchzuführen. Der Gaszug verzichtete ab der Rahmennummer 1017342 auf die markante Flügelmutter aus Kunststoff zur Einstellung des Zuges am Gasdrehgriff – eine Sechskantmutter aus Stahl übernahm diesen Part. Beim Schließen des Gasdrehgriffes kam es bei manchen Modellen zu einem verzögerten Zurück-Gleiten der Vergaserschieber und dadurch zu einer zu späten Absenkung der Drehzahl. Dieser Mangel trat generell nur im unteren Drehzahlbereich auf. Honda bot eine kostenlose Behebung und Umrüstung – allerdings nur bei den betroffenen Maschinen an. Durch eine Verlängerung des Gasschiebers auf 46,5mm (zuvor 41,5mm), Erhöhung der Gasschieber-Federspannung auf 0,7 kg (bislang 0,52 kg) und angepaßte Vergaserzüge einschließlich Verteilerstück wurde dieses Problem gelöst. Die unter den Vergaserdeckeln angeordnete Gummi-Dichtungsscheibe entfiel.

Ab der Rahmennummer 1039120 wurden die Federbeine der Vorderrad-Dämpfung komplett modifiziert. Die an den Standrohren entlang gleitenden Ölventile erhielten einen größeren Öffnungsweg und statt bislang zwei wurden jetzt vier Begrenzungsringe für die Ventile angebracht. Die Führungsmuffe des Standrohres im Tauchrohr – unterhalb der Simmerringe – wurde verstärkt und verlängert. Diese Maßnahmen sollten die Gabel weicher ansprechen lassen und den Verschleiß reduzieren. Der nur kurz ausgelieferte Tachometerantrieb an der Vorderradnabe, welcher dem der 450er Modelle entsprach, wurde statt mit der Überwurfmutter nun durch eine quer in die Tachometer-Aufnahme verlaufende Schraube gesichert.

Modellpflege im Detail: die Ausstattung

Die Farben beschränkten sich bei der ersten Serie auf »candy ruby red« sowie »candy blue green«. Letztere fand (sowohl bei den Bestellungen als auch in den ersten Prospektserien) größeren Zuspruch, da dieses Türkis subjektiv besser paßte. Ab der Seriennummer 1019210 wurde mit der (US-seitig gewünschten) Bezeichnung »candy gold« eine weitere Farbe aufgenommen. Der Tankzier-Streifen und die Signets auf den seitlichen Luftfilter-Abdeckungen wurden im Kontrast hierzu schwarz ausgeführt.

Ab der Rahmennummer 1015593 erhielt das vordere Schutzblech an seinen Außenkanten aus Sicherheitsgründen eine Umbördelung; die »scharfkantige, abge-

Unter der Lupe

schnittene Version» entfiel. Zur besseren Führung der Tachometer-Welle wurde eine Öse aus grauem Kunststoff in einer Bohrung des Schutzbleches eingelassen. Damit war die Welle fortan gegen das zuvor aufgetretene Aufscheuern am Schutzblechrand geschützt.

Die Instrumente waren bis auf die amerikanische Meilenausführung identisch mit türkisfarbenen Ziffern auf antrazithgrauem Grund. Die gesuchtesten Gehäuse – in ihrem Oberteil noch aus Kunststoff bestehend – trugen die Kilomter-Skala bis zu 80 km/h Ton in Ton (türkis); darüber war die Skala bis zu ihrem Ende rot abgesetzt. Dabei handeltees sich um die rare »Japan Ausführung«, die dortigen Zulassungsbestimmungen schrieben diese Farbgebung vor. Je nach Länder-Spezifikation gab es unterschiedliche Blinker, Rücklichter, Auspuffeinsätze und Nummernschild-Halterungen samt individuell modifizierten Heckschutzblech.

In diesen Anfängen sind lediglich vier Schwachpunkte auszumachen: heute wie damals kann das beste Produkt nur so gut sein, wie sein schwächstes Bauteil. Honda war nicht nur der Konkurrenz, sondern auch den eigenen Zulieferern voraus. Am deutlichsten wird das an

1970 durften auch die Deutschen die neue Generation erleben – die K0 in »candy-ruby-red«.

Honda CB 750

der Sekundärkette sichtbar. Die 5/8 x 3/8-Zollkette war der Urgewalt des Motors nicht gewachsen. Die einfache Rollenkette längte sich in kürzester Zeit und erforderte viel Pflege, und das Clipschloß war das schwächste Glied in dieser ohnehin schon schwachen Kette. Kettenrisse und ein zerschlagenes Motorgehäuse waren die (häufige) Folge. In der Regel war danach ein kompletter Gehäuse-Austausch samt längerem Werkstatt-Aufenthalt fällig; einige Händler berichteten von »stapelweise zerschlagenen Gehäusen«. Wieviele Gehäuse denn tatsächlich zerstört wurden, läßt sich leider nicht mehr nachvollziehen, sicher ist, daß nur wenige Motoren unbeschadet »überlebt« haben. Das erklärt auch, warum heute ein Modell mit Sandguß-Motor extrem selten ist und im Preis weiter ansteigen wird.

Der zweite Schwachpunkt lag in einem mißverständlich formulierten Inspektions-Reglement. Dort stand zu lesen, so schien der Text so besagen, daß nach den ersten eintausend Kilometern der Zylinderkopf nachzuziehen sei. Dafür mußte der gesamte Motor ausgebaut werden. Sofern dieses Vorhaben nach einer Motorüberholung oder außerhalb der Garantiezeit anstand, waren die Kosten entsprechend hoch. In den seltensten Fällen konnte diese Arbeit an einem einzigen Tage erledigt werden. So verzichteten viele kurzerhand darauf, was den bei der CB 750 häufig anzutreffenden Ölnebel zwischen Zylinder und Kopf erklärt.

Die letzten beiden Schwachstellen lassen sich nicht dem Motorrad anlasten, sie betreffen die damalige Situation bei den Händlern sowie die außerordentlich langen Lieferfristen für Ersatzteile. Ließ sich auch das (früh erkannte) Problem der Händlerschulung und Werkstatt-Ausrüstung relativ schnell lösen, so blieb die Ersatzteil-situation lange unbefriedigend. Sie trafen das Werk in einer Phase, wo gerade mit allen erdenklichen Kräften versucht wurde, die unverändert hohe Nachfrage nach kompletten Maschinen zu erfüllen.

Honda England ließ sich zur Vorstellung der CB 750 Four eine neue Variante einfallen und hievte die Maschine vier Meter in die Luft, damit jeder etwas sehen konnte.

Euphorie weltweit

So weit es sich noch heute belegen läßt, endete die K0-Serie nach knapp 44 600 Maschinen (Rahmennummer 1044649). Da hierin auch Sonder-Ausführungen für Polizei und Behörden-Maschinen (die später eingeführte, spezielle Polizeimaschine CB 750 »P« war noch nicht am Markt), Testfahrzeuge für das Werk und Rennmaschinen enthalten sind, dürfte die tatsächliche Stückzahl frei erhältlicher Serienmaschinen beträchtlich kleiner ausfallen.

Die weltweite Zuordnung nach Ländern läßt sich heute aus den Werksunterlagen leider nur noch teilweise nachvollziehen: USA begann mit der Nr.: 1001245, Frankreich ab 1003495, Deutschland mit 1005084, Australien ab 1005130, England ab 1010369 und schließlich das Schlußlicht mit Holland ab der Rahmennummer 1031084. Die davor liegenden 1244 Maschinen waren aus-

Unter der Lupe

Das erste, weltweit einheitlich erschienene Prospekt war in der Beschreibung noch sehr sachlich und verhalten – eine Indianer-Squaw im Lederrock lud ein »das beste, was Honda anbieten kann, kennenzulernen«.

Honda CB 750

Die US-Werbung schloß sich dieser Vorgabe an – das Stilleben wurde im Detail abgestimmt – schwerlich konnte man sich diesem Angebot entziehen.

schließlich für Werbezwecke, für Japan und den Hersteller selbst für Testzwecke verwendet worden; Kanada startete in der Auslieferung zeitgleich mit den USA. Nach den vorliegenden Werksunterlagen wurden 44 649 komplette CB 750 K0 und ferner 1550 zusätzliche Motoren produziert. Zweifellos gilt die Honda CB 750 Four K0 heute als eine der wertvollsten Serienmaschinen mit steigendem Sammlerwert.

Der japanische Markt erhielt die ersten CB 750 Four vier Monate nach dem Exportstart, davon wiederum lediglich nur zehn Prozent der Jahresproduktion, somit knapp 5000 Maschinen. Da der eigene Markt nicht Hondas Zielrichtung war, hatte diese Serie erwähnenswerte Besonderheiten zu bieten. Weder hatte eine japanische Four einen Hauptständer (gesetzlich nicht vorgeschrieben) noch einen Benzintank mit 19 Liter Fassungsvermögen. Die »Binnenmodelle« mußten sich mit 17,5 Liter begnügen, da die Fertigung dieser kleineren Ausführungen in leicht abgewandelter Form von der Honda CB 450 übernommen werden konnte und große Tanks dem Export vorbehalten waren. Bei den ersten Fahrten in Nippon stellten die japanischen Käufer bei aller Begeisterung fest, daß sie ihre Füße bei dieser Maschine beim besten Willen nicht ganz auf den Boden bekamen und dieses Motorrad »ein paar Nummern zu groß« ausgefallen war. Trotz dieser Unzulänglichkeiten zahlte mancher japanischer Käufer häufig auch über Listenpreis, um eines dieser »Supermotorräder« zu erwerben.

Tester-Meinungen

Als erste Zeitschrift testete das US-Magazin *Cycle World* im August 1969 eine Honda CB 750 Four, nachdem sie die »fabelhafte und ultimative Neuerscheinung« ihren Lesern bereits sechs Monate zuvor ausführlich vorgestellt hatte. Die ersten »Road Tests« fanden auf dem Hochgeschwindigkeitskurs der Nevada Roadways statt. Nicht sonderlich rekordverdächtig erschien den Testfahrern die Zeit für den Sprint über die Viertelmeile (402 Meter). Mit dem 68 kg schweren Testfahrer im Sattel verstrichen 13,38 Sekunden über diese Distanz: Es gab schnellere Sprinter. Dafür hatte die Four nach diesen 400 Metern bereits 161 km/h auf dem Tacho; den Sprint von 0 auf 100 km/h erledigte sie in knapp sechs Sekunden. Das ermittelte Drehmoment von über 5 mkg fanden die Testfahrer dagegen sensationell. Weitere Tests folgten, dabei wurden diese Werte mehrfach verbessert. Schließlich wurden für die 400 Meter 12,6 Sekunden (Endgeschwindigkeit 168 km/h) ermittelt; der Prüfstand ergab ein Drehmoment von 6,1 mkg bei 7000/min. Diese Werte wurden nach der DIN-Norm ermittelt.

Die wirklich große Überraschung für das Testteam war die Handlichkeit, was mit den Worten »die beste von allen in ihrer Klasse« und »nichts setzt auf, weder Auspuffkrümmer noch Seitenstütze oder Hauptständer« umschrieben wurde. Die montierten, japanischen Dunlopreifen »Roadmaster« verwunderten in ihrer Qualität. Vorbei war es scheinbar mit der alten, häufig »knochenharten« Gummimischung der japanischen oder englischen Hersteller, weshalb der Testfahrer in seinem Schlußwort die kritische Frage aufwarf, wieviel Reifen ein zukünftiger Besitzer für den Kaufpreis der Four wohl kaufen müßte und machte sich schon wieder Sorgen um die Haltbarkeit der jetzt montierten, »griffigeren« Gummimischung: »Aber, wer sich das tollste Serienmotorrad, das wir je getestet haben, leisten kann, wird sich darüber wohl keine Gedanken machen«.

Auch die Kollegen von *Cycle Guide* waren schwer beeindruckt Dieses Motorrad sei der wichtigste Schrittmacher auf diesem Gebiet seit dem Zweiten Weltkrieg.

Das zweite, im Mai 1970 erschienene Prospekt – eine »deutsche« Honda CB 750 Four wurde noch nicht beworben.

Honda CB 750

Der Meilenstein: Honda CB 750 Four.

Auch die, wie es im Vorwort zum Test heißt, »hartgesottene Testcrew« war von der souveränen Kraftentfaltung in jedem Drehzahlbereich fasziniert, und : »Egal wo wir parkten, die Menschen wurden förmlich von ihr angezogen.«

In Deutschland bewegte *Das Motorrad* die erste Four bei dichtem Feierabendverkehr und Schneeresten im Februar 1969. Ernst »Klacks« Leverkus fand die kurz für einen ersten Fototermin überlassene Maschine (in US-Ausführung) startklar und schwang sich in den Sattel. Die für Europa gedachte Vorführmaschine wurde auf einem Autobahnteilstück gefahren, »Klacks« war danach schlichtweg überwältigt. Der erste Nürburgringtest fand im Juli 1969 statt, wo die Maschine bei 8500/min tatsächlich die 200 km/h-Grenze erreichte und von 85 km/h bis 180 km/h im höchsten Gang in lediglich 17 Sekunden durchzog: Damit war sie die bis dato schnellste getestete Serienmaschine.

Unter der Lupe

In der Bundesrepublik wurden die ersten Maschinen Anfang 1970 ausgeliefert. Zunächst hatte man, sehr vorsichtig, lediglich 30 Maschinen geordert; Honda Deutschland stockte dann auf und plazierte Bestellungen in dreistelliger Höhe. Allesamt waren sie längst vor Lieferung fest verkauft und nicht jeder Händler durfte sich eines dieser Exemplare bestellen. Einstell- und Wartungswerkzeuge sowie andere Faktoren spielten eine gewichtige Rolle. Die benötigte »Werkzeug-Grundausstattung« im grünen Holzkasten (inkl. Unterdruck-Meßgerät für die Vergaser-Synchronisation) kostete allein über 1000 Mark. Es hätten wesentlich mehr Maschinen verkauft werden können, sofern sie nur lieferbar gewesen wären. Auch in Deutschland gab es noch Ende des Jahres 1970 lange Wartelisten, die Maschine stand mit 6495 Mark frei Offenbach-Rumpenheim (Sitz der damaligen European Honda Motor Trading GmbH als Importeur) in der Lieferliste.

Der nächste Schritt: die Honda CB 750 Four K1

Lediglich vier 750er hatten sich im Frühjahr 1970 im internationalen Motorrad-Angebot etabliert. Genau genommen waren es nur drei, denn der Triumph-Trident Motor war baugleich mit dem der BSA A75 Rocket 3.

Daneben gab es die BMW R 75/5 (50 PS, 210 kg Leergewicht, DM 4.996,–), die BSA A 75 Rocket 3 / Triumph Trident (58/60 PS, 200 kg Leergewicht, DM 6.300,–/6.250,–) und die Norton Commando RS (59 PS, 180 kg Leergewicht, DM 5.295,–). Zwar waren auch die Italiener dabei, sich ein Stückchen von diesem Kuchen abzuschneiden (die Laverda 750 SF stand kurz vor ihrer Markteinführung), aber eine Vierzylinder-Maschine mit 67 PS war vorerst nur bei Honda zu haben.

Ganz anders verhielt es sich mit der japanischen Zweirad-Industrie; Kawasaki war zwar mit seiner geplanten Vierzylinder-750er schon weit gediehen, brachte diese allerdings nicht zur Serienreife, sondern begann auf dieser Basis die Entwicklung einer hubraumgrößeren Maschine. Die Konkurrenz von Yamaha und Suzuki dagegen war noch nicht so weit: Nach wie vor stand Honda mit seiner Four allein auf weiter Flur: Es waren Goldene Zeiten für den weltgrößten Motorradhersteller.

Eine in Deutschland zugelassene K1 in »candy-gold«. Auf den ersten Blick sind die kleinen Seitendeckel, das schwarze Bremszylinder-gehäuse und die flache Sitzbank als Unterschied zu erkennen.

Honda CB 750

Die CB 750 K 1 sollte von dem Sieg in Daytona profitieren und wurde als das »non-plus-ultra« Motorrad bezeichnet.

Das Unternehmen nutzte die Gunst der Stunde und rüstete gewaltig auf: Riesige, vollautomatische Produktionsbänder spuckten neue Maschinen im Minutentakt aus, und auf den Reißbrettern von R & D entstanden schon die Motorräder von morgen und übermorgen: Vierzylinder-Boxermotor, Kardanantrieb, Getriebe-Automatic – alles schien machbar, der Markt für neue Entwicklungen und Ideen schien unbegrenzt aufnahmefähig. Hondas Politik lautete »gutes Management und noch bessere Motorräder«. Es gilt noch heute, und irgendwie traf das auch auf die Four K1 zu: Sie konnte alles ein wenig besser als die Konkurrenz, auch wenn die 200 km/h schnelle Honda mit (unveränderten) DM 6.495,– etwas mehr als die hubraumgleiche Konkurrenz kostete. Zumal »diese Honda auch dann noch fuhr, wenn andere bereits den zweiten Dichtsatz bestellten«, wie *Motor Cycle* schrieb.

Unter der Lupe

Erneut waren es zuerst die amerikanischen und kanadischen Händler, die mit der K1 beliefert wurden. Die neue Generation begann mit der Rahmennummer 1044650 (erster produzierter K1-Rahmen). Nach Europa gelangte die erste K1 ab der Rahmennummer 1053409, somit knapp zehntausend produzierte Einheiten später.

In der Leistung hatte sie nichts von ihrem Temperament eingebüßt; ihre 67 PS standen bei 8000/min zur Verfügung und radierten weiterhin dicke Gummistriche in den Asphalt: Das maximales Drehmoment von 6,1 mkp wurde bereits bei 7000/min. erreicht, was um so bemerkenswerter war, da dieses Modell bereits dreizehn Kilogramm mehr auf die Waage brachte (218 kg trocken) als die Vorgängerin. Die K1 entstand in acht unterschiedlichen Versionen, je nach Bestimmungsland, und galt nach wie vor als das Maß aller Dinge.

Verkauf und Auslieferung begannen am 1. Oktober 1970, die Serie lief fünfzehn Monaten später, am 31.12.1971 aus. Weltweit wurden 87.387 Maschinen gefertigt, mit der ersten, großen Polizeimaschine (CB 750 P) aus dieser Serie dürften es einige tausend mehr gewesen sein. Täglich wurden 300 K1 gebaut, die Honda-Hauszeitschrift wies darauf hin, daß alle fünfzehn Minuten eine Palette mit zehn Maschinen, versandfertig verpackt, das Werk verließ. Im Vergleich zu dem Vorgängermodell baute Honda in dieser relativ kurzen Produktionsspanne fast doppelt so viele Maschinen wie von der K0: Honda setzte neue Bestwerte in punkto Produktivität.

Eine K 1 kurz vor Serienende in US-Ausführung.

Honda CB 750

Modellpflege im Detail: die Technik

Auf den ersten Blick schien sich, abgesehen von leichten optischen Retuschen, nicht viel geändert zu haben.

Die ersten 150 produzierten Triebwerke des neuen Serienmodells blieben von jeglichen Änderungen verschont, sie entsprachen im Detail dem Motor des Vorgängermodells. Unterschiede gibt es ab der Motornummer CB 750 E-1044806.

Besonderes Augenmerk galt dem Lager der Getriebe-Ausgangswelle; Honda vergrößerte das äußere Führungskugellager und fixierte es nun im oberen wie auch im unteren Kurbelgehäuse, was zur Einführung der vierten (und vorerst letzten) Generation von Kurbelgehäusen führte. Das innere – hinter dem Zahnrad der Getriebe-Ausgangswelle liegende – Kugellager tauschte Honda gleichfalls gegen eine stärkere Version aus.

Mit der K1 endeten auch die Probleme mit der Hinterradkette: Kettenlieferant Daido Kogyo Co. LTD. (D.I.D.) hatte mit der neuen 100 Glieder langen D.I.D. 50 HD die erste Kette mit Nietschloß auf den Markt gebracht, die alte Kette mit 98 Gliedern und Kettenclip, die so oft für Ärger gesorgt hatte, gehörte der Vergangenheit an. Hon-

Desmodronisch betätigte Vergaser – zu erkennen an der Querwelle und dem geschlossenen Schieber-Mechanismus brachten mit dem geänderten Luftfilter-Gehäuse weitere Änderungen.

da Deutschland rief im September 1970 alle CB 750 zur kostenlosen Umrüstung in die Werkstätten zurück, untersagte die Verwendung des bisherigen Schlosses und lehnte es ab, »zukünftige, hieraus abgeleitete Schäden« auf dem Kulanzweg zu regulieren.

Zusammen mit dem geänderten Übersetzungs-Verhältnis von 18/48 Zähnen (ursprünglich 16/45 dann 17/45 Zähne) wurde die Belastung der Endantriebswelle (und der Kette) weiter entschärft, ohne daß sich die Beschleunigung verschlechterte. Wer allerdings annahm, er könne seine K0 bis zur Motornummer 1044805 umrüsten, sah sich vor größere Investitionen gestellt: Honda wies bereits bei der Einführung dieser Neuerung seine Händler per Rundschreiben darauf hin, daß die nachträgliche Montage eines 18er Antriebsritzels nur durch einen Austausch des kompletten Kurbelgehäuses möglich war. Die Erklärung war trivial: Die Platzverhältnisse ließen ein im Außen-Durchmesser größeres Ritzel nicht zu, ohne daß das Gehäuse von der laufenden Kette in Mitleidenschaft gezogen worden wäre; maximal ein 17er Ritzel hatte bisher gepaßt.

Marginale Änderungen gab es auch am Zylinderkopf; nur wenige Stunden nach Serienanlauf – 162 Maschinen

Detail-Arbeit: »Killschalter« in rot und zwei Gaszüge brachte die amerikanische Gesetzgebung hervor.

Unter der Lupe

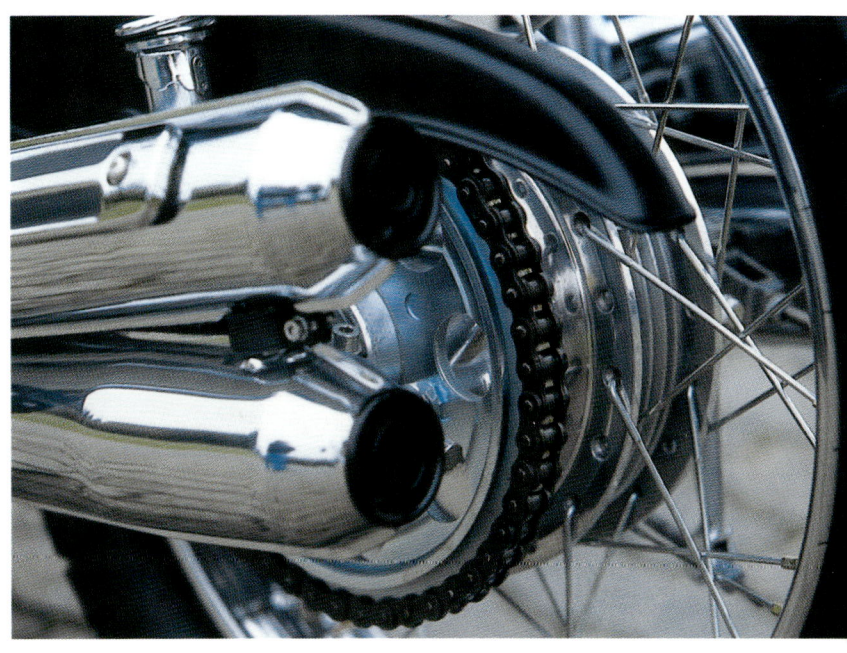

Das *jetzt* weit nach hinten gezogene, breitere Kettenschutzblech – gefahren wurde noch ohne O-Ring-Kette.

Noch ohne Konkurrenz fuhr sie allen und jedem davon. Die Hupe auf der linken Seite und das Ölfilter-Gehäuse mit Kühlrippen zeigen weitere Entwicklungsschritte.

Die neuen, bremsflüssigkeits-resistenten Armaturen mit Glasabdeckung; der rote Bereich im Drehzahlmesser begann jetzt 500/U früher als bei der K0.

Honda CB 750

Die erste gebaute K 1 – hier mit dem »europäischen« Lenker war noch in vielen Details eine K0: Luftfiltergehäuse, Sitzbank, schwarzer Unterbrecher-Schalter – ein Gaszug.

später, ab der Motornummer CB 750E 1044968 – folgten weitere Modifikationen. Die Techniker hatten sich nochmals der Schaltung, insbesondere der besseren Leerlauf-Arretierung, angenommen. Ferner verbreiterten sie ab der Motornummer 1113723 die in die Schaltwalze eingefräste Nutenführung des vierten und fünften Ganges von 0,5 auf 1,0 mm. Damit sollte das ab und zu beobachtete Herausspringen dieser Gänge vermieden werden. Ab der Motornummer CBE 750-1056080 baute Honda einen überarbeiteten Kupplungskorb ein; ab der Motornummer 1064903 entfiel ein Großteil der bisher verwendeten Sechskant-Schrauben und wurde durch Bundschrauben ersetzt, eine Schraubenart mit angegossener Unterlegscheibe Wo immer möglich – von der Ölwannen-Befestigung, Ölpumpe, Steuerketten-Spanner, Kupplungsfedern-Verschraubung – bis hin zur Fixierung des Kurbelgehäuses wurde die neue Schraubengeneration eingesetzt. Leicht auszurechnen, wieviel Unterlegscheiben und zusätzliche Handgriffe dadurch eingespart werden konnten.

Unter der Lupe

Die letzten Änderungen am Motor betraf mit der Motornummer 1068376 den Einbau einer Metallöse zur Halterung und Fixierung der vier Vergaser-Überlaufschläuche, um eventuell austretendes Benzin unterhalb der Maschine abzuleiten. Kurz vor der Ablösung der K1 kam mit der Motornummer 1114461 eine überarbeitete Zylinderkopfdichtung, die dritte insgesamt seit Einführung der Four-Reihe.

Im Vergaserbereich wies die Honda CB 750 K1 prägnante Unterschiede zum Vorgängermodell auf. Bis zur Rahmennummer 1044812 blieb es bei der bekannten Seilzugbetätigung der Gasschieber, dann folgte die Einführung der Zwangssteuerung. Diese (teuere) Umrüstung war die Folge neuer Bestimmungen auf dem US-Markt, gemäß denen jede neue Maschine künftig eine Vorrichtung zum zwangsläufigen, gleichzeitigen Schließen aller Gasschieber besitzen mußte. In zwei an die Vergaserbrücke angegossene Ausläufer wurde eine quer zur Fahrtrichtung liegende, drehbare Welle angebracht, welche über kurze Winkelhebel und Zugstangen die vier Vergaserschieber fest miteinander verband. Jedes der vier Gelenke zwischen Winkelhebel und Zugstange wurde mit einer Gummihaube auf jedem Vergaser staubdicht abgekapselt. Angesteuert wurde die Querwelle über ein in ihrer Mitte befestigtes Blechstanzstück (Kurvenscheibe), in welches nunmehr zwei Gaszüge (für öffnen bzw. schließen) einzuhängen waren. Starke Zugfedern an der Welle schlossen die Schieber so zuverlässig, daß Honda auf die vier einzelnen Schraubenfedern innerhalb der Gasschieber getrost verzichten konnte. Die Vergasergehäuse selbst blieben unverändert, nur die Gewindebohrung der jetzt nicht mehr notwendigen Rändelschraube zur individuellen Einstellung der Schieberanschläge wurde zugegossen. Beide Gaszüge konnte so-

American Honda Motors schrieb: »Die Dominanz auf der Straße – von der kleinsten bis zur größten Maschine: Honda bietet alle.«

Honda CB 750

wohl an der Vergaser-Querwelle als auch am Gasdreh-Griff justiert werden, über eine einzige Schraube ließ sich die Leerlaufdrehzahl aller vier Vergaser auf einmal einstellen. Viele K0-Besitzer rüsteten auf diese wartungsfreundlichere Lösung um.

Unterhalb der rechten Lenker-Armatur fanden die Fahrer der Honda CB 750 Four K1 mit dieser Vergaser-Ausstattung eine leicht von Hand einstellbare Schraube. Über sie ließ sich das Spiel des Gasdrehgriffes individuell regulieren, um die Gashand zu entlasten. Insbesondere längere Fahrten benötigten doch erhebliche Muskelkraft, um den Rückholfeder-Mechanismus der Vergaseranlage zu überwinden. Um den Durchfluß zu den Vergasern zu erhöhen, wuchs ab der Rahmennummer 1071336 der Querschnitt der Benzinleitungen um 0,5 auf 5,5 mm.

Modellpflege im Detail: das Fahrwerk

Die Änderungen an der Bremsanlage umfaßten ein nun mattschwarz lackiertes Bremssattelgehäuse von Tokiko sowie einen Hauptbremszylinder mit leichter justierbaren Anschlagsbegrenzung und Einstellmöglichkeit für den Handbremshebel.

Nur die nach Frankreich exportierten Modelle wiesen ein durchsichtiges Bremsflüssigkeits-Gehäuse mit den Angaben zur Bremsflüssigkeits-Spezifikation auf dem Schraubverschluß auf. Stärker vernietete Bremsleitungen (nun mit aufgedrucktem Herstellungsdatum) rundeten die gesetzlich notwendig gewordenen Maßnahmen ab.

Zu Beginn der neuen Serie lieferte Honda einen modifizierten, vier Millimeter tiefer in die Vorderradnabe

Im deutschen Prospekt wurde auf die »eingebaute Widerstandsfähigkeit – auch bei scharfer Fahrweise« hingewiesen. Der Besitzer brauchte sich »um nichts zu kümmern« nur »fahren, fahren, fahren«.

gerückten Tachoantrieb mit verbesserter Verzahnung der Geberscheibe und Lagerung, was eine entsprechend schmälere, neue Nabe (einschließlich kürzerer Bremsscheiben-Befestigungsschrauben) erforderlich machte. Honda entsprach damit einem oft geäußerten Kundenwunsch und schuf damit bessere Voraussetzungen für die Nachrüstung einer zweiten Bremsscheibe, die Gabel wurde bereits ab Werk mit den entsprechenden Aufnahmen versehen. Selbstverständlich lieferte Honda auch die Nachrüst-Teile, wobei das Fassungsvermögen des Bremsflüssigkeitsbehälters unverändert blieb. Die zweite Scheibe war mit der bereits montierten identisch.

Ab der Rahmennummer 1058490 erhielt die CB Four K1 einen modifizierten Tachometer-Antrieb; die Teleskopdämpfer blieben – bis auf die Tauchrohre – unverändert. Zu erkennen war das am Verlauf der Tauchrohre direkt unter der schützenden Gummimanschette: Während beim Vormodell am Ende dieser Manschette noch ein weiterer, eingegossener Markierungsring vorhanden war, verliefen jetzt die Tauchrohre übergangslos leicht konisch nach unten, entsprechend legten die Arai-Simmerringe um zwei Millimeter zu.

Am Rahmen bildete der überarbeitete Hauptständer-Winkel die einzige Neuerung. Durch Änderung der Hebelmechanik konnte die Hauptstütze um einen Zentimeter vorverlegt werden, um einen noch besseren Stand der Maschine zu gewährleisten. Diese Maßnahme schränkte die Bodenfreiheit von 160 auf 140 mm ein.

Detailüberarbeitungen am hinteren Schutzblech, progressivere, im Federdurchmesser um vier Millimeter vergrößerte Schraubenfedern mit größeren Federtellern (ab der Rahmennummer 1048752) bestimmten die Modifikationen am Heck. Verchromte Hitze-Schutzbleche an den oberen Auspuffdämpfern, verschleißfestere und größere Ruckdämpfer-Gummis mit besserer Aufnahme in der geänderten Hinterradnabe rundeten die Maßnahmen ab.

Die dritte Generation der eingebauten Hinterrad-Schwinge war auf das breitere und länger gewordene Kettenschutzblech und dessen Führung sowie Befestigung zurückzuführen.

Modellpflege im Detail: die Ausstattung

Die Modellpflege war auch an den etwas kleineren und ergonomisch günstiger geformten Seitendeckeln erkennbar, die einen engeren Knieschluß erlaubten. Die flachere Bauweise erforderte einen mehr zur Rahmenmitte hin verlegten, neuen Öltank mit gleichem Fassungs-Vermögen. Der vom Öltank zum Kurbel-Gehäuse führende Entlüftungs-Schlauch wurde durch Federclips vor einem möglichen Abrutschen (mit Unfallfolgen durch Ölaustritt) gesichert. Die Seitendeckel bekamen ein neues Logo und verzichteten auf die Lüftungsschlitze. Das Emblem bestand nun aus der dreieckigen Adlerschwinge – eingebettet in roten Kunststoff – sowie den geschwungenen »750 Four«-Schriftzug. Ferner fällt der schwarze, gerippte Luftfilterkasten ins Auge, welcher nun die CB 750 Four Modelle bis zu ihrer Einstellung begleiten sollte; der vorher wiederverwendbare Schaumstofffilter wurde durch einen Einweg-Papierfilter ersetzt.

Die Hupe wanderte auf die rechte Fahrzeugseite und erhielt zusätzlich noch eine Drahtöse zur besseren Führung der Drehzahlmesser-Welle. An der Sitzbank verschwand der Bürzel am Ende; die Sitzoberfläche wurde etwas flacher und der Verriegelungs-Mechanismus gewann (unverändert noch nicht abschließbar) durch einen zweiten Einrasthaken an Sicherheit. Aufgrund der ausschließlich maschinellen Fertigung hatte der (fast) unverändert weiter gebaute Tank von seinem Fassungsvermögen eingebüßt: statt 18 Liter (Prospektangabe) transportierte er nur noch knapp 17 Liter. Der Honda-Schriftzug an den Seiten wurde weiß lackiert. Die Instrumente saßen in einem stabilen Metallgehäuse, die Gläser von Tacho und Drehzahlmesser waren stabiler. Der rote Drehzahlmesser-Bereich begann 500/min früher und lag jetzt bei 8000/min.

Mit »vallery green metallic«, »candy garnet brown« und »Polynesien blue metallic« kamen neue Farbtöne in die Schaufenster der Händler, so daß jetzt mit den bekannten Lackierungen aus der Vorserie insgesamt sechs verschiedene Farben zur Auswahl standen, wenn auch nicht in allen Ländern. Für den deutschen Markt blieb es bei den Candyfarben rot, blau und gold.

Honda CB 750

Die bekannteste: Honda CB 750 Four K 2

Zum Jahreswechsel 1971/72 erschien die dritte Auflage dieses Bestsellers, ab dem 1. März 1972 gehörte sie zu dem Honda-Motorrad-Angebot. Wieder stand intensive Pflege und konstruktive Verbesserung im Mittelpunkt der Hersteller-Philosophie. Dieses Serien-Modell markierte – außer der noch heute im Programm befindlichen »Cup« – einen neuen Herstellungs-Rekord: bis heute gab es in dieser Hubraumklasse keine andere japanische Maschine, welche vier Jahre lang fast unverändert für den europäischen Markt vom Band lief.

Anders sah es bei den für Nordamerika bestimmten Modellen aus. Dort nämlich wurden die 750er in Details jährlich modifiziert, um als Neuerscheinung gelten zu können. So kam es zu einem weiteren Novum dieses Ausnahme-Motorrades: die Fertigung auf getrennten Bändern.

Für den Rest der Welt hatte dagegen eine unveränderte Honda CB 750 Four K2 zu genügen; sie war richtig positioniert und werbemäßig kaum besser herauszustellen. Ernstzunehmende Konkurrenten im gleichen Marktsegment waren obendrein (noch) nicht auszumachen – von der Kawasaki Z900 mit Doppel-Nockenmotor einmal abgesehen, welche 1972 ihr Debut hatte und sich am Markt erst noch bewähren mußte. Die Entscheidung für eine zweigleisige Produktion war letztlich auch eine Kostenfrage, da für jedes modifizierte Modell ein neues technisches Gutachten, eine neue Allgemeine Betriebserlaubnis oder ein Nachtrags-Gutachten erforderlich gewesen wäre, was in keinem Verhältnis zu den eher geringfügigen Modifikationen stand.

Daß mit der neuen 750er Honda einen neuen Produktionsrekord setzen wollte, deuteten die reservierten Rahmen- und Motornummern hin: bis zum Erscheinen der nächsten Edition in USA (K3) hatte Honda reichlich Platz gelassen, fast zweihunderttausend Einheiten konnten eingeplant werden. Allein 1972 wurden knapp 95.000 Motorräder dieses Typs gebaut, im Jahr darauf folgte, zeitgleich mit der Vorstellung der Honda CB 750 Four K3 in USA und Kanada eine umfangreich überarbeitete K2, die viele Neuheiten des US-Schwestermodells übernahm.

Bis 1975 stand die K2 im Lieferprogramm für Europa, zuletzt für DM 6.998,– (frei Offenbach).

Das *Motorrad* scheuchte eine K2 innerhalb von sechs Monaten über 21.000 Kilometer und war danach der Meinung, das »absolute Motorrad« gefunden zu haben – mit beachtlicher Beschleunigung, einer sehr guten Kette und einem deutlich schlechteren Fahrverhalten bei abgefahrenen Reifen. Unterstrichen wurde einmal mehr die

Eine schöne Modellübersicht brachte Honda UK heraus, welcher diese Bilder entnommen sind.

Unter der Lupe

Ausgereift und zuverlässig sollte sie die europäischen Fahrer vier Jahre lang begleiten – abgebildet ist die für Deutschland und die Niederlande ausgelieferte Version.

erstaunliche Zuverlässigkeit dieser Maschine: Die mißtrauischen Motorradtester ließen den Motor vorsichtshalber während des Dauertests öffnen, um ihn anschließend wieder beruhigt zusammenzubauen – gefunden hatten sie nichts, worüber zu berichten gelohnt hätte.

Inzwischen lief die Honda-Maschinerie auf Hochtouren, die Four verließ im Zwei-Minuten-Takt das Fließband, bald sah man fast an jeder Ecke eine Honda CB 750 Four. Aber noch ein anderes Ergebnis ließ aufhorchen: Im »Mutterland« des Motorrads, England, verkaufte Honda 1972 über eine halbe Million Motorräder. In der »Höhle des Löwen«, wie es Soichiro Honda einmal formulierte, hielt sein Unternehmen einen Marktanteil von über 50 Prozent.

Modellpflege im Detail: die Technik

Der K2-Motor blieb während der gesamten Bauzeit unangetastet, abgesehen von einer stabileren und besser gegen Feuchtigkeit geschützten Kabelstecker für die Lichtmaschine oder dem höheren Widerstand der Zündkerzenstecker. Entscheidender war die ab der Rahmennummer 2061311 vorgenommene Kürzung des Ölschlauchs, der vom Öltank zum Motor führte. Der zuvor verwendete, längere Schlauch knickte beim Ein- und Ausfedern allmählich ein und ließ kein Öl mehr durch. Am Ende stand dann oft ein kapitaler Motorschaden. Der neue Schlauch erhielt eine verbesserte Gummi-Auskleidung, war außen mit Textilgewebe verstärkt und hatte einen mittig eingelassenen, weißen Textilring.

In Kalifornien setzten sich Anfang der siebziger Jahre nach und nach schärfere Emissions-Bestimmungen durch und wurden von anderen US-Bundesstaaten sukzessive übernommen. Honda überarbeitete daraufhin das Luftfiltergehäuse und verkleinerte die Luftschlitze,

Honda CB 750

„Seit langem wissen wir, daß Hondamotoren zum Besten gehören, was die Motorradtechnik hervorgebracht hat. Sie waren immer eine Nasenlänge weiter."

„Das Motorrad"

Komplett überarbeitete Vorderrad-Einheit – Schutzblech umbördelt, Lampenhalter verchromt und neue Tauch- sowie Standrohre sollten sie noch sicherer über Europas Straßen tragen.

feilte an den Ansaugstutzen und verwendete 110er Vergaser-Hauptdüsen. Bei der Gelegenheit erhielten die von außen zugänglichen Benzinablaß-Schrauben ein größeres Gewinde und stärkere Schraubenköpfe. Zusammen mit den kleineren Hauptdüsen erhielten die Vergaser eine neue Ersatzteil-Nummer.

Als »technisch geglückte Optimierung« bezeichnete *Motor Cycle* die Modifikationen am Schalldämpfer. Im Innenbereich der Dämpferrohre – der Krümmerbereich war unverändert doppelwandig ausgeführt – brachte Honda weitere Prallbleche an; neue Flöten, die in den Schalldämpfer eingeschoben und seitlich verschraubt wurden, reduzierten die Phonzahlen ohne Leistungsverluste. Von hinten war diese Änderung leicht auszumachen: die Einsätze waren nunmehr rund, etwas kleiner im Durchmesser der Gas-Austrittsöffnung und wiesen nicht mehr den bekannten Mittelsteg auf.

Das Motorrad wurde dadurch weder stärker noch leichter und klang auch nicht wesentlich anders, auch wenn es im Vergleich zur Erstversion schon deutlich gezähmter wirkte. Zumindest in der Werbung schien sie dafür an Kraft zuzulegen. Während eine K0 von 0 auf 100 km/h knapp sechs Sekunden benötigte (der schnellste Test mit leichtem Rückenwind ergab 5,9 Sekunden), so spurtete die

K2 laut Prospekt in nur 4,6 Sekunden zur 100-km/h-Marke, und das bei einem um zwanzig Kilogramm höheren Gesamtgewicht von 240 kg.

Modellpflege im Detail: das Fahrwerk

Von Anfang an fertigte Honda für die CB 750 Four drei verschiedene Rahmen: für USA, Kanada, England und den »General Export« waren die Ausführungen identisch, für Deutschland und die Niederlande gab es die zweite Version und letztlich einen für die französischen Kunden. Die Unterschiede bezogen sich auf die verschiedenen Lenkanschlags-Begrenzungen und den Lenkschloß-Bereich, welcher nach der individuell vorgeschriebenen Funktionsweise auszuführen war. Hinzu addierten sich abweichende Aufnahmepunkte für elektrische Einheiten und Ausrüstungen (wie etwa der Blinkgeber) und die landesspezifischen Beleuchtungs-Vorschriften, insbesondere am Heck. Im Ersatzteilkatalog findet sich für die Honda CB 750 K2 eine für alle Länder geänderte Rahmennummer, deren Ursache in einem völlig überarbeiteten Fußbrems-Mechanismus zu finden war. Das unter Federkraft nach oben gedrückte, modifizierte Bremspedal erhielt eine neue Anschlagsbegrenzung durch einen am Rahmen angeschweißten Ausläufer; ab der Rahmennummer 2065310 wurde zudem die hinter dem linken Seitendeckel plazierte Gleichrichter-Steckverbindung modifiziert

Das Kettenschutz-Blech war nur noch über drei Sechskant-Schrauben an der Schwinge befestigt. Die vier Schrauben am Endantriebs-Flansch, welche das Kettenrad aufnahmen und bisher einzeln nach außen durch die Einheit hindurch geschoben wurden, wurden jetzt fest eingepreßt. Bei einem Austausch des Kettenrades mußte nun nicht mehr (im ungünstigsten Fall) der gesamte Antriebsflansch zerlegt werden. Beibehalten wurden die Schwingen-Lagerbuchsen aus gehärtetem Kunststoff, mit der K1 eingeführt. Sie benötigten regelmäßige, intensive Fettpflege, um nicht vorzeitig zu verschleißen. Nicht wenige rüsteten auf die standfesteren Grauguß-buchsen zurück oder besorgten im Zubehörhandel Präzisions-Nadellager.

Für einen Vierzylinder überraschend schmal – die Heckansicht der amerikanischen K 2.

Honda CB 750

Erheblich modifiziert wurde die Gabel mit jetzt 35 mm Standrohren, sie bestand jetzt nur noch aus vier und nicht mehr, wie zuvor, aus neun Einzelteilen – was noch eine Verbesserung im Fahrverhalten zur Folge hatte. Angenehme Begleiterscheinung: die Ölmenge betrug nur noch 155 cm^3 (zuvor 230 cm^3) pro Holm. Dankbar reagierte das Publikum auf die verbesserten Gabeldichtringe mit zwei Dichtlippen. Sie hielten das Öl dort, wo es hingehörte.

Die hinteren Stoßdämpfer mit 87 mm Arbeitsweg, die sich »für topfebene Versuchsstrecken am besten eigneten« *(Motorrad)*, überzeugten weniger. Viele Honda-Fahrer rüsteten auf Koni-Dämpfer um, ein »dringend benötigtes Honda-Ersatzteil«, wie *Moto Retro* schrieb. Neben einem spürbar besseren Fahrverhalten – insbesondere in Kurven mit Bodenwellen – waren die Nachrüst-Stoßdämpfer außerdem billiger als die Honda-Originalteile. Honda entwickelte später einen völlig neuen, fünffach verstellbaren Hinterrad-Stoßdämpfer. Aus Gewichtsgründen wurden die Federbeine im oberen Bereich aus einer Leichtmetallegierung hergestellt.

Niedrigere Fertigungskosten sowie Material-Einsparungen führten zu einer Neugestaltung der Bremszangen-Aufnahme am Vorderrad, die Scheibe selbst erhielt eine schwarze Kunststoff-Abdeckung. Unbemerkt experimentierten die Mitarbeiter der Entwicklungsabteilung mit einer geänderten Bremsscheiben-Legierung, um insbesondere das Naßbremsverhalten zu verbessern. In Kombination mit ebenfalls neuen Bremsbelägen stand nur eine Reibpaarung mit »spürbar besserem Bremsverhalten« *(Motor Cycle)* zur Verfügung.

US-Vorschriften zwangen alle Hersteller zum Einbau einer Bremsbelag-Verschleiß-Anzeige, Honda goß einfach in die vorderen Bremsbeläge rote Markierungsringe ein, welche diese Aufgabe erfüllten. Schwieriger gestaltete sich die Lösung an der hinteren Trommelbremse. Die Bremsschuhe erhielten neben verstärkten Federn einen längeren Bremsanker, um zusätzlich eine mechanische Belagverschleiß-Anzeige aufzunehmen. Zwei eingegossene Markierungen, sowohl auf der Ankerplatte als auch auf dem Anzeigeplättchen, brachten das gewünschte Ergebnis.

Der millionenfach bewährte Motor, jetzt im Kokillenguß-Verfahren hergestellt und lackiert – neu ist auch die Seilzugführung am Schutzblech und der Hupe.

Unter der Lupe

Auch die Engländer waren vernarrt in die große Honda. Hier parkt eine frühe K2 mit Sport-Federbeinen und – dem Spaß zuliebe – offene Ansaugtrichter.

Modellpflege im Detail: die Ausstattung

Die optisch kaum auszumachenden Modifikationen setzten ab der Rahmennummer 2093731 ein. Das etwas weicher geformte Heckschutzblech und die verbesserte Federung führten zu anderen Abmessungen: In der Länge wuchs sie auf 2.175 mm und in der Höhe auf 1170 mm (Sitzhöhe 810 mm). Die Breite konnte mit 870 mm leicht reduziert werden, während der Radstand von 1455 mm unverändert blieb.

Auffälligster Punkt war die von der Honda CB 500 Four übernommene »Warnlampenkonsole« am Lenker. Die vier bisher in den Rund-Instrumenten integrierten Kontrolleuchten wurden wegen der besseren Übersicht zusammengefaßt, dazu kam ein neuer Auf- und Abblendschalter für das Fahrlicht. Darüber hinaus hatten die für Frankreich bestimmten Modelle wie schon die K1-Modelle, eine Schaltung für Rück-, Standlicht und Instrumenten-Beleuchtung. Der bisherige Lichtschalter – ausschließlich in der rechten Armatur, O = Aus, »L« low = Abblendlicht, »P« Parking = Standlicht und »H« High = Fernlicht – hatte den Nachteil, daß die »P«-Position nicht

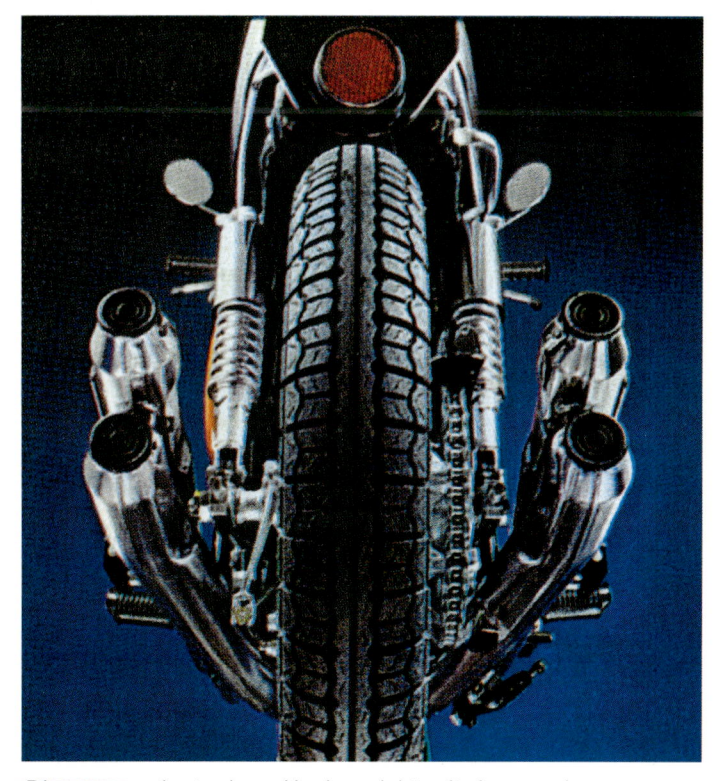

Die neue – deutsche – Heckansicht mit den runden Dämpfer-Einsätzen; die Mittelstege waren verschwunden.

Honda CB 750

Kontrolleuchten-Konsole zwischen der Lenkeraufnahme, bedruckter Bremsflüssigkeits-Deckel und neue Ziffernblatt-Farbe schufen ein anderes Bild.

Blinkerkontrolle, zu Beginn den USA-Ausführungen vorbehalten. Über einen Druckknopf an der linken Seite konnte der Signalton abgestellt werden. Auch das war 1972 bereits Vorschrift für Frankreich.

Ab der Rahmennummer 2066242 kamen neugezeichnete Rundinstrumente (weiße Skala auf grünem Zifferblatt) von Nippon Seiki zum Einsatz; die Einheit war in Gummi-Elementen gelagert. Auffallend neu waren auch die verchromten Lampenhalter sowie die großen Seitenreflektoren von Stanley (US-Vorschrift). Die vorderen Blinkerausleger fixierten nicht mehr gleichzeitig auch das Scheinwerfer-Gehäuse, sondern saßen an separaten Auslegern, was bei einem Unfall nicht gleich den Austausch der gesamten Lampeneinheit erforderte. Auf eine farbige Lackierung des Scheinwerfer-Gehäuses wurde verzichtet; es blieb von nun an generell schwarz.

Die neue, jetzt abschließbare Sitzbank erinnerte stark an die K0, der Kunstlederbezug wies aber nun ein seitlich nach unten verlaufendes Kederband auf, um einer eventuellen Rißbildung vorzubeugen. Die umlaufende immer einwandfrei einrastete und dadurch leicht überschaltet wurde. Honda montierte an der linken Lenkerseite einen zusätzlichen Ein-/Ausschalter, rechts konnte der Fahrer dann zwischen den drei möglichen Positionen wählen.

Diese Konstruktion bezog sich auf die Länder Frankreich, England, Deutschland, sowie die sogenannten »European direct sales type«, abgekürzt »E.D.«. Honda machte Schluß mit der Vielfalt der länderspezifischen Serienmodelle. Von nun an gab es lediglich die Typen »USA«, »General Export«, »England«, »France«, »Germany« und »E.D.«.

Im Zuge dieser Umstellung erhielten alle Modelle mit Scheibenbremse den bedruckten Schraubverschluß für den Bremsflüssigkeits-Behälter der für Frankreich bestimmten Four; der Bremshebel am Bremszylinder-Gehäuse wurde durch eine einzige Schraube justiert. Eine spezielle Galvanik-Beschichtung der gesamten Bremsanlage verhinderte ein Ausblühen der Aluminium-Legierung. Erstmals gab es nun auch eine akustische

Die überarbeitete Sitzbank mit seitlich nach unten gezogenen Kederband wurde ein Stück praktischer und war abschließbar.

CB-750 K3/CB-500 K2

Chromzier-Leiste verlief durchgehend; der Sozius-Halteriemen trug an seinen Befestigungspunkten jetzt ein dreieckiges Chromteil. Unter der Bank befand sich ein kleines, von einer Kunststoff-Klappe verschlossenes Fach, in dem sich bei der Auslieferung die Betriebsanleitung befand. In ihrer Exportversion fand sich hinter der Sitzbank ein umlaufender, stabiler Chrombügel mit eingeschweißten Blinker-Aufnahmen. Das mitgeführte Bordwerkzeug fiel teilweise dem Rotstift zum Opfer. Das nur noch aus dreizehn Werkzeugen bestehende Set ließ die Ventileinstell-Plättchen genauso vermissen, wie einige Gabelschlüssel; die bei allen Japan-Krädern obligatorische »Kombizange« war weiterhin an Bord.

Natürlich gab es auch wieder geänderte Farben. So einigten sich die Strategen auf die Beibehaltung von »candy ruby red« und »candy gold custom«. Neu ins Angebot aufgenommen wurden ferner Lacke wie: »brier brown metallic«, »flake sunrise orange« und schließlich »planet blue metallic custom«. Die heute so raren Embleme an den Seitendeckeln trugen die eingelassene Adlerschwinge im gold eingefärbten Kunststoff-Material. Ein etwas breiter geformter Tank mit gedrungenem »Honda«-Schriftemblem und leicht modifizierten Dekorstreifen an den Seiten schlossen das äußere Bild. Wesentlich einfacher und kostengünstiger war der Tankverschluß in seinen Dichtringen aufgebaut, von vorher neun einzeln austauschbaren Komponenten reduzierte sich die Mechanik auf ein einziges, vernietetes Teil.

Sieht auf den ersten Blick aus wie eine K2 – allerdings schon an den Zierlinien des Tanks und den freistehenden Instrumenten zu erkennen: eine K3.

Die Unbekannte(n): Honda CB 750 Four K3

Ausschließlich für den US-Markt vollzogen sich, fast in aller Stille, weitere Modifikationen, welche in die Serien K3 bis K5 einflossen. In Europa und Japan gab es diese hondainterne Kodierung nicht; ebenso wurde die Bürokratie nicht mehr als erforderlich (Nachtragsgutachten) bemüht. Einzig Italien bildete eine Ausnahme und erhielt nennenswerte Stückzahlen aus der »General-Export-Version« zugesprochen; eine italienische, reguläre K3 kostete 1.930.000 Lire – 330.0000 Lire mehr, wie die dort eingestellte K2-Ausführung, während die auf dem Mailänder Salon 1969 vorgestellte Erstausgabe mit 970.000 Lire fast nur halb so teuer war.

1973 war das Angebot an Bigbikes in der 750er-Klasse größer geworden. Den preisgünstigsten Einstieg bot Triumph mit der Tiger 750 und verlangte 5590 Mark für

Honda CB 750

Die gründlich überarbeiteten Federbeine sollten endlich das Niveau bieten, welches man von ihnen erwartete.

51 Pferdestärken. Wer zehn Mark zusätzlich berappte, erhielt dafür die dreizylindrige, schlitzgesteuerte Kawasaki H 2 mit unglaublichen 71 PS und über 200 km/h Höchstgeschwindigkeit – sofern der Fahrer genug Mut aufbrachte, dem widerspenstigen Fahrwerk das abzuringen. Eine ernsthafte Konkurrenz zur Honda CB 750 Four war dieser nervöse Sprinter – trotz einer Preisersparnis von immerhin 1000 Mark nicht. Aus der japanischen Motorradfertigung gelangten im Frühjahr 1973 mit der Yamaha TX 750 (DM 5.995,–/51 PS) und der Suzuki GT 750 (DM 6.250,–/52 PS) weitere interessante Modelle auf den Markt. Die Briten stellten mit der Triumph Bonneville 750 (DM 5.860,–/53 PS), der Norton Commando 750 (Roadster DM 5.900,–/51 PS) oder Commando 850 (DM 6.400,–/51 PS) altbekannte Technik in die Schaufenster der Händler. Unverändert rangierte die Triumph Trident (DM 6.300,–/60 PS) als das größte englische Motorrad in den Zulassungsstatistiken. Wie *Cycle Guide* feststellte, behinderten »unaufhörliche undichte Ölstellen«, Kupplungsprobleme und die Ersatzteilversorgung den Erfolg der britischen Dreizylinder-Modelle. Dazu gesellte sich die grundlegende Umstrukturierung von BSA/Triumph, was sich nicht gerade positiv auf amerikanische Kunden auswirkte. In gleicher Preisklasse bot die europäische Konkurrenz Modelle aus Italien wie Ducati 750 GT (DM 6.495,–/60 PS) oder die Laverda 750 SF (DM 6.800,–/61 PS) an. Als einziger deutscher Hersteller reihte sich BMW mit der R 75/5 (DM 6.250,–/50 PS) in das Alternativ-Angebot beständiger und zuverlässiger Maschinen ein.

Wer sich ein Preislimit von 7.000 Mark gesetzt hatte und nach einer neuen 750er Ausschau hielt, bekam mit der Honda CB 750 Four immer noch am meisten für sein Geld. Kein anderes Motorrad, von der Mach II einmal abgesehen, sprintete in fünf Sekunden von 0 auf 100 km/h und erreichte eine Höchstgeschwindigkeit von 193,55 km/h. Selbst teuere und hubraumgrößere Serienmaschinen wie die Moto-Guzzi V7 850 GTC oder »California« (DM 7.680,–/DM 8.200,–) konnten zwar in der Beschleunigung mithalten, mußten sich jedoch in der Höchstgeschwindigkeit geschlagen geben.

Eine ernstzunehmende Konkurrenz aus dem eigenen Lande war dagegen Kawasaki mit der Z 1 900. Für DM 7.200,– erhielt der Interessent einen luftgekühlten Reihen-Vierzylinder nach dem »Honda-Bauprinzip« mit einer Spitzenleistung von 82 PS und zwei oben liegenden Nockenwellen. Entgegen bestehender Absprachen der japanischen Motorradindustrie, sich auf eine gemeinsame Leistungsobergrenze zu beschränken und damit das »Wettrüsten« zu limitieren, stellte Kawasaki damit das leistungsstärksten Serienmotorrad auf die Räder. In der Beschleunigung von 0 auf 100 km/h nahm die Z1 der Honda dagegen nur zwei Zehntel Sekunden ab und seine Zuverlässigkeit mußte dieser neue Motor erst noch unter Beweis stellen. Größere Motorräder mit einem Liter Hubraum oder darüber wurden mittlerweile auch produziert, waren aber wie Laverda 1000 oder die Münch 1200 TTS absolute Exoten.

Modellpflege im Detail: die Technik

Das Modelljahr 1973 begann für amerikanische Four-Käufer bereits am 1. Oktober 1972 mit der Rahmen und Motornummer 2200001. Während die Abmessungen al-

Unter der Lupe

ler US »Sonderserien« unangetastet blieben, so gab es dennoch eine Vielzahl von konstruktiven Änderungen und Detail-Verbesserungen, die der übrigen Welt erst viel später mit der Honda CB 750 Four K6 zugänglich wurden.

Bei dieser vierten Baureihe wurde die Ölversorgung des Ventiltriebs und der Nockenwelle verbessert, was einen neuen Zylinderkopf samt neuen Ventilschaftdichtungen erforderte. Obwohl in diesem Bereich keine Kundenklagen aufgetreten waren, reagierte der Motor sehr empfindlich auf Schmutzpartikel im Ölkreislauf. Außerdem benötigte die Ölpumpe nach dem Start geraume Zeit, bis sie einen ausreichenden Öldruck aufgebaut hatte. Schlimmstenfalls wurde die obenliegende Nockenwelle, wenn auch nur kurzfristig, nicht ausreichend mit Schmiermittel versorgt.

Die Kolben trugen nun fünf Ringe (zuvor drei), wobei der neue, wellenförmige Ölabstreifring von zwei zusätzlichen Hilfsringen fixiert wurde. Die aus dem Automobil-Rennsport übernommene Konstruktion sicherte auch langfristig eine bessere Abdichtung des Verbrennungsraumes gegen vordringendes Motoröl. Eine überarbeitete Steuerketten-Spannerschiene und größere Kolbenbolzen-Sicherungen bestimmten die weiteren Pflegemaßnahmen. Abermals wurde die sehr beanspruchte Getriebe-Ausgangswelle überarbeitet, was eine geänderte Kettenritzel-Abdeckung zur Folge hatte. Die Schrauben der Chromblende für den elektrischen Anlasser wurden auf zwölf Millimeter (zuvor acht Millimeter) verlängert und für die mechanische Zündeinheit nahm Honda neben dem bestehenden Zulieferer Hitachi ferner die Firma Toyo/Tec (vom ihr stammten die Lenkerarmaturen und die Zündspulen) auf, so daß die Kunden künftig bei Ersatzbestellungen zwischen zwei Herstellerausführungen wählen konnten.

Bis zur Motornummer 2228679 sollte dieses Triebwerk unverändert die Fertigungsbänder verlassen, ehe Honda sich entschloß, zum zweiten Mal innerhalb eines Modelljahres den kompletten Zylinderkopf zu ersetzen. Verschleißfestere, bereits ab Werk in den Kopf eingelassene Ventilführungen und standfestere Ventilschaft-Dichtungen aus nicht so schnell aushärtenden Materialien machten die Hauptunterschiede aus. Zum anderen verzichteten die Konstrukteure aus Kostengründen auf die acht hellgrauen »anti-schwirr« Gummistücke zwischen den Kühlrippen und gossen statt dessen tief versetzt gleich entsprechende Stege mit ein. Von außen hatte man, ähnlich wie beim Prototyp, den Eindruck, die Kühlrippen des Zylinderkopfes hätten nun überhaupt keine Stege mehr.

Viele Testfahrern bestätigten der Four, erheblich leiser geworden zu sein – was einerseits auf die weiter »angepaßten« Dämpfer-Endstücke der Auspuffanlage und andererseits auf den ruhiger arbeitenden Ventiltrieb zurückzuführen war. Nunmehr konnte man jeden Gang an seinem speziellen Getriebegeräusch erkennen. Im Leerlauf waren US-K3 lauter als bei 4000/min. Nach wie vor verblüffte der Vierzylindermotor durch seine Elastizität. Einige Tester ließen im fünften Gang die Motordrehzahl auf 750/min absinken (was etwa 19,31km/h entsprach), um anschließend ruckfrei auf Höchstgeschwindigkeit zu beschleunigen. Verschiedene Berichte warnten allerdings davor, den Gasdrehgriff unter 2000/min – insbesondere in den niedrigen Gängen – aufzureißen, da sich

Der Unterbrecher-Schalter der dritten Generation; mit einfachem Daumendruck zu aktivieren blieb er bis zur Serien-Einstellung Standard.

Honda CB 750

Die Seitenansicht der CB 750 Four, K3. »Sie wird von Jahr zu Jahr besser« versprach die Werbung – ganz unrecht hatte sie nicht.

sonst diese Honda kurzzeitig so verhielte, »als sei die Zündung ausgeschaltet worden«. Dennoch scheinen sich manche Tester auf der Four gelangweilt zu haben: Sie liefe »in ihrer Spur so unbeirrt geradeaus«, daß man sich trotz Seitenwind und unebener Straße auch »anderen Dingen« widmen könne. »Wenn Sie mit dem Stiefelputzen fertig sind und wieder einmal nach vorn schauen, werden Sie feststellen, daß dieses Motorrad nicht einen Deut in eine andere Richtung gefahren ist, wie die, die Sie eingestellt hatten«, schrieb Paul Dean von der Zeitschrift *Cycle Giude* im Juli 1973.

Modellpflege im Detail: das Fahrwerk

Wie bei allen CB 750 hatten die Testfahrer viel Mühe, sich mit der Gewichtsverteilung der fahrfertig 250 kg schweren K3 plus Fahrer (46,8 % lasteten auf dem Vorderrad, 53,2 % auf dem Hinterrad) und der Schwerpunktlage bei langsamer Fahrt oder in engen Kurven anzufreunden: »Dieses Motorrad ist nunmal keine Rennmaschine und will förmlich in die Kurven hineingewuchtet werden«. Dafür unterbot sie in der Viertelmeilen-Disziplin sogar leicht die bisherigen Werte ihrer Vorgängerinnen. 13,22 Sekunden war der beste Meßwert für diese Strecke, dann standen 162,11km/h auf der Uhr.

Die fünffach verstellbaren Hinterrad-Stoßdämpfer – gerade auf die ölhydraulische Wirkungsweise umgestellt – wurden weiter verbessert. Im Zweipersonenbetrieb empfahl sich die Wahl der härtesten Federstufe, um nicht in der Kurvenfahrt frühzeitig mit Haupt- oder Seitenständer aufzusetzen. Diese Fahrstufe empfanden die Amerikaner dann allerdings, trotz der sehr angenehmen und weichen Sitzbank, als zu hart.

Modellpflege im Detail: die Ausstattung

Erstmals war es bei dieser Honda Four nicht mehr möglich, bei eingelegtem Gang zu starten, ohne zuvor den Kupplungshebel zu ziehen oder den Leerlauf einzulegen. Die elektrischen Änderungen und Neuentwicklungen umfaßten ferner die Vereinfachung der Kurzschlußsuche im »Sicherungskasten« unter der linken Seitenverkleidung. Bislang konnte das Motorrad bei einem Ausfall der vorhandenen, einzigen Hauptsicherung nicht mehr gestartet (oder gefahren) werden. Die Honda die CB 750 Four K3 wurde mit drei Glassicherungen ausgestattet; die getrennten Stromkreise dieser Maschine garantierten selbst bei einem Totalausfall der Beleuchtung die störungsfreie Funktion von Hupe, Blinker, Öldruck-Anzeige und Zündung.

Zusätzliche Pluspunkte handelte sich die Überarbeitung des Zweiwege-Unterbrecherschalters an der rechten Lenkerarmatur ein. Während Honda-Fahrer bislang die Zündung nur durch einen separaten Handgriff auf dem sehr weit oben angebrachten Schalter unterbrechen konnten, ist die modifizierte Version größer ausgefallen und näher an den Gasgriff gerückt. Lediglich ein kleiner Daumendruck genügte, um den jetzt seitlich beweglichen »Killschalter« zu aktivieren; eine Bauweise, wie sie so noch heute bei den meisten Maschinen anzutreffen ist. Das eigentliche Zündschloß war unverändert links vorne unter dem Tank plaziert.

Die Blinker verfügten nun auch über ein Tip-Schaltung und vorn über Zweifaden-Birnchen: Der acht-Watt-Faden leuchtete automatisch auf, sobald das Licht eingeschaltet wurde; der viel hellere 23-Watt-Faden führte die normale Blinkerfunktion aus. Ein zusätzlicher Schalter begleitete mit periodischem Piepsen das Aufblinken der Anlage, »um den Fahrer an den laufenden Blinker zu erinnern«, wie es in der Honda-Modellbeschreibung heißt.

Die Träger von Tachometer und Drehzahlmesser wurde völlig überarbeitet. Honda montierte die Instrumente, wie bei den Zweizylindern auf einem separaten Halter; das Ziffernblatt wies eine dunkelgrüne Farbe auf und kontrastierte noch besser zu den weißen Skalen.

In den Farben blieb es für den amerikanischen Markt bei »flake sunrise orange«, »candy bucchus olive« und »maxim brown metallic«. Der Tank erhielt – hierzulande erst mit der K6 – ein seitlich unterlegtes, farbiges Feld, welches durch umlaufende, weiße und goldene Streifen eingerahmt wurde. Der seitlich angebrachte »Honda«-Schriftzug wurde dreidimensional ausgeführt.

Die Fahr- und Testberichte geizten auch weiterhin nicht mit Lob: Sie sei »eines der besten Motorräder für lange Strecken«, und: »Dieser Motor ist jeder Situation gewachsen, ohne jeglichen Ölverlust und eine angenehme Überraschung für jeden Mechaniker, kurzum: einfach kinderleicht – schließlich können sich 100 000 Amerikaner nicht irren«. Selbst bei einem achtmal hintereinander ausgeführten »burn-out« stieg kein Vorderrad hoch, qualmte keine Kupplung oder bockte die Maschine. Bei 4500/min wurde der Kupplungshebel losgelassen: die Honda zog rauchend davon. Für 1822 Dollar (frei Westküste) konnte die Neuauflage der beliebten Vierzylinder-Maschine erworben werden.

Vier Richtige: die Honda CB 750 Four K 4

Mit Beginn der Saison 1974 erschien im Spätherbst 1973 mit der Fahrgestell-Nr. 2300001 die erste CB 750 Four K4 auf dem US-Markt. Sogar japanische Käufer durften an diesem Modellwechsel teilnehmen: sie löste dort die bisherige Serie CB 750 Four K2 ab. 1973 war das Jahr, wo sich Soichiro Honda im Alter von 67 Jahren

Honda CB 750

Zeitgenössische Werbung auf amerikanische Art: die CB 750 Four K4 bei gemeinsamen Ausflug mit ihrer kleinen Schwester, der CB 550 Four.

aus dem, wie er sagte »aktiven Arbeitsleben des Unternehmens« zurückzog, welches er vor fünfzehn Jahren mit 16 Arbeitern gegründet hatte. »Seiner« Firma stand er jedoch unverändert zur Verfügung und beobachtete die weitere Entwicklung sehr genau.

In diesem sechsten Produktionsjahr hatten viele der bislang verkauften »großen Four« die ersten 100 000 Kilometer bereits überschritten oder standen kurz davor. Trotz hoher Laufleistung waren die meisten 750er Fahrer mit ihrer Honda sehr zufrieden, wenn es etwas zu bemängeln gab, dann die Motorleistung: Viele Fahrer wünschten sich mehr Mustangs. Die Zubehörindustrie bot Abhilfe und hatte eine ganze Reihe von einbaufertigen Lösungen parat. Je nach Geldbeutel reichten die Offerten für einen PS-Zuwachs an der Honda CB 750 Four von einem kompletten Aufrüstsatz für 345 Dollar durch zwei Weber-Doppelvergaser (Montage in 15 Minuten und ein Leistungszuwachs von zwanzig Prozent) bis hin zum einbaufertigen Turbolader- Einbaukit für 730 Dollar. Geliefert werden konnte quasi alles, was Man(n) sich unter »faster« vorstellen kann.

Welche Leistungssteigerung mit der Honda CB 750 Four durch relativ einfache Umbaumaßnahmen realisiert werden konnte zeigt zum Beispiel der angebotene Turbolader von ATP (American Turbo Pak) aus Santa Ana, Kalifornien. Die Viertelmeilen-Distanz durcheilte eine derart aufgerüstete Four in elf Sekunden mit 195 km/h, als vollwertiges Mitglied der Dragsterszene war mit diesem Motorrad ein Wheelie selbst im vierten Gang problemlos möglich. In der Praxis hielt der Saugmotor auch dieser »konstruktiven Erleichterung« (Zitat aus dem amerikanischen Verkaufsprospekt) ohne Ausfälle stand – »sofern der Fahrer über genügend Muskelkraft verfügte, um sich am Lenker festzuhalten«. Die Amerikaner lieferten den Turbosatz übrigens nicht nur für Renneinsätze, sondern auch für den öffentlichen Straßenverkehr.

Modellpflege im Detail: die Technik

Zu den wenigen Dingen, die (neben dem vermeintlichen Leistungsdefizit) als störend empfunden wurden, zählte der sich mit zunehmender Kilometerleistung bildende, leichte Ölfilm zwischen Zylinder und Zylinderkopf. Dieses Schwitzen war allerdings nie mehr als ein Schönheitsfehler (und technisch durch die Zylinderkopf-Gußform bestimmt), Folgeschäden waren nie zu befürchten oder gar aufgetreten.

Honda reagierte dennoch und ersetzte ab der Motornummer 2304501 – erstmals während der CB 750 Four-Serie – den kompletten Zylinderblock. Die neue Gußform verlief gleichmäßiger und in der maschinellen Bearbeitung noch exakter und ist von der Seite leicht an den glatt

Unter der Lupe

durchgegossenen Kühlrippen zu erkennen. Ein Steg oder gußtechnisch hervorgerufener Übergang in der Mitte des Zylinders war in der neuen Version nicht mehr vorhanden. Die Aussparung des Steuerkettenschachts fiel etwas kleiner aus, um eine noch größere Auflagefläche der Zylinderkopfdichtung zu erzielen. Zugunsten einer besseren (Öl)Kühlung und Wärmeabgabe wurden die Luftdurchlässe und Aussparungen im Bereich der beiden inneren Zylinder und der Ölkanäle deutlich vergrößert. Um den relativ breiten Kühlrippen an der Frontseite dennoch ausreichend Stabilität zu geben, wurde an der Vorderseite des Zylinderblocks in der Mitte ein zusätzlicher, senkrecht verlaufender Steg mit eingegossen. Honda erhöhte ferner in außenliegenden Gewindebereichen die Materialstärke der Leichtmetall-Legierung.

Gleichzeitig änderte Honda die Vergaserbestückung. An der ansonsten unveränderten Anlage wurden 105er Hauptdüsen montiert. Diese leichte Abmagerung genügte bereits zur Einhaltung der strenger gewordenen US-Emissions-Gesetzgebung ohne Leistungseinbußen. Nur wenig später – ab der Motornummer 2352923 – kam ein erneut überarbeiteter Zylinderblock zum Einsatz. Diesmal konzentrierten sich die Pflegemaßnahmen auf die Stehbolzen-Bohrungen des Zylinders. Von den zwölf vor-

CB 750 Four K4 – noch mit scharfkantig abgeschnittenen Vorderrad-Schutzblech, bessere Abdichtung zwischen Kopf- und Zylinder und neuer Zylinderblock.

Honda CB 750

Die Lackierung »freedom-green-metallic« war eigentlich fast blau und gab der Maschine ein zeitloses, ausgereiftes Finish.

Die Armaturen blieben bis auf die Markierung im Tachometer unverändert – 70 mph war von den US-Zulassungsbehörden als »maximale Höchstgeschwindigkeit« zu kennzeichnen.

handenen Stehbolzen waren vier am Übergang vom Zylinder und Zylinderkopf bereits abgedichtet, die anderen acht kamen nun an die Reihe. Honda verwendete von nun an ausschließlich eine beschichtete (gummierte) Zylinderkopf-Dichtung, welche sich bei der Montage regelrecht mit den Dichtflächen verklebte. Diese Maßnahmen verfehlten ihre Wirkung nicht – das »optische Problem« war beseitigt. Die ab der Motornummer 2348093 ersetzte, seitliche Getriebeabdeckung hinter dem Fußschalthebel hat indes keine technische Änderung begründet, sondern ist auf die jetzt eingegossene, von außen sichtbare Schaltreihenfolge zurückzuführen.

Modellpflege im Detail: das Fahrwerk

Die Bremsanker-Platte der Hinterradbremse wurde ab der Rahmennummer 2358733 nochmals durch eingegossene Querstreben verstärkt und wies eine tiefere, in-

Unter der Lupe

nere Nabe auf; stärkere Rückholfedern für die Bremsschuhe vervollständigten die nur minimalen Fahrwerks-Änderungen.

Modellpflege im Detail: die Ausstattung

Geändert wurde an der K4 die Sitzbank, in dieser Form wurde sie bis zum Erscheinen der K6 beibehalten. Mit abgerundeten Kanten, niedriger und etwas härter gepolstert, entsprach sie den Wünschen vieler Fahrer, nachdem die K2- und K3-Bank etwas zu weich ausfiel und nach relativ kurzer Zeit schon durchgesessen war.

Bis auf das Tankdekor und neuen Farben wie »freedom green metallic« und »boss maroon metallic« (das goldfarbene Orange behielt man bei) blieb sie ansonsten unverändert und verkaufte sich – trotz der mittlerweile auch auf dem amerikanischen Markt erheblich angewachsenen Konkurrenz immer noch hervorragend. In knapp zwölf Monaten lieferten allein die US-Händler – ohne Kanada – fast 73.000 Maschinen dieses Typs aus.

Die letzte »Sonderserie« exklusiv für USA: die CB 750 K5

Hondas gezielte Politik der konstanten und intensiven Modellpflege begann sich auszuzahlen. Jährlich erhielt das für die japanische Industrie wichtigste Abnehmerland eine Neuauflage der bekannten Four. Nach amerikanischem Verständnis signalisierte Honda damit eine fortwährende, technische Weiterentwicklung. Unterstützt durch geschickte Werbung und (speziell für den amerikanischen Geschmack entwickelte) Saisonlackierungen, schufen die Japaner in dem mittlerweile schärfer gewordenen Wettbewerb ständig neue Kaufanreize. Längst hatte sich diese Vierzylinder-Maschine in USA vom ursprünglichen Image »schneller, größer, sportlicher« gelöst. Amerikanische Testberichte hoben auf Qualität, Funktionalität und Zuverlässigkeit ab, von Sportlichkeit war nicht mehr die Rede. Damit wurde auch eine völlig andere Kundschaft erreicht und angesprochen: Honda trimmte sein Flaggschiff mehr in Richtung hin zum Tourer.

Mit der Vorstellung der Honda CB 750 Four K5 Anfang Februar 1975 endete die bislang geübte Praxis der Vergabe von Motornummern. Unter »Engine numbers« wurden in dieser Aufzeichnung ausschließlich komplette Motoren erfaßt, die nach erfolgreichem Probelauf in die bereits gefertigten Rahmen eingebaut wurden; Ersatz-, Austausch- oder Testmotoren für das Werk erhielten eine andere numerische Erfassung. Die separat produzierten Motoren wurden in ihrer Seriennummer (wie beim Übergang von der CB 750 Four K0 zur K1) ab dem Modell K4 einfach weiter fortgeschrieben und erleichtern damit die heutige Zuordnung erheblich.

Die Honda CB 750 Four K 5 sollte das letzte CB 750 »Four« Modell sein, welches Honda anbot. Die im gleichen Jahr vorgestellte, neue CB 750F Super Sport war als Ersatz der markanten Erfolgsmaschine mit den vier

Gut sind die nach innen gewanderten, eingegossenen Stege am Zylinder und Kopf zu erkennen. Goldwing-Blinker – im Heckbereich neu befestigt, Griffe mit »Waffelmuster« und elegante Farbgebung (»candy blue«) signalisierten den Amerikanern konstanten Fortschritt.

Honda CB 750

**CB-750 K5
New, improved sidestand.**

Safety first – die neue, von Honda entwickelte »Rückstell-Automatik« am Seitenständer, welche beim deutschen TÜV nicht anerkannt wurde.

einzelnen Auspuffrohren gedacht. Kurz nach Bekanntwerden dieses Vorhabens kam es in USA zu regelrechten Protestaktionen, sowohl von Händlern als auch von Kunden. Die Zeitschrift *Cycle World* faßte die Reaktion unter der Überschrift »Aufschrei des Publikums« zusammen. »Die Four (mit vier Dämpferrohren) darf nicht sterben«. Honda zog daraufhin tatsächlich seine Ablösungspläne zurück und entschloß sich, aus dem Grundmodell der CB 750 künftig zwei völlig unterschiedliche Maschinen abzuleiten: einen Sportler und einen Tourer.

56.647 Four K5 fanden den Weg von Japan nach USA, 15.500 weniger als noch im Vorjahr. Der empfohlene Verkaufspreis betrug 2.112 (frei Ostküste) beziehungsweise 2.099 Dollar (frei Westküste), je nach Transportaufwand. In der Gesamtjahresproduktion – also zusammen mit den unverändert parallel gefertigten K2, italienischen K3 und japanischen K4 – Modellen setzte Honda 1975 jedoch erneut knapp einhunderttausend Einheiten ab. Nicht eingerechnet weitere 16.647 komplette Motoren und die angelaufenen Verkäufe der neuen F-Serie. 1975 kostete die deutsche K2 mittlerweile etwas mehr: DM 6.998,– frei Offenbach.

Modellpflege im Detail: die Technik

Die fortlaufende Numerierung in der Motorenfertigung bot sich auch durch den unverändert belassenen Motor und seinen Komponenten an; Änderungen oder Modifikationen waren in dieser Serie nicht auszumachen, eine Ausnahme bildete lediglich die Vergaseranlage: Keihin überarbeitete nochmals die in den Zinkdruckguß-Gehäusen eingelassenen Bohrungen, um trotz 105er Düsen eine höhere Elastizität und einen besseren Durchzug zu erzielen. Der Saugrohr-Durchmesser blieb bei 28 Millimetern. Der komplett neu entwickelte Benzinhahn – mit austauschbaren, verbesserten Kunststoff-Filterelement bestand nur noch aus drei Baugruppen. Die neunteilige Konstruktion aus den sechziger Jahren mit separaten Schmutztrichter entfiel. Eine einzige Benzinleitung führte von ihm ab und teilte sich erst kurz vor der Vergaseranlage durch ein T-Stück in zwei Leitungen. Damit war auch eine Erleichterung bei der Tankabnahme und Wartung erreicht. Bedingt durch eine andere Befestigung und Bohrung am Benzintank erhielt dieser gleichfalls eine neue Ersatzteilnummer.

Die Mühe lohnte sich. Beim besten Viertelmeilen-Test brachte sie es nach 13,64 Sekunden auf 98,6 Meilen – für die 227 kg schwere Maschine (trocken) immer noch ein respektables Ergebnis, wenn auch nicht so schnell als die Vormodelle. Außerdem boten mittlerweile auch andere 750er vergleichbare Fahrleistungen, ohne allerdings an die außergewöhnliche Elastizität der 750 Four heranzureichen. Die Testfahrer von der Zeitschrift *Cycle World* ermittelten im Dezember 1974 auf den Rollenprüfstand 52,2 PS bei Nenndrehzahl am Hinterrad. Sie ermittelten eine Höchstgeschwindigkeit von 120 Meilen pro Stunde bei 7000/min und wunderten sich über die leicht angewachsene Lautstärke: 83,5 db (A) zeigte das Meßgerät an, eine CB 750 Four K 3 brachte es lediglich auf 80 db (A).

Modellpflege im Detail: das Fahrwerk

Für die Rahmennummer blieb Honda beim bekannten System, sie begann bei der Nummer CB 750-2500001 und markierte damit einen neuen Modellabschnitt; die Mo-

Unter der Lupe

tornummer hingegen identifizierte die erste Honda CB 750 K5 Maschine bereits bei CB 750-E 2372115.

Modellpflege im Detail: die Ausstattung

Honda übernahm für die K5 nach dem kostengünstigen Baukastenprinzip die Gold Wing-Signalgeber auch für andere Modelle. Um »die großen, gelben Lampen« (Kommentar eines Testfahrers aus Kanada) am Honda-Heck befestigen zu können, wurde der hinter der Sitzbank verlaufende Chrombügel entsprechend vergrößert und mit stabilen Blinkeraufnahmen versehen. Übrigens kamen nur die Europäer in den Genuß der lastabhängig angesteuerten Blinkgeber. Zu erkennen an ihrem wuchtigen, zylindrischen Gehäuse sprachen diese Geräte nur dann an, wenn die lastabhängigen Verbraucher (zwei Blinker und die Kontrolleuchte im Drehzahlmesser) einwandfrei arbeiteten. Taten sie dies nicht, blieb der Blinkvorgang hängen. In der amerikanischen oder Exportausführung (ein kleines, schwarzes Kästchen) gab das Relais dagegen immer die Blinkfrequenz ungehindert weiter. Der Fahrer konnte nicht erkennen, ob die angesteuerten Blinker auch tatsächlich funktionierten. Die einzige Erklärung dafür liegt in den doppelt so hohen Herstellungskosten der Europa-Ausführung.

Die besonders von Tourenfahrern geschätzte, manuelle Einstellung des Gasdrehgriffes entfiel. An der rechten Lenkerarmatur war keine Einstellmöglichkeit mehr vorhanden. Somit mußte der Gasdrehgriff ohne technische Unterstützung offen gehalten und bedient werden, was wegen der Rückhol-Federspannung in der Vergaseranlage besonders bei längeren Fahrten viel Muskelkraft erforderte. So ist in den Fahrtenbüchern der Amerikaner zu lesen, daß auf größeren Touren häufig der rechte Arm anfing, »Probleme« zu bereiten.

Bei der Benutzung des Seitenständers war dagegen ein echter Sicherheitsgewinn verwirklicht worden. Honda setzte ein austauschbares Gummistück an das Ende des überarbeitenden Seitenständers. Dieses Vollgummistück hatte die Aufgabe, den Seitenständer, sollte man ihn vergessen haben, bei Anfahrt selbsttätig einzuklappen, sobald das Gummi während der Fahrt den Boden berührte. Dieses »Einkicken« durch die Fahrbahn hatte Honda entwickelt und sich patentieren lassen. Zuvor waren bei versehentlichen Start mit nicht zurückgeklappten Seitenständer häufig Stürze die Folge gewesen. Dieses kleine, von nun an unverzichtbare Detail erfüllte seine Aufgabe so einwandfrei, daß sich BMW mehrfach um die Übernahme dieser Lösung für die eigenen Serienmaschinen-Produktion bemühte, doch die Honda Company verweigerte ihre Zustimmung. Statt dessen übernahm Honda dieses Prinzip für seine anderen Motorradmodelle. Der Tachometer endete bei 140 Meilen; der Drehzahlmesser bei 10.000/min, wobei der rote Bereich bei 8000/min begann.

Die Gummis und Aufnahme der hinteren Fußrasten wurden überarbeitet und rasteten nun besser in ihre Position. Als angenehm empfanden die Testfahrer ferner die größer und weicher gewordenen Handgriffe am Lenker; »planet blue metallic« und »flake apricot red« hießen die neuen Farben der Saison.

Sechs Richtige: die CB 750 Four K6

Im März 1976 begann das achte Produktionsjahr dieser erfolgreichen Großserienmaschine, in der japanischen Presse als »der Longseller schlechthin« gefeiert. Honda hatte sich entschlossen, die neue Four wieder einheitlich für alle Abnehmer zu fertigen und die unterschiedliche Modellpolitik von vier verschiedenen Versionen zu beenden. Der italienische Honda-Importeur ist allerdings der Meinung, bis zur K7 weiterhin K4-Modelle verkauft zu haben, doch konnte diese Aussage nicht von Honda-Tokio bestätigt werden.

Auf den ersten Blick glich sie ihrer Vorgängerinnen. Doch dieser Eindruck täuschte. Die Ingenieure verwirklichten erneut eine Vielzahl von Modifikationen und kaufmännisch bedingte Änderungen. Keiner konnte indes ahnen, daß diese Four zum letzten Mal ihr bekannt gewordenes Design trug.

Warum die Typenbezeichnung des neuen Modells nur in Europa und Japan die Bezeichnung »Honda CB 750 Four K6« erhielt, wird wohl Firmengeheimnis bleiben. Für

Honda CB 750

Fast könnte man die amerikanische Werbung zur K6 mit dem Satz: »Die nettesten Menschen fahren Honda« umschreiben.

die unverändert größten Abnehmerländer USA, Kanada und den »Generell Export« genügte die Zuordnung durch Hinzunahme des Verkaufsjahres: »Honda CB 750 '76«.

Modellpflege im Detail: die Technik

Die neue Modellreihe begann mit der Motornummer CB 750E 2428762 und der Rahmennummer CB 750 2540001 – wie schon bei der K5 schrieb das Werk die Motornummer einfach weiter fort.

Hondas Augenmerk galt insbesondere dem Getriebe, der Kupplung sowie der Schaltung. Obwohl es die Techniker verstanden, die Kinderkrankheiten der frühen Serienmodelle zu beheben, sollte das neue Modell den Qualitätsstandard weiter erhöhen. Hierzu trugen auch die teilweise übernommenen Details aus dem in 1975 vorgestellten CB 750 Super Sport (F1)- Motor bei. Neben den geänderten, vereinheitlichten Führungshülsen im Zylinderbereich wurde der Kupplungs-Mechanismus kräftig überarbeitet; ab der Motornummer CB 750 E-2470427 wurde die Kupplungseinheit fast vollständig der im gleichen Jahr vorgestellten F1 angepaßt, was eine modifizierte Kupplungskorb-Einheit samt Kupplungsabdeckung und verchromtem Außendeckel notwenig machte. Die ersten 41.665 Maschinen der Baureihe »CB 750 Four K6« mußten ohne diese spürbare Erleichterung auskommen, die Zeitschrift *Motorrad* hatte eine späte K6 im Test und lobte: »Das Getriebe steht dem Motor in nichts nach und ist gekennzeichnet durch leichte Schaltung, sehr gute Abstufung und exakte Gangrastung.« Letzteres ging auf das Konto der modifizierten Schaltkulisse. Ab der Motornummer CB 750E-2434657 ersetzte Honda sukzessive bis zur Motornummer 2439607 sowohl die Gangarretierung, die Gangfixierung und die komplette Schaltwalze samt mittlerer Schaltgabel. Das in der Frühzeit der CB-750-Serie beobachtete Heraus- oder Überspringen der Gangstufen gehörte nun endgültig der Vergangenheit an.

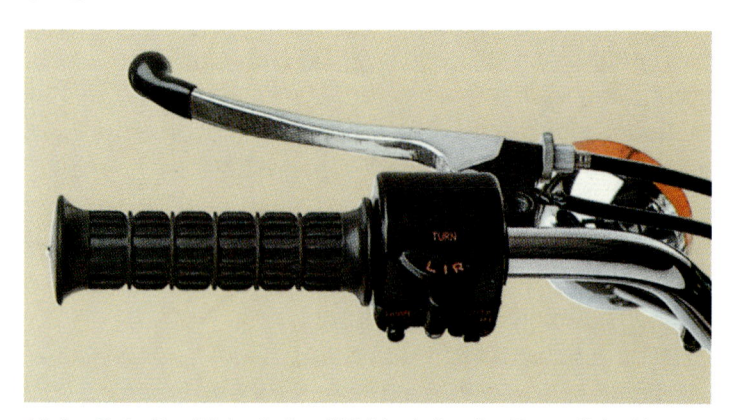

Linke Schalter-Einheit des US-Modells. Da Dauerlicht Vorschrift war, konnte über den linken, unteren Schalter nur noch zwischen Aufblend- oder Ablendlicht gewählt werden. Der Blinkerschalter ließ sich zur kurzzeitigen Betätigung seitwärts bewegen – ohne gleich einzurasten.

Unter der Lupe

Die lindgrün gefärbten Zifferblätter sollten das Auge beruhigen – Honda dachte fast an alles. (1 Geschwindigkeitsanzeige; 2 Drehzahlmesser; 3 »Leerlauf«-Anzeige; 4 Öldruckwarnlampe; 5 Fernlichtanzeige; 6 Blinker rechts, links; 7 Tageskilometerzähler; 8 Rücksteller)

Letztlich wurde noch der Getriebebereich modifiziert. Die auf der Getriebehaupt- und Nebenwelle befindlichen Zahnräder erhielten modifizierte Anlaufscheiben, geänderte Aufnahmebuchsen und Messinghülsen, welche das erreichte Ziel eines präziseren Schaltablaufes mit verantworteten. Aus Kostengründen ersetzte Honda die Teilenummern für das Zahnrad des Primärantriebes samt enthaltener Nadellager. Zuvor nur als komplett montierte Ersatzteileinheit erhältlich, sparte der Hersteller (außer bei der Fließbandmontage des Neufahrzeugs) nun die Kosten des Zusammenbaus. Als Einzelteil blieb das »neue« Primärkettenrad und die einzusetzenden Nadellager weiter erhältlich.

Um Platz für die breitere und stärkere Antriebsketten-Generation zu schaffen, wurde das Kurbelgehäuse im Bereich der Ritzelaufnahme geringfügig überarbeitet. Zusammen mit einem neuartigen Guß- und Fräsverfahren ergaben sich Detailänderungen und damit eine neue Ersatzteil-Nummer. Das neue Gehäuse ist leicht an den beiden zusätzlichen, 8,5 mm großen Gummi-Verschlußstopfen an der unteren Gehäusehälfte zu erkennen.

Das seit Beginn der 750er Serie verwendete System der Zwangsschmierung der Sekundärkette durch die hohlgebohrte Achse der Getriebe-Ausgangswelle wurde eingestellt, inzwischen gab es bessere Kettenschmierstoffe als Motoröl. Schlußendlich bewogen Honda auch schärfere Umweltschutz-Bestimmungen in den USA dazu, den Endantrieb trocken zu legen, die Endantriebswelle zu ändern und gleichzeitig zu verstärken. Diese Umstellung erfolgte allerdings nicht zeitgleich bei allen Serienmodellen. Honda bediente, wie üblich, zuerst den amerikanischen Markt. In Europa blieb es bis zur Serienablösung bei der »automatischen Kettenschmierung«, obwohl diese Four serienmäßig mit einer überarbeiteten, verbesserten Antriebskette ausgerüstet wurde.

Sicherheitsgründe gaben den Ausschlag für die geänderte Verlegung des Motor-Entlüftungsschlauchs. Durch zusätzlich montierte Halterungen und Ösen gehalten, mündete er jetzt seitlich unterhalb der rechten Auspuffanlage. Zuvor endete dieser Schlauch nämlich direkt vor dem Hinterreifen, was fatale Folgen haben konnte: Der Peilstab zeigte in kaltem Zustand grundsätzlich einen viel zu niedrigen Ölstand an, wer nun entgegen den Anweisungen des Fahrerhandbuchs, entsprechend Öl nachfüllte, kam bisweilen nach kurzer Fahrt durch einen verölten Hinterreifen zu Fall. Durch die Neuverlegung des Entlüftungsschlauchs war das nun kein Thema mehr.

Eine geänderte Ersatzteilnummer für die Vergaserbatterie rundeten die Motor-Modifikationen ab. Die Ur-

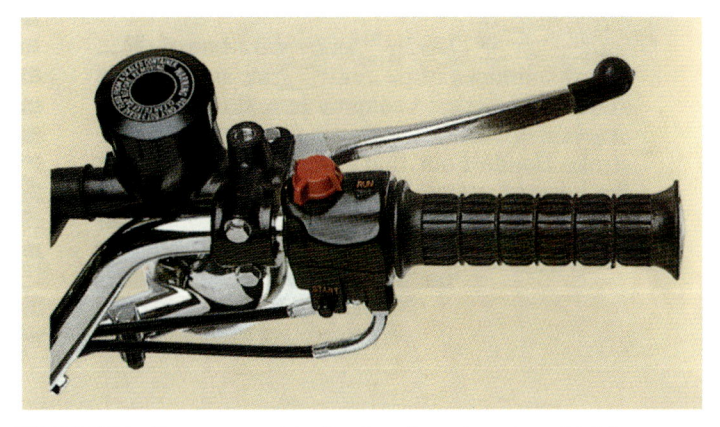

So nicht in Europa: rechte Lenker-Armatur ohne Lichtschalter.

Honda CB 750

sache lag zum einen in der Verlegung der einzigen Leerlauf-Einstellschraube von der linken auf die rechte Fahrzeugseite, zum anderen begründet sie sich durch den Einbau von 105er Hauptdüsen – von Honda bereits seit der CB 750 K 4 praktiziert. Sobald nämlich eine andere Düsenbestückung ausgeliefert wurde, änderte sich die Vergasernummer des Zulieferanten Keinhin, ohne daß damit – wie oft angenommen – auch mechanische oder bauliche Änderungen der Vergaseranlage einher gingen.

Ein Novum waren die technischen Angaben für die in Deutschland ausgelieferten Honda CB 750 Four K6 – Modelle. Während die Zeitschrift *Motorrad* in seinem Testbericht dieses Modell (Heft 13/1976) mit 120er Hauptdüsen erwähnte (obwohl im deutschen Ersatzteilkatalog ebenfalls nur 105er Hauptdüsen angegeben sind), war die K 6 hierzulande schwächer als in anderen Ländern, angeblich war die mit 26-mm-Vergasern bestückte Four lediglich 63 PS stark. Technische Änderungen im Vergleich zu K4 und K5 sind allerdings nicht festzustellen. Selbst die japanischen Werksangaben bestätigen einen unveränderten Vergaser-Durchmesser mit 28 mm und eine Leistung von 67 PS. Der schweizer Importeur gab für dieses Modell in den Prospekten die Leistung mit 65 PS an – diesen Wert hatten die Eidgenossen bei der »Neuzulassungs-Messung« akribisch genau ermittelt. Es bleibt daher die Vermutung, daß es sich bei der Maschine, die Honda Deutschland zur Erstellung der allgemeinen Betriebserlaubnis (Nr. 7275, Nachtrag III vom 29.1.1976) zur Verfügung stellte, um eine besonders schwache Four gehandelt haben muß. Im Rahmen üblicher Serien- und Leistungsstreuung ist das absolut kein Ausnahmefall. In allen anderen Ländern jedenfalls war die K6 nicht schwächer als die Vormodelle. Außerdem unterbot die deutsche K 6 zu allem Überfluß dann sogar mehrfach die Werte der erst ein Jahr zuvor getesteten, vier PS stärkeren Honda K2. In der Höchstgeschwindigkeit (mit Sozius) war man mit »der Neuen« sogar schneller am Ziel: 176,5 km/h ermittelten die deutschen Tester. Die *Motorrad*-Leistungsprüfung auf dem Schenck-Rollenprüfstand am Hinterrad ergaben 58,5 PS bei 7.500/min; schon bei der CB 750 Four K1 hatte Honda in den Richtwerten zur Leistungsmessung auf Prüfständen einen Mindestwert von 52,2 PS bei 8.000/min angegeben:. In keinem Land, in dem ein Beschleunigungstest von 0 auf 100 km/h durchgeführt wurde, benötigte eine K6 mehr als fünf Sekunden – damit war sie schneller als eine Four K0. Und dies, obwohl sie im direkten Modellvergleich siebzehn Kilogramm an Mehrgewicht auf die Waage brachte.

Modellpflege im Detail: das Fahrwerk

Honda spendierte der CB 750 K6 einen neuen Rahmen. Änderungen lassen sich in den angeschweißten Ösen für die Führung des Batterie- sowie Motor-Entlüftungsschlauches im Bereich der Hauptständeraufnahme erkennen. Weitere Gewinde für die Befestigung einer zusätzlichen Kabelführungsschelle – hinter dem rechten Auspuffdämpfer verlaufend – ergänzten zusammen mit einer neuen Blinkeraufnahme am Heck die Modifikationen. In der Rahmengeometrie blieb alles beim alten, nach wie vor war die Honda ein exzellenter Geradeausläufer. Verbesserungsbedürftig war dagegen die wiederholt bemängelte, ungünstige Gewichtsverteilung, der hohe und weit vorn liegende Schwerpunkt forderten vor-

Die eingegossene Schalt-Reihenfolge an dem ausgereiften, fast als »unzerstörbar« geltenden Vierzylinder-Motor.

Unter der Lupe

An der schmal gebliebenen Silhouette störten nur die riesigen Blinker des US-Modells.

Leistungsmangel? Nein, unverändert 67 PS brachte dieser Vierzylinder sicher und beherrschbar auf die Straße.

wiegend in engen Kurvenfahrten ihren schweißtreibenden Tribut. »Für eine Bergwanderung wurde diese Honda schließlich nicht gebaut« kommentierte der amerikanische Testfahrer Bryon Farnsworth, »eher für viele lange sorgenfreie Meilen von der Ost- zur Westküste«.

Aus Kostengründen wurde die Schmierung der Hinterrad-Schwinge umgestellt, sie erfolgte jetzt durch einen einzigen, auf der Schwinge direkt angebrachten Nippel. Das Kettenschutzblech – bislang durch drei Blechzungen an seiner dem Motor zugewandten Seite gehalten – wurde mit der Schwinge verschraubt. Selbstsichernde Bundmuttern befestigten die vordere Bremsscheibe. Durch die neue Schraubengeneration entfielen Sprengringe und Unterlegscheiben, was nicht nur Produktions- und Montagekosten senkte, sondern auch zu Gewichtseinsparungen führte. Auch die obere Gabelbrücke wurde durch ein leichteres Exemplar ersetzt.

Die K6 übernahm die Stoßdämpfer und viele schon von der K5 bekannten Details. Jetzt endlich waren selbst auf schlechter Fahrbahn kritische deutsche Testfahrer mit dem Fahrverhalten der Four zufrieden.

Modellpflege im Detail: die Optik

Die bundesrepublikanischen Zulassungsbestimmungen nahmen der Four von 1976 viel von ihrer ursprünglichen Optik, keine andere CB 750 hatte so unter dem Amtsschimmel gelitten. In das hintere Schutzblech mußten Löcher gestanzt werden, um einen schwarzen Kunststoff-Schmutzfänger als Kotflügelverlängerung aufneh-

Honda CB 750

Zum letzten Mal im bekannten Design – die im siebten Jahr produzierte Erfolgs-Serie Honda CB 750 Four K 6.

men zu können. Der aus dem Exportmodell übernommene, an den hinteren Stoßdämpfern befestigte Chrombügel wirkte wie ein Zubehörteil. Die links und rechts aufgeschweißten Halter hielten bei den den Export-Honda die hinteren Blinker, waren aber in Deutschland ohne Funktion und sahen nicht besonders gut aus. Mit der bekannten deutsch/holländischen Rücklichtversion auf einem separaten Halter – seit den sechziger Jahren unverändert produziert – wirkte die Heckansicht etwas altbacken und nicht mehr zeitgemäß. Hierzu trugen auch die als »Eierbecher« titulierten, häufig nicht wasserdichten Blinker von Stanley bei. Die deutsche Version mußte erstmals mit einer zusätzlichen, zweiten Zugfeder am Seitenständer aus- und nachgerüstet werden; sie sollte (trotz Gummiausleger) in jedem Fall sicherstellen, daß bei einer Entlastung die Seitenstütze automatisch zurückklappte. Das bereitete vielen Fahrern Probleme. So manche Maschine wurde dadurch unfreiwillig aus dem Stand in die Waagrechte verlagert....... Das Kraftfahrt-Bundesamt (KBA) machte dem Importeur zur Auflage, »daß sämtliche Honda-Motorräder, welche einen Seitenständer mit »Gummiklotz-Rückstellmechanik« aufweisen, entsprechend umzurüsten sind. Seitenständer

Unter der Lupe

der vorhergehenden Generation wurden und werden von dieser Aktion bis heute ausdrücklich ausgenommen«.

Detailarbeit beweisen Instrumente und Bedienungseinheite. Die Zifferblätter der Nippon-Seiki Armaturen waren nun hellgrün, außerdem, so die Ausführungen dieses Zulieferers, funktionierte der Tacho noch exakter: Die Geschwindigkeitsabweichung bei Höchstgeschwindigkeit lag nun bei unter neun Prozent.

Dagegen hatten die von den US-Modellen übernommenen Lenkerarmaturen sowohl an Gewicht als auch an weiteren Funktionen zugelegt: Sie wirkten massiger und nicht mehr so verspielt.

Weitere Einsparungen fallen an der Hupe auf. Die über acht Jahre bekannt gewordene Version (senkrecht zur Fahrbahn montiert) war mit einem Chromdeckel versehen, welcher durch seine innere Schneckenform das Eindringen von Wasser zumindest erschwerte. Das jetzt montierte Bauteil nahm sich dagegen wie ein Teil vom Trödelmarkt aus. Sicher, es funktionierte, aber die Optik war verheerend. Ungeschützt dem Spritzwasser ausgesetzt, legte sie vor allem von dem Bemühen Zeugnis ab, möglichst wenig Kosten zu produzieren.

Dennoch durchbrach dieses Modell die nächste Tausendermarke und kostete DM 7.368,–.

Die deutsche Ausführung brachte vollgetankt und mit Werkzeug 240 kg auf die Waage, rund 1,5 Kilogramm mehr als die amerikanische Ausführung. Für den amerikanischen Markt beschränkte sich dieses Modell einzig

Eine englische K6-Ausführung: der »europäische Kompromiß« – Schmutzlappen am Heck, K2-Blinker im Heck am Chrombügel befestigt, niedriger Lenker; Seitenstütze ohne Gummiklotz und mit 65 PS angegeben.

Honda CB 750

auf die Farbe »candy antares red«. Für Käufer aus anderen Ländern blieb mit dem Angebot »flake sapphire blue«, »candy sapphire blue« und das beliebte »flake sunrise orange« die Qual der Wahl erhalten. Obwohl die Honda CB 750 Four K6 nur ein Jahr produziert wurde, lassen sich die verkauften Stückzahlen nicht mehr genau ermitteln. Nach den von Honda erstellten Unterlagen wurden von diesem Motorrad über 100.000 Einheiten verkauft; rein rechnerisch bot diese Serie Platz für insgesamt 160.000 Stück. Mit den neuen Serienmodellen wurden unverändert zuerst die Vereinigten Staaten beliefert, dann gefolgt von Deutschland (ab Rahmennummer 2551377) und Frankreich (ab Rahmennummer 2555545), Resteuropa ab der Rahmennummer 2556099.

Die amerikanisierte Four: Honda CB 750 K7

In den USA und Kanada gab es keine K7, zumindest nicht unter dieser Modellbezeichnung. Um eine gewisse Einheitlichkeit zu erreichen, fügte man dort künftig die Jahreszahl hinter die Typenbezeichnung; das bekannte Kürzel »CB« (für City Bike) entfiel. Diese Umstellung griff ab 1976; die K7 hieß in Nordamerika »Honda K'77 750 Four K«.

Honda hatte eigentlich fest damit gerechnet, daß die neuen Supersport-750er dem klassischen Vier-in-vier-Zylinder in der Käuferbeliebtheit den Rang ablaufen würde, begann aber dennoch schon 1976 mit den Vorarbeiten zur nächsten Vierzylinder-Generation, die sich allerdings

»Nur fliegen ist schöner« – das neue Gesicht in der Menge fühlte sich auf Asphalt erheblich wohler.

Unter der Lupe

Der Koloß ließ sich erstaunlich wendig bewegen – ihre Domäne waren und blieben Fernreisen.

wesentlich mehr an den amerikanischen Wünschen orientieren sollte. Von Anbeginn stand fest: die neue Generation dieser Serie sollte noch deutlicher als bisher den reinen Tourenfahrer ansprechen.

Die neue Four wirkte wuchtiger, schwerer und längst nicht mehr so grazil wie ihre Vorgängerinnen. Honda ging mit dieser neuen Optik stärker auf die Wünsche der amerikanischen Kundschaft ein, die eine besonders bullige »Tourenmaschine« wünschten.

Das letzte Kapitel der ohc-Vierzylinder-Geschichte begann mit der Rahmen- und Motornummer 2700009, deutsche Käufer konnten sich ab Rahmennummer 2719935 und Motornummer 2709652 an die massige Honda gewöhnen. Bei dieser Maschine handelte es sich in der Tat (fast) um eine komplette Neuentwicklung, notwendig durch die Konkurrenz von F und Gold Wing im eigenen Hause, aber auch wegen der sich ständig verschärfenden gesetzlichen Bestimmungen.

Die K-Reihe aus dem Programm zu nehmen, war aber nie ein Thema. Dieses Maschine war längst schon Legende – und brachte immer noch ordentlich Geld in die Kasse, so daß auch aus kaufmännischen Gesichtspunkten heraus keine Notwendigkeit bestand, die Four sterben zu lassen. Daher ging es bei der Neuauflage in erster Linie darum, den Anschluß an die Konkurrenz zu schaffen. Dazu wurde ein regelrechtes Lastenheft er-

Honda CB 750

stellt, das sowohl Testergebnisse, Konkurrenzprodukte, Marktbeobachtungen und natürlich (amerikanische) Kundenwünsche berücksichtigte. Aus Kostengründen sollten überdies auch Teile aus parallel produzierten Modellen der »Super-Sport-Reihe« übernommen werden.

In der Modellgeschichte der CB 750 Four bedeutet die K7 eine Zäsur, bei keiner anderen ohc-Four hatten die Honda-Ingenieure so heftig eingegriffen. Für den amerikanischen Markt war dieses neue »big-is-beautiful-bike-feeling« genau das Richtige, *Motor Cycle* war zuversichtlich: »Damit lassen sich die nächsten acht Jahre sorgenfrei die Erde umrunden.« Doch Hondas Entwicklungsabteilung arbeitete bereits an einem gänzlich neuen Modellentwurf. Ihre Tage waren bereits gezählt, in Europa lief die Serie 1978 aus.

Modellpflege im Detail: die Technik

Um die strengen US-Zulassungsbestimmungen des Jahres 1977 zu erfüllen, war eine gründliche Überarbeitung von Motor, Vergaser- und Auspuffanlage unumgänglich. Die jetzt geforderte Reduzierung des CO_2-Gehalts im Abgas sollte allerdings ohne Leistungsverluste realisiert werden, die CB 750 Four K7 mußte ihre 67 PS weiterhin »ohne besondere Anstrengung« (Honda-Mitarbeiterzeitschrift) mobilisieren. Das gelang mit Hilfe der komplett neuen Vergaseranlage, die in enger Zusammenarbeit mit dem Haus- und Hoflieferant Keihin entwickelt worden war. Bei der Gelegenheit konnten auch die Vergaserübergänge weicher gestaltet werden, insbesondere die Neigung zum Verschlucken, wenn der Gasgriff voll geöffnet wurde, gehörte nun der Vergangenheit an. Daß dieser oft kritisierte Fehler überhaupt aufgetreten war, lag an den kurzzeitig auftretenden Strömungs- und Druckverhältnissen in den Schiebervergasern. Bei der ersten großen Serien-Honda, der CB 450, trat dieser Effekt nicht auf, die eingebauten Unterdruckvergaser sorgten unter allen Umständen für einen weichen, lochfreien Übergang in der Gasannahme. Ihr Prinzip beruhte auf der Schiebersteuerung durch Nutzung der entstehenden Druckverhältnisse. Kein Seilzug, Gestänge oder sonstige mechanische Hilfe war mit dem Gasschieber verbunden. Bei der CB 750 Four dagegen wurden die aus dem Rennsport stammenden, kürzeren und strömungsgünstigeren Rundschieber-Vergaser verwendet. Diese Bauweise hatte den Nachteil, daß sich die Gasschieber durch den hohen Unterdruck im Ansaugkanal regelrecht an die Gehäusewand festsaugten und nur mit Verzögerung ansprachen.

Die neuen Vergaser orientierten sich an der Anlage, die beim Prototyp von 1968 verwendet worden war. Keihin verbaute nun eine mechanisch/pneumatisch arbeitende Beschleunigerpumpe (was die Verwendung von 115er Hauptdüsen erlaubte); die Vergaserbetätigung über Seilzüge und Zwangssteuerung aus der K6-Serie

Modellpflege bis ins Detail – der bewährten Konstruktion verhalfen überarbeitete Vergaser zu besserer Beatmung und lochfreier Beschleunigung.

Unter der Lupe

Die deutsche Ausführung – zu erkennen am hinteren, »verlängerten« Schutzblech – der K7; voluminöse Auspuff-Anlage, größerer Tank und bequeme Sitzbank verwirklichte noch mehr das Ziel einer reinen Tourenmaschine.

wurde beibehalten. Die gesamte Vergaseranlage geriet deutlich kompakter, da Keihin bei der neuen Anlage die Querwelle zur synchronen Betätigung aller Gasschieber direkt hinter die Vergaserköpfe legte.

Trotz des komplizierteren Aufbaus war die Wartung und Einstellung der Vergaseranlage im Vergleich zur K0 ein Kinderspiel.

Die kompakte Anlage erlaubte eine deutlich kürzere Distanz zum Zylinderkopf, wobei sich der geringere Ansaugweg leistungsfördernd bemerkbar machte. Die zwischen den Vergasern und Zylinderkopf eingebauten Verbindungsstücke aus einer hitze- und benzinresistenten Kautschukmischung mußten jetzt einzeln bestellt werden – sie waren nicht mehr paarweise untereinander austauschbar. Vereinfacht wurde die Benzinzufuhr, ein Schlauch führte den Treibstoff direkt vom Benzinhahn der gesamten Anlage zu. Verbindungsröhrchen aus Messing versorgten die Vergaser gleichbleibend untereinander mit Sprit. Das zuvor eingebaute System, den Brennstoff über T-Stücke und zwei Zuleitungen an jedes Vergaserpaar einzeln weiterzuleiten, entfiel. Keihin versah die neue Anlage mit einer zweiten, ebenfalls durch die Vergaser führenden Benzinleitung. Sie wurde ausschließlich durch die Beschleunigerpumpe geflutet und mündete direkt in den vier Saugrohren. An der wartungsfreundlichen Leerlauf-Einstellung über eine einzige Einstellschraube änderte sich nichts; die Chokebetätigung erfolgte nun bequem vom Lenker aus. Die Neukonstruktion der Vergaseranlage verschlang enorme Entwicklungskosten, daher entschlossen sich die Japaner,

Honda CB 750

Nicht nur die Amerikaner hatten sie schnell ins Herz geschlossen und schätzten ihre Qualität sowie ihre Zuverlässigkeit.

sie auch bei der Honda F2 zu montieren. Honda verbaut diesen Vergasertyp übrigens noch heute, selbst bei wesentlich größeren und moderneren Vierzylindern. Einziger Wermutstropfen war der hohe Benzinverbrauch: Bei Autobahnfahrten mit einem Schnitt von 130 km/h konsumierte diese Honda fast zehn Liter Superbenzin auf 100 km. Ein kanadischer Testfahrer bemerkte ironisch, »daß die neue Beschleunigerpumpe nicht nur die Maschine, sondern auch das Geldausgeben beschleunigen dürfte«.

Honda vergab für das Kurbelgehäuse, den Zylinderkopf, Nockenwelle, Kolben und Teile der Schaltkulisse neue Ersatzteilnummern, K7-und F2-Motoren waren weitgehend identisch. Im Vergleich zum Vormodell verfügte das Kurbelgehäuse im hinteren Teil der Gußform in der Nähe der Getriebe-Ausgangswelle über eine zusätzliche Bohrung für eine Schraube der Größe 8 x 80 mm. Damit wollte Honda einem vorzeitigen Verschleiß des Antriebsritzel-Lagers vorbeugen; das Ritzel selbst wanderte mehr zur Außenseite des in diesem Bereich jetzt bogenförmig gegossenen Kurbelgehäuses. Ein nachträglicher Umbau dieses als F2 um sechs PS stärkeren Motors in einen K0 bis K6-Rahmen scheiterte bereits an der dann nicht mehr übereinstimmenden Kettenflucht der Sekundärkette. Die Sicherung des Kettenritzels mit der verzahnten Ausgangswelle wurde modifiziert, die Sekundär-Kettenschmierung durch freigeschleudertes Motoröl über die hohlgebohrte Achse der Antriebswelle stellte Honda endgültig ein.

Endlich bot das Werk über seinen Zulieferanten D.I.D. eine endlos vernietete O-Ring Kette ab Werk an. Sie bestand aus 88 Gliedern mit $3/4$ Teilung, war bruchfest und erhöhte die Standfestigkeit und Austauschintervalle um gut fünfzig Prozent, brachte allerdings auch mehr Gewicht auf die Waage. Aus Sicherheitsgründen montierte Honda am Rahmen einen zusätzlichen Kettenschutz in Höhe des Getriebe-Ausgangsritzels, um bei einem Kettenriß einer Zerstörung des Kurbelgehäuses vorzubeugen. Die Endübersetzung wurde mit 15 Zähnen (Motor) und 41 Zähnen (Kettenritzel) dem Tourencharakter des neuen Modells angeglichen; sie wurde mit 2.733 (zuvor 2.667) nur unwesentlich kürzer ausgelegt.

Kaum zu erkennen ist die Feinarbeit am Zylinderkopf, die neben Verkürzung der Gaswege Ansaugstutzen mit größerem Durchmesser sowie die von der F1 übernommene Nockenwelle; Honda modifizierte die Nockenstel-

So schön kann »heavy metall« sein – Honda erklärte sie zum »besten Motorrad, welches man(n) sich kaufen konnte«.

lung und glich die Steuerzeiten den Werten des F 2 Motors an. Ab der Motornummer CB750E-2719530 wurden verschleißfestere Ventilführungen verwendet. Kurz nach Verkaufsbeginn der K7 in Deutschland (ab der Motornummer CB750E-2719997 und Rahmennummer CB750K-2719937) wurden die Lagerböcke der Nockenwelle durch die der F2 ersetzt. Auf der Auslaßseite nahm Honda Abschied von seinem mit der CB 750 Four eingeführten System, den Krümmeranfang über am Kopf befestigte Stutzen zu führen und anschließend mit Klemmschellen zu fixieren. Die damals eingeführte Montage durch eine Kupferdichtung, zwei Halbschalen und anschließender Flanschmutter, geführt und gehalten von eingeschraubten Stehbolzen, wird heute noch verwendet. Diese Konstruktion rückte die Krümmer um zwei Zentimeter näher an den Auslaßtrakt.

Die Verdichtung wurde auf 9,2:1 erhöht, die Kolben stammten aus der F-Serie. Ein verbesserter Ölabstreif- und Distanzring machte die Umstellung der lieferbaren Kolbenringsets samt Kolben unumgänglich. Die Nennleistung von 67 PS lag bei 8500/min an. Bei dieser Marke begann – wie 1969 bei der ersten Serienmaschine dieses Typs – die rote Markierung im Drehzahlmesser. Die Kolbengeschwindigkeit betrug bei dieser Drehzahl 17,85 Meter in der Sekunde und blieb damit auf dem gleichen Niveau der K0.

Verbesserte Anlaufscheiben für die Getriebezahnräder, überarbeiteter Lagerbolzen des Schaltautomaten, massiverer Kickstarter-Anschlag und Feinarbeit an Gangarretierung und Kupplung vervollständigten die Modellpflege, dazu kam ein mit 1.133 (vorher: 1.087) übersetzter vierter Gang. Das Zahnrad der Endantriebswelle verfügte nun, wie beim F1-Motor, über 50 und nicht mehr über 56 Zähne, was das Primär-Untersetzungsverhältnis änderte. Während in den Werkstatthandbüchern der bisherige Wert mit 1.708 (zutreffend von der K0 bis zur K6) auch für die Modelle K7 und F2 publiziert wurde, so betrug er tatsächlich 1.985. Die Schaltwalze war ab diesem Modell nicht mehr als Einzelteil, sondern nur noch komplett vormontiert als Set erhältlich. Der Schlauch für die Kurbelgehäuse-Entlüftung mündete in einem neu entwickelten Ölabscheider unterhalb der Batteriehalterung, der Luftfilter wurde vergrößert, daher mußte der Öltank verlegt werden. Eine Kontrolle des Ölstands war nur noch nach Abnahme des Seitendeckels möglich.

Kräftig zugelegt hatte die K7 in ihren Abmessungen (US-Modell; K6-Werte in Klammern): Länge 2280 mm (2.175mm), Breite 880mm (870mm) und Höhe 1185mm (1170mm). Bei der Kurvenfahrt war die Behäbigkeit und Gewichtszunahme spürbar; »man mußte sie förmlich in die Biegungen hineinwuchten«, während bei Geradeausfahrt »es wohl kein vergleichbares Motorrad gibt, welches so stoisch wie auf Schienen fährt« (*Motor Cycle*).

In der Beschleunigung von 0-100 km/h unterbot das Kraftpaket trotz eines Leergewichts von 250 kg (vollgetankt) die bisherigen Ergebnisse mit einer Zeit von 4,70 Sekunden. Eine deutsche CB 750 Four K6 benötigte hierfür fünf Sekunden. In der Höchstgeschwindigkeit machte sich die längere Endübersetzung bemerkbar: *Motorrad* brachte diese Honda mit zwei Personen auf 165,2 km/h, während das um zehn Kilogramm leichtere Vorgängermodell in gleicher Disziplin mit 176,5 km/h durch die Lichtschranke eilte. Für leistungshungrige amerikanische K7- und F2-Fahrer hatten einige US-Händler Abhilfe parat. Sie boten eine Rückrüstung auf das Übersetzungsverhältnis der CB-Vorgängermodelle an. Dadurch ließen sich sowohl die Beschleunigungswerte auf der Viertelmeilen-Distanz unter- als auch die Höchstgeschwindigkeit der Urversion deutlich überbieten.

Modellpflege im Detail: die Ausstattung

Gänzlich abgelegt hatte die Honda ihre schlanke Auspuffanlage, und durch vier mächtige Endrohre ersetzt. Sie war zwar schwerer, aber auch leiser: Mit 78 db (A) wisperte diese Honda nur noch. Die hinteren Fußrasten wurden direkt am Rahmenausläufer befestigt: sie rückten enger zusammen. Die typische Cowboyhaltung des Beifahrers der Vormodelle gehörte der Vergangenheit an; fortan saß der Hintermann in der zur Norm gewordenen Haltung und konnte seinen Stiefelabdruck direkt auf die Auspuffanlage einbrennen. Im Innern der Dämpfer wurden ausgeklügelte Vor- und Haupteinsätze einge-

Honda CB 750

Die neue Dimension in US-Ausführung. Im Vorderrad-Bereich grazil geblieben bot sie insgesamt mehr Fahrkomfort.

baut, welche fest mit der verchromten Außenhaut verschweißt waren. Bei Rostbefall eines Dämpfers war eine komplette Neubestückung des betreffenden Einzelrohres samt Krümmer notwendig.

Der voluminöse Tank, bauchiger und höher ausgeformt, faßte nun 19 Liter. Der Tankdeckel verbarg sich unter einer abschließbaren, bündig eingelassenen Klappe. Der Tankdeckel selbst war mit einer Kette befestigt, damit man ihn an der Tanksäule nicht vergessen konnte. Das Vorderradschutzblech kam mit einer Fixierstrebe aus und war in der mittig vernieteten Verbindungsbrücke in Gummielementen mit den Standrohren verschraubt. Für die produzierten Serienmodelle »European Direct Sales« (Europäischer Direktverkauf) wurden die beiden ober- und unterhalb des Schutzbleches verlaufenden Haltebügel beibehalten. Die Armaturen blieben bis auf eine bläulichere Farbgebung des Ziffernblatt-Untergrundes unangetastet, dafür kam es zur Neuentwicklung der Kontrolleuchten-Einheit. Eingebettet fand sich darin das zum Lenker verlegte Zündschloß mit Doppelfunktion: Zündung und Lenkersperre in einer Einheit. Sehr komfortabel geriet die Auslegung der neuen Sitzbank, der Fahrer saß jetzt mehr in und weniger auf der Maschine, obwohl die Sitzhöhe mit 810 mm unverändert blieb. Serienmäßig gab es jetzt ein H4-Licht und eine geänderte Rücklichteinheit mit integriertem Rückstrahler; für Deutschland rundete der eigens produzierte Schmutzlappen am Heck das Erscheinungsbild dieser Maschine ab. Die elektrische Anlage wurde bis auf ein kleineres (Export) Blinkerrelais und einen modifizierten Gleichrichter beibehalten.

Unter der Lupe

Gekonnte Liebe zum Detail: eine Honda-typische Eigenschaft, wie hier am versenkten Tankdeckel zu sehen ist.

Nach oben gewandertes Zünd/Lenkschloß und Chokebedienung – zusammen mit den Kontrolleuchten zwischen den Instrumenten eine echte Erleichterung.

Ein Motorrad »für ganze Männer« – schon das Heck läßt es erahnen – fünf Zentner waren jetzt zu rangieren.

Honda CB 750

Eine Fotostudie, welche für sich selbst spricht: »Die Honda CB 750 Four lebte nicht in einer Ära, sie schuf eine« (Cycle World).

Farblich bot Honda weltweit nur noch »candy alpha red« und »excel black« an. Durch die Angleichung aller wesentlichen Bauteile an die internationalen Auflagen und Bestimmungen konnte auf die Produktion von landesspezifischen Sonderausführungen verzichtet werden. Die US-Modelle unterschieden sich von den anderen Exportmodellen nur noch in Meilentacho, Vergaserbedüsung, höherem US-Lenker und vier unterschiedlichen Varianten der Verkabelung.

Modellpflege im Detail: das Fahrwerk

Änderungen zum Vormodell gab es auch am Rahmen, darunter auch eine längere Schwinge. Die Bodenfreiheit konnte um zehn auf 150 mm erhöht werden. Pluspunkte für bequemes Reisen auf geraden Straßen sammelte der geänderte Nachlauf von 115 mm und der Lenkwinkel mit 62 Grad, vorher: 90 mm/63 Grad. Mit 1495 mm bot diese Four den größten Radstand innerhalb der Serie auf. Die Gold Wing spendete die sowohl die größeren Reifen (vorne: 3.50 H 19, hinten 4.00 H 18), als auch die massiven Blinker. Dank dieser Änderungen verhielt sich die K7 nun deutlich spurstabiler, nicht zuletzt auch dank der Modifikationen an Vorderradgabel (1,5 mm mehr Federweg, keine Faltenbälge) und Hinterrad-Federung (keine Chromkappe, 16,6 mm mehr Federweg).

Die neue Bremsbelag-Zusammensetzung verbesserte die Bremsleistung erheblich, es war keine Kunst, den Vorderradreifen pfeifend zum Stehen zu bringen. Das nötigte amerikanischen Testern großen Respekt ab; sie befürchteten bei beherzten Bremstests stets ein Überschlag der Maschine und empfahlen, »immer daran zu denken, daß die vordere Scheibenbremse die Straße in Sekunden in eine Rodeoarena verwandeln könnte«.

Die Unbekannte: Honda CB 750 K8

Während für alle Länder die Honda CB 750 Four K7 noch ein Jahr lang unverändert weiter produziert werden sollte, wurde den Kanadiern und Amerikanern 1978 zum letzten Mal dieses Motorrad im neuen Gewand vorgestellt. Wie schon bei der K3 erhielt als einziges europäisches Land Italien diese Abschieds-Serie, nachdem die Italiener – so die Recherchen der *Moto Ciclismo* – anstatt der K6 noch Bestände der K3 erhielten. Die letzte Serie hatte ihren Preis: 3.800.000 Lire mußten für eine K8 aufgebracht werden – fast eine Million Lire mehr, wie die ein Jahr zuvor mit 2.880.000 Lire ausgezeichnete K7.

Die letzte Serie, in den USA und Kanada »CB 750 K'78 750 Four K» genannt, begann mit der Rahmennummer CB750-2800001 und Motornummer CB750E-3000001. Wer nun annahm, daß Honda dieses Modell bis auf ein paar optische Retuschen unverändert in die Schaufenster stellte, irrte.

Modellpflege im Detail: die Technik

Der Vierzylinder-Motor erhielt neue Einlaß- und Auslaßventile. In den Abmessungen gleich geblieben, wurde die Nut zur Aufnahme der Keile am gehärteten Ventilende modifiziert. Zusammen mit geänderten Federtellern und Ventilkeilen erreichte man damit eine Vereinfachung bei Wartungsarbeiten und besseren Sitz dieser Kompo-

Unter der Lupe

nenten. Ein geänderter Kettensteuer-Schacht (ab der Motornummer 3021913) führte zu einem neuen Zylinderblock. Verschärfte amerikanische Zulassungsbestimmungen erforderten verschiedene Maßnahmen, von denen die europäische K7 verschont blieb. Einer der Schwerpunkte war die verbesserte Entsorgung der Motorgase und der darin enthaltenen Ölrückstände.

Mit einer leiseren Auspuffanlage (ab der Rahmennummer 2818257) und weiterer Gemischabmagerung blieb man innerhalb der neuen Grenzwerte. Keihin montierte in die Vergaser 110er (vorher 115) Hauptdüsen und führte den Gehäusen über eine separate Schlauchverbindung zusätzlich ungefilterte Luft zu. Diese ungewöhnliche Maßnahme wurde nur an dem Leerlaufteil der einzelnen Vergaser vorgenommen, um das Leerlaufgemisch weiter abzumagern. Ein offenes Endstück, mit »Solenoid-pipe« in den amerikanischen Ersatzteilkatalogen bezeichnet, war am Schlauchende aufgesteckt und führte hinter dem Luftfilterkasten ins Freie. »Solenoid« bezeichnet eigentlich ein pneumatisch-elektrisch betätigtes Ventil, Honda übernahm diese Bezeichnung aus dem Katalog des Automatic-Modells, der CB 750 Four A. In Wirklichkeit handelte es sich lediglich um ein Plastikendstück ohne Filter und ohne elektrische Anschlüsse. Der Aufwand lohnte sich trotzdem, die Abgaswerte (ermittelt im Leerlauf) konnten nochmals verbessert werden. Die Betätigung des Bremslichtschalters der Vorderradbremse erfolgte nun analog zu dem bei der F2.

Modellpflege im Detail: die Ausstattung

Keine Unterschied zur K7 gab es in Farben oder Ausstattung, sieht man von den goldenen statt der weißen Zierlinien am Tank ab. Während sich die Testzeitschriften noch intensiv mit dem Vorjahresmodell befaßten, nahm von dieser Four kam noch jemand Notiz. Optisch fällt die Sitzbank mit deutlicher eingearbeiteten Konturen auf. Der Fahrersitz erhielt eine niedrigere Polsterung, was in den Prospekten mit den Worten »two stage design« beschrieben wurde, in Anlehnung an das anbrechende Chopper- und Crusier-Zeitalter. Verbesserte Hinterrad-Stoßdämpfer und neue Chromfelgen vollendeten die klammheimliche Modellpflege.

Warum Honda die Produktion der ersten Vierzylinder-Generation schließlich einstellte, verstand niemand. Wirtschaftliche Gründe können es eigentlich nicht gewesen sein, das Unternehmen verkaufte in einem Jahr über 60.000 Maschinen dieses Typs, von den weiterhin produzierten K7-Modelle (auch über 30.000 Einheiten im letzten Jahre) ganz zu schweigen: Insgesamt dürften auch im letzten Jahr knapp 100.000 CB 750 K produziert worden sein.

Die letzte Vertreterin einer glanzvollen, neuen Motorrad-Epoche: Honda CB 750 Four K 8.

Honda CB 750

Die Bequeme: CB 750 A (Automatik)

Die Cops waren schuld: Sie wünschten sich ein Motorrad, das endlich Schluß machte mit den Balanceakten am Kupplungshebel im Konvoi oder bei der täglichen rush-hour in überfüllten Straßen.

Moto-Guzzi erhörte zuerst den Hilferuf und baute die V 1000 I Convert mit hydraulischem Drehmoment-Wandler. Auch in Deutschland konnte man 1976 den italienischen »Schlafwandler« erwerben, vorausgesetzt man hatte die notwendigen 10.440 Mark dafür übrig. Die Italiener ließen ihren Wandler bei Fichtel & Sachs in Schweinfurt bauen und führten 1973 erste Fahrversuche durch, die Produktion der Moto Guzzi begann im Sommer 1975.

Die Wiege des Drehmoment-Wandlers steht in Deutschland; die Reichspatente stammen aus dem Jahre 1905. Professor Hermann Föttinger (1877 – 1945) hat ihn das erste Mal gebaut. Die Firma Imperia aus Bad Godesberg verwendete diese Technik 1935 erstmals in einem Motorrad: ein Zweitakt-Ladepumpen-Boxer mit Wandler statt Schaltgetriebe. Kurz vor Fertigung des Prototyps mußte Imperia Pleite anmelden.

Im Automobilbereich lebte der Gedanke weiter. Vor allem in den USA boten fast alle Hersteller das »power-glide«-System ohne Aufpreis an. Hondas Entschluß, gleichfalls eine Automatikversion auf zwei Räder zu stellen, fiel 1974.

Die CB 750 Four bot die besten Voraussetzungen für eine erfolgversprechende Umsetzung und Vermarktung dieser Idee, zumal es bereits eine Polizeiversion gab. In der Therorie bot eine Automatik viele Vorteile: Weite Strecken ermüdungsfrei und angenehm zurückzulegen, dazu im Stadtverkehr und Stau lediglich Bremse und Gasdrehgriff betätigen zu müssen, sollte die Kunden überzeugen. Maximal zwei Schaltvorgänge sollte diese Four aufweisen. Die meisten Amerikaner, die sich ein Auto ohne Automatikgetriebe nur schwer vorstellen können, würden sich auch im Motorradbereich für die Bequemlichkeit entscheiden, mutmaßte man in Tokyo und machte sich an die Arbeit.

Hondas Ingenieure hatten es vergleichsweise einfach: Sie mußten lediglich in das Regal ihrer Autokollegen greifen und sich der dort bereits vorhandenen Komponenten zu bedienen. Honda Auto war mit der Wandlertechnik vertraut; sowohl der N 600 wie auch der 1976 vorgestellte Civic Automatik trugen sie bereits unter der Motorhaube.

Die Technik

»Drehmomentwandel« besagt nichts anderes als die stufenlose Übersetzungsänderung zwischen Antrieb und Abtrieb in einer vorgegebenen Spanne. Die Wirkungsweise des hydraulischen Drehmoment-Wandlers ist einfach: Stellen Sie sich zwei Ventilatoren vor, die sich gegenüberstehen. Wird der eine eingeschaltet, beginnt auch der andere, sich zu bewegen. Der nicht eingeschaltete Ventilator nimmt weiter Geschwindigkeit auf, bis er sich schließlich fast so schnell dreht, wie der eingeschaltete. Das ist, vereinfacht ausgedrückt, das, was in einem Drehmoment-Wandler stattfindet – mit dem Unterschied, daß jetzt Öl anstelle von Luft verwendet wird.

Futuristisches Design: das rechte Rundgehäuse bot eine Vielzahl von Informationen; die im Tachometer hellgrün abgesetzte Skala zeigte die Werte in km/h an: vorgeschrieben für Japan.

Unter der Lupe

Die letzte Serien-Maschine mit Automatic-Getriebe, Com-Star Rädern, vier-in-zwei Auspuff-Anlage in »candy sword blue« gab der OHC-Generation noch einmal ein gelungenes comeback.

Die Kraftübertragung zwischen Motor und Getriebe funktioniert ähnlich wie bei der mechanischen Reibkupplung, nur daß hier zwei hydraulische Flüssigkeitskupplungen (zuständig für die zwei Fahrstufen) über eigene Ölkreisläufe angesteuert wurden.

Erster Schritt: Reibungskupplung wegdenken und ein Gehäuse mit Turbinenräder und Öl hindenken. Honda montierte auf das rechte Ende der Hauptwelle (dort, wo sonst die Kupplung sitzt) ein rundes Gehäuse. Darin wurden ein Schaufel- und gegenüber ein Turbinenrad montiert. Zwischen diesen beiden Rädern saß das wichtigste Teil: der »Starter« oder das Leitrad. Zweiter Schritt: das Schaufelrad (auch »Pumpenrad« genannt, weil es Öl auf das Turbinenrad pumpt) wird vom Motor über die Hauptwelle angetrieben. Je mehr die Motordrehzahl ansteigt,

Honda CB 750

Sauberes Finish der neuen Konstruktion am Vorderrad – die Nabe bestand – wie die Felge – aus Leichtmetall.

desto schneller dreht sich das Pumpenrad. Die erzeugte Ölströmung treibt das gegenüberliegende Turbinenrad an: stufenloses automatisches Einkuppeln auf hydraulische Weise. Dritter Schritt: die Strömungsverbindung wird zum Drehmoment-Wandler durch das Leitrad. Solange sich das Pumpenrad schneller wie das Turbinenrad dreht, wird das zurückströmende Öl durch das Leitrad so gelenkt und in einen bestimmten Winkel geführt, daß der Rückstrom nochmals gezielt auf die Schaufeln der Turbine trifft - die enorme Kraft des Ölstroms wird somit nochmals verstärkt. Diese »Wiederverwertung« der vorhandenen Kraft bringt ein erhöhtes Drehmoment für den Abtrieb – und das ist der Drehmomentwandel.

Die Drehmoment-Erhöhung ist um so größer, je schneller das Öl fließt. Sie nimmt im gleichen Verhältnis ab, je schneller sich das Turbinenrad dreht, bis sich eine fast identische Situation zwischen Pumpen- und Turbinenrad ergibt: Der maximale, flüssige Verbindungspunkt war erreicht.

Bei der Honda CB 750 A entsprach dies einem Geschwindigkeitsverhältnis von 1:0,83 zwischen Pumpen- und Turbinenrad. Der Wandler verstärkte den von der Ölpumpe angelieferten Öldruck von 1 kp cm^2 sukzessive bis auf das Achtfache und leitete den stufenlosen, ruckfreien Kraftanschluß über die hydraulische Kupplung an eine der beiden Getriebeabstufungen weiter (Hydromatic). Ein zwischengeschaltetes, automatisch arbeitendes Regelventil diente als Druckregler für das gesamte Übertragungssystem. Es reagierte auf Änderungen in der Motordrehzahl, baute den Öldruck zu der jeweils angesteuerten Kupplung auf oder unterbrach ihn, kurzum: es regulierte den Ölstrom von und aus dem Wandler.

Welche Fahrstufe aktiviert werden sollte, bestimmte der Fahrer. Über den Fußschalthebel an gewohnter Stelle hatte er drei Positionen zur Auswahl: nach unten in die Fahrstufe »L« (Low); in der Mitte für »N« (Neutral) oder nach oben für »D« (Drive).

Die Schaltachse übertrug die Gangstufe aber nicht wie üblich an eine Schaltwalze, sondern an ein am anderen Ende der Achse positioniertes Ölregelventil. Damit wurde ein bestimmter Ölkreislauf geschaltet, weitere »Handgriffe« entfielen. Bei der italienischen V 1000 I Convert mußte man über eine Mehrscheiben-Trockenkupplung konventionell auskuppeln, um das Zweiganggetriebe vor Einlegen des gewünschten Ganges zu entlasten. Honda ging einen anderen Weg. Die Konstrukteure bauten drei getrennte Ölkreisläufe ein, welche je nach Aktivierung leise und verschleißfrei nur die Komponenten der gewählten Fahrstufe ansteuerten. Damit umgingen die Japaner jegliches Risiko eines unerwünschten Kraftanschlusses der Fahrstufen untereinander. Während man die Moto Guzzi mit gezogenem Kupplungshebel starten mußte (eine Leerlaufposition war im Getriebeschalthebel nicht vorhanden) sorgte Honda durch den getrennten Ölkreislauf dafür, daß der durch das Pumpenrad im Wandler aufgebaute Druck im Leerlauf keinen Kraftanschluß erhielt: Die Kupplungen wurden nicht angesteuert.

Die Moto Guzzi verlangte nach unterschiedlichen Schmierstoffen: der Wandler arbeitete mit ATF-ÖL, der Motor mit normalem Motoröl und das Getriebe brauchte 90er Getriebeöl. Das japanische Motorrad begnügte sich ausschließlich mit Motoröl der Klassifikation SAE 10W-40. Die Honda CB 750 A benötigte keine differenzierte Ölviskosität. Es gab auch keine aufwendigen, öldichten Baugruppen und Systeme mit Simmerringen, Dichtun-

Unter der Lupe

gen und plangefrästen Flächen, auch das senkte die Produktions- und Wartungskosten. Das Motorrad mit dem Zusatz »Hondamatic« - abgeleitet aus Hydromatic - verbarg ihre technischen Besonderheiten so geschickt, daß man meinen könnte, vor einer »normalen« CB 750 Four zu stehen. Doch schon bei der Kontrolle des Ölstandes fallen erhebliche Unterschiede auf: der Öltank samt den Druckschläuchen für Zu- und Ablauf unter dem rechten Seitendeckel ist verschwunden.

Der Ölmeßstab verlagerte sich auf die linke Seite hinter der Lichtmaschine auf das obere Kurbelgehäuse. Richtig: Diese CB 750 Four hatte einen »Naßsumpf« und trug das Öl in der Ölwanne unterhalb des Kurbelgehäuses. Den Konstrukteuren gelang es, die Ölwanne so zu formen, daß die Gesamtabmessungen des unteren Motorgehäuses fast unverändert beibehalten werden konnten. Keine bauchige Ölwanne beeinträchtigte die Bodenfreiheit, sie blieb mit 135 mm (1976er Modell) bzw. 140 mm (ab 1977) auf dem Niveau der Maschinen mit Schaltgetriebe, trotz eines angestiegenen Fassungsvermögens von 5,5 Litern.

In der Fahrpraxis spürte man die Änderung, der Vierzylinder brauchte länger, um das Öl auf Betriebstemperatur zu bringen. Andererseits versäumte es Honda, an-

Die wichtigsten Änderungen waren unübersehbar auf der rechten Seite zu finden: Drehmoment-Wandler, Feststellbremse fügten sich harmonisch in das bekannte Bild.

Honda CB 750

Zwischen dem linken Lampen-Halter und dem Steuerkopf saß der »hörbare« Blink-Kontroll-Geber.

ders als bei der CB 400 Automatic von 1977, einen Ölkühler zu montieren.

Längere Strecken mit hohen Motordrehzahlen und die zusätzliche Erwärmung des Schmierstoffs durch den Wandler ließen die rechte Motorseite im Hochsommer unangenehm heiß werden. Amerikanische Testfahrer empfahlen, »den rechten Cowboystiefel immer erst nach der Fahrt auszuziehen – Sie könnten sich sonst die Wade verbrennen.«

Die zweifach hintereinander geschaltete Tandem-Trochioid-Motorpumpe hinter der linken Motorabdeckung wurde direkt von der Primärwelle über ein Zahnrad mit 17 Zähnen angetrieben. Die vordere Pumpe versorgte den Motor, das Getriebe und die Lager – die hintere Pumpe den Wandler und das angeschlossene Ölsteuerungssystem. Im Innern des Kurbelgehäuses führte eine Vielzahl von eingegossenen und montierten Rohrverbindungen zu den neuen Komponenten. Allerdings legte Honda mit Warnhinweisen an der Maschine, im Fahrerhandbuch und in den Reparaturanleitungen sehr großen Wert auf die einzuhaltenden Ölwechselintervalle. Der thermischen Belastung waren die Motoröle nur bedingt längere Zeit gewachsen, ferner hätte Schmutz im einheitlichen Ölhaushalt dem Wandler in kürzester Zeit irreparable Schäden zugefügt. Ein Wechsel des Schmierstoffs wurde anfänglich alle eintausend Kilometern empfohlen; später dehnte Honda die Intervalle auf dreitausend Kilometer aus.

Im Kurbelgehäuse drehten sich – wie beim Schwestermodell mit konventioneller Schaltung – vier Wellen: Kurbelwelle, Primär-, Haupt- und Antriebswelle. Nachdem auf der rechten Seite des Motors der Wandler keinen Platz für den Kickstarter ließ, verlängerte man einfach die für den Kickstarter notwendige, fünfte Welle und verlegte ihre Bedienung auf die linke Motorseite. Hondatypisch wollten die Japaner, trotz des sehr zuverlässigen Elektroanlassers, nicht auf eine mechanische Starthilfe verzichten. Nachdem der Kickstarter aber auch auf der linken Seite beim Fahren störte, packten ihn die Konstrukteure unter die Sitzbank. Er brauchte nur bei Bedarf entnommen und auf den offenen Wellenstumpf aufgesteckt zu werden.

Unter der Lupe

Schon der Motor der Schaltgetriebe-Klasse wirkte nicht gerade zierlich – die Automatik-Version setzte den ingeniösen Leistungen im Honda-Motorenbau der 750 cm³ jedoch die Krone auf.

Entscheidend verbessert wurde die Kraftübertragung von der Kurbel- zur Primärwelle: eine Hy-Vo-Zahnkette von Tsubakimoto übernahm den Kraftanschluß. Wesentlich verschleißärmer und laufruhiger, war sie der alten Konstruktion mit zwei Endlosketten deutlich überlegen. Das Untersetzungs-Verhältnis fiel mit 1.351 (ab 1977er Modell 1.343) recht lang aus und unterstrich den angestrebten, reinen Tourencharakter dieser Honda. Ihren konstanten Antrieb gab die Primärwelle über ein Zahnrad an die Hauptwelle weiter, welche an ihrem rechte Ende den Wandler aufnahm. Am linken Ende der Hauptwelle war die erste der gekapselten, hydraulischen Flüssigkeitskupplungen – zuständig für die Fahrstufe »Low« (bis etwa 80 km/h) – montiert. Im Innern dieses Kupplungskorbs bewegten sich vier außenverzahnte Kupplungsplatten und dazwischen vier innenverzahnte Scheiben. Je nach Ansteuerung über eine separate Ölleitung übertrug sie, gesteuert durch den Öldruck des Wandlers, den Vortrieb über das daneben befindliche Zahnrad direkt an die Antriebswelle. Das Übersetzungsverhältnis der ersten Fahrstufe betrug 2.263 und lag damit knapp unter der konventionellen Version von 2.500 im ersten Gang.

Die beiden hydraulischen Flüssigkeitskupplungen waren weitere Neuheiten, zumindest was den Einsatz im Motorradbau anging. Die Komponenten selbst waren längst bekannt, General Motors produzierte dieses System bereits seit vielen Jahren. Einfach und unkompliziert in der Funktion, preiswert in der Herstellung, fast unverwüstlich im Betrieb und letzlich der geringe Platzbedarf im Kurbelgehäuse gaben den Ausschlag für die Verwendung dieses Systems.

In Größe und Abmessungen fielen die von Honda eingebauten Kupplungs-Komponeten sehr klein aus. Die Stärke des Reibbelages betrug nur 1,9 Millimeter, ein gutes Drittel weniger als die Reibbeläge im konventionellen Getriebe aufwiesen. Ein Austausch war erst bei einer Belagstärke von unter 0,9 Millimeter notwendig. Da die gekapselten Kupplungen hydraulisch durch den aufgebauten Öldruck betätigt wurden, trat kaum Reibungswiderstand auf, ein Verschleiß war erst nach 50.000 Kilometer meßbar. In jedem Kupplungskörper übte bei Ak-

Honda CB 750

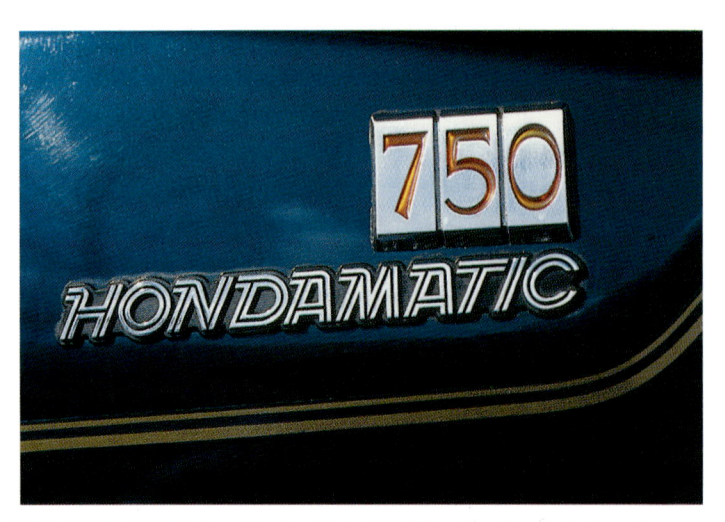

Das geänderte Design im Schriftbild – die Buchstaben-Ansätze sollten Geschwindigkeit andeuten – half nicht viel – die Amerikaner zogen die »normale« Ausführung mit Schaltgetriebe vor.

tivierung ein großer Kolben Druck gegen die Platten aus und verhinderte ein Durchrutschen.

Die Antriebswelle (an ihrem linken Ende saß ein 17er Ritzel für die Sekundärkette) trug das zweite Kupplungselement, zuständig für die Fahrstufe »D«. Ausgelegt für eine breite Nutzungsspanne wurden je sechs Scheiben und Platten eingebaut. Dank des verschleißfreien Wandler-Kraftschlußes konnte man schließlich auch mit dieser Stufe anfahren und, theoretisch, bis zu 174 km/h schnell werden. Das Übersetzungsverhältnis der zweiten Gangstufe lag mit 1.520 in der Mitte des zweiten und dritten Ganges der Schaltversion. Am Hinterrad montierte Honda ein Ritzel mit 48 Zähnen, die Endübersetzung betrug 2.824. Eine leicht kürzere Übersetzung wurde der CB 750 Automatic ab dem 1977er Modell zuteil: 15 Zähne am Motorritzel und 42 Zähne am hinteren Kettenblatt ergaben ein Verhältnis von 2.800.

Die konstruktiv bedingte Arbeitsweise der flüssigen Kraftübertragung machte es erforderlich, das vorhandene Drehmoment des Vierzylinders mehr in den unteren Bereich zu verlagern, hohe Spitzenleistungen (die den Wandler überfordert und zur Überhitzung der Halbautomatik geführt hätten) waren weniger gefragt. Der Einsatz von geänderten Kolben und Kolbenringen senkte die Verdichtung auf 8,6 : 1. Dies zeigt sich auch in den Steuerzeiten der Nockenwelle: Um eine Maximalfüllung der Zylinder im niedertourigen Bereich zu erreichen, öffneten die Einlaßventile bei 5° n.o.T. und schlossen bei 30° n.u.T. - die Auslaßventile öffneten bei 40° v.u.T. und schlossen bei 5° v.o.T. bei einem Prüfventilspiel von einem Millimeter. Damit bot dieses Automatic-Modell die »zahmsten« Schließwinkelzeiten innerhalb der CB 750 Four Familie. Trocken wog die Antriebseinheit 97 kg, ein CB 750 K0-Motor samt Ölbefüllung war 17 kg leichter.

Die Vergaser – vom Grundaufbau her mit der Gemisch-Aufbereitungsanlage der CB 750 Four K 7 zu vergleichen – wurden in ihrem Saugrohr-Durchmesser auf 24 mm reduziert. 102er Hauptdüsen (ab 1977er Modell 108er) machten die ersten Unterschiede aus. In den werkseigenen Testfahrten vor Serienbeginn trat allerdings beim Anfahren ein Effekt auf, der weitere Maßnahmen erforderlich machte: Sobald aus dem Leerlauf (Neutralposition) in eine der beiden Fahrstufen geschaltet wurde, ließ der Kraftschluß zum Wandler und seinen angeschlossenen Komponenten die Drehzahl absacken und der Motor drohte abzusterben. Dieses Verhalten trat nur in einem bestimmten Geschwindigkeitsbereich – vom Start bis zu einer Geschwindigkeit von etwa 20 km/h – auf. Um diesen Effekt zu egalisieren, baute Honda ein System ein, welches die Gasschieber automatisch leicht anhob. Die Grundidee war, dem Motor genau in dem Moment, wo der Leerlauf durch die kraftschlüssige Verbindung des Wandlers abzustürzen drohte, mehr Gemisch zuzuführen. Nicht angestrebt war die manuelle Alternative, über den Gasdrehgriff die Motordrehzahl vor Einlegen einer Fahrstufe zu erhöhen. Einerseits wäre die Bedienerfreundlichkeit damit eingeschränkt worden, andererseits hätte das davonquirlende Schaufelrad den Wandler übermäßig erhitzt und den Kraftanschluß ungünstig beeinflußt.

Eine pneumatisch arbeitende Membran – über ein Winkelgestänge mit der quer verlaufenden Gasschieberwelle verbunden – sorgte für Abhilfe. Sobald eine der beiden Fahrstufen eingelegt wurde, erhielt ein elektrisch/pneumatisch arbeitendes Ventil über einen Kon-

Unter der Lupe

takt das »Startsignal«. Verbunden mit einem Sensor im Vergaser registrierte dieses Ventil selbst geringste Unterdruckschwankungen im Ansaugtrakt. Je nach Abweichung wurde der vorhandene Unterdruck an die Membran weitergeleitet, welche die Gasschieber dann begrenzt ein Stück hochfahren konnte. Dieses komplexe System funktionierte und ermöglichte tatsächlich einen Ausgleich des Drehmoment-Wechsels innerhalb der einzelnen »Schaltstufen«, was den angestrebten, weichen Übergang brachte.

Bei dem Modell von 1976 wurde der elektrischen »Startkontakt« über die Fahrstufenanzeige »D« oder »L« gesteuert. Ein Jahr später wurde die Anlage verfeinert, um Fehlfunktionen und Überbeanspruchung des empfindlichen Systems zu vermeiden. Ein zusätzlicher Geschwindkeitssensor im Tachometer aktivierte den Kontakt und seine Funktion erst bei Geschwindigkeiten von unter 20 km/h. Die vier-in-eins-Auspuffanlage übernahm Honda von der CB 750 Four F 1 Supersport.

Die Nennleistung dieser CB 750 Four schrumpfte auf 47 PS bei einer Nenndrehzahl von 7.500/min, das maximale Drehmoment lag bei 5,0 mkg und einer Nenndrehzahl von 6.000/min. Die von Dick Blom im August 1976 getestete Höchstgeschwindigkeit betrug 160,9 km/h, wobei sich die Automatik für die letzten 10 km/h sehr viel Zeit ließ. Die Beschleunigungswerte

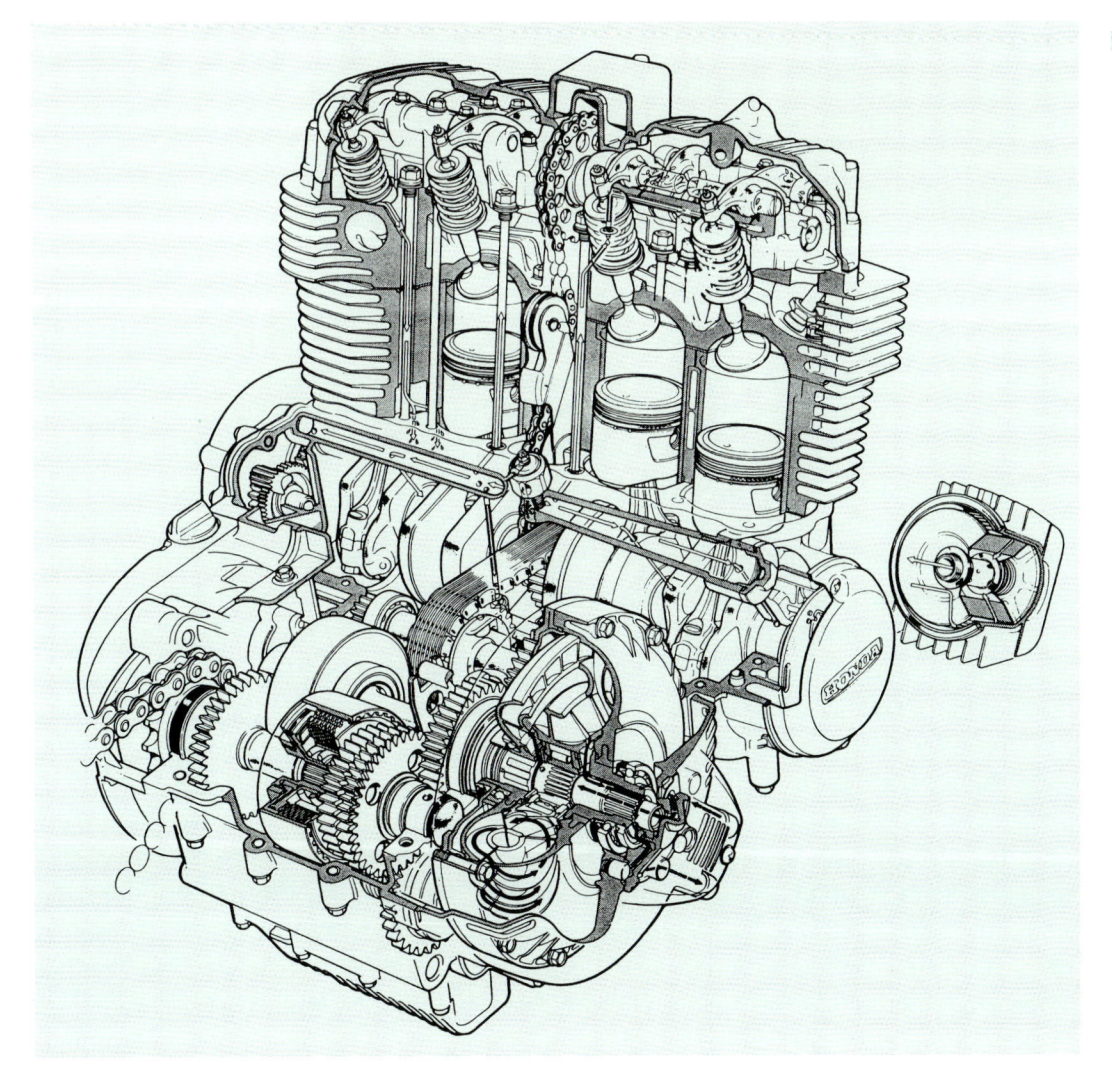

Der Automatik-Motor in der Schnittzeichnung – enorme Detailarbeit war notwendig, um die Abmessungen des Kurbel-Gehäuses beizubehalten – Honda verzichtete auf separate Ölsorten – Motoröl allein genügte.

Honda CB 750

Unterhalb des Fußschalt-Hebels ragte der Stumpf der Kickstarterwelle hervor, worauf der mitgeführte Kickstarter-Arm aufgesteckt werden konnte.

waren für dieses Motorrad relativ schlecht: von 0 – 60 mph (96,54 km/h) vergingen zehn Sekunden; für die Viertel-Meile (gemessen aus dem Stand) benötigte sie 15,86 Sekunden und war dann 145,7 km/h schnell. Eine CB 750 F 1 schaffte das in 13,52 Sekunden bei 157,05 km/h. Die Zeitschrift *Cycle Test* ließ im Mai 1976 eine Chevrolet Corvette (mit Viergang-Handschaltung) gegen die Honda CB 750 Four Automatik antreten; im Sprint über die Quartermile konnte der amerikanische Sportwagen der Honda nicht einen Meter davonfahren. Der Testbericht schloß mit den Worten: »Diese Honda ist trotz Automatik schnell genug, um jede Situation zu meistern«.

Die 1977er Modellgeneration durcheilte die 402,25 Meter dank der etwas kürzer ausgelegten Übersetzung in 15,62 Sekunden; die Höchstgeschwindigkeit betrug 162,51 km/h bei 7.610/min und wurde nach 29 Sekunden erreicht. Am Rahmen sind erhebliche Modifikationen zu registrieren; nur der Radstand blieb mit 1480 mm unangetastet. Von allen CB 750er Four-Modellen hatte diese 750er Hondamatic den steilsten Lenkkopfwinkel: 61.5° führte das Vorderrad näher an den Motor heran. Ab dem 1977er Baujahr korrigierte Honda die Maße: 62.5° glich die Geometrie wieder der anderen Serienmodelle an. Eine besonders angenehme Überraschung bot sich nach Abnahme des Tanks, Honda führte die oberhalb des Motors verlaufenden Rahmenrohre näher an das Rahmenhauptrohr heran. Durch diese einfache konstruktive Änderung konnte bei der CB 750 Four Automatik der Ventildeckel ohne des Ausbau des Motors abgenommen und Nockenwelle samt Lagerböcken demontiert oder gewartet werden. Warum nur die Automatikausführung in den Genuß dieser Erleichterung, welche sich alle anderen Fourbesitzer sehnlichst gewünscht hatten, kam, wird wohl Firmengeheimnis bleiben.

Das Fahrwerk

Honda verwirklichte eine Vielzahl von neuen Ideen und Lösungen. Ein gutes Beispiel dafür war die »automatische« Neutralstellung, sobald der Seitenständer betätigt wurde. Eine über Kugelkopfgelenke mit dem Seitenständer und der Fußschalthebel-Mechanik verbundene

Spurstange rückte beim Herausklappen des Seitenständers die Fahrstufen-Positionen selbsttätig in die Neutral-Stellung. Ferner verhinderte diese Lösung ein versehentliches Schalten und Anfahren, solange der Seitenständer nicht zurückgeklappt war.

Erstmals installierte Honda an einem Motorrad serienmäßig eine »Parkbremse«: Über einen Zugknopf links unterhalb des Tanks wurde das im Bremspedalgehäuse untergebrachte, federbelastete Ratschengetriebe aktiviert: Sobald dann die Fußbremse niedergedrückt wurde, hielt die innere Verzahnung dieses Getriebes das Pedal unten (»Ein-Wege-Funktion«), das Hinterrad wurde blockiert. Die Betätigung wurde optisch durch die rote »Parking« Kontrolleuchte im rechten Kombi-Instrument angezeigt. Die Entspannung der Feststellbremse geschah in umgekehrter Reihenfolge: Hineindrücken des Bremsknopfs und Betätigen des (in Bremshaltung verbliebenen) Bremspedals zur Freigabe der eingerasteten Zahnklinke; eine Rückholfeder stellte das Pedal in seine Ausgangsstellung zurück.

Viele andere Teile des Automatikmodells entsprangen dem Baukastenprinzip: die bis 1977 montierten Leichtmetall-Felgen waren von der GL 1000 entliehen, sie sparten Gewicht und erhöhten den Fahrkomfort. Die Bereifung stellte Dunlop in den Größen 3.50-19 (vorn) und 4.50-17 (hinten), womit das Hinterrad der Automatik um einen Zoll kleiner ausfiel als bei den beiden anderen CB 750-Schwestermodellen. Am letzten Modell dieser Serie, 1978 angeboten, wurden ComStar-Verbundräder montiert. Das hintere Kettenrad, die Sekundärkette, die Radnabe stammten von der K6 und die hydraulischen Federelemente von der F1, wobei Honda durch schräger montierte Dämpfer den Federweg der Hinterrad-Schwinge von 86,3 mm (F1) um fünf Millimeter verlängerte. Die Sitzbank (»das bequemste, was sich amerikanische Fahrer vorstellen können«, wie *Cycle World* schrieb) hatte hinten einen stabilen Beifahrer-Haltebügel im Stil der BMW R/7-Serie.

Mit 19,5 Litern übertraf das Fassungsvermögen des Tanks sogar das bauchige Spritfaß der CB 750 K7.

Trotz der als wenig sparsam geltenden Automatiktechnik mit ihren Komponenten, der hochkomplexen Vergaseranlage, den einzuhaltenden Emissionswerten und einem hohen Gewicht der Maschine von 262 kg lag der Durchschnittsverbrauch – amerikanische Geschwindigkeitsbeschränkungen zugrunde gelegt – bei fünfeinhalb Liter pro 100 Kilometer. Mit einer Tankfüllung kam man 340 Kilometer weit.

Die Ausstattung

In den beiden Rundinstrumenten vermutete man – wie bei allen größeren Honda-Motorrädern – die Drehzahl- und Geschwindigkeitsangabe. Für den links montierten Tachometer traf diese Annahme zu: er gab durch weiße Skalenwerte auf dunkelgrünem Grund die Geschwindigkeit sowohl in Meilen als auch, für Japan vorgeschrieben, in Kilometern an. Im rechts daneben liegenden Rundgehäuse fanden sich hingegen ganz andere Anzeigen. Neben den Kontrolleuchten im oberen Instrumentenfeld für Öldruck, Fernlicht, und der »Parking«-Bremse zeigte das von Nippon Seiki entwickelte Instrument in der Mitte die jeweils eingelegten Fahrstufen an. Optisch unübersehbar leuchtete bis zum Baujahr 1977 entweder ein »N«, »L« oder »D« auf. Für das zuletzt produzierte Automatikmodell (1978) wurde die Fahrstufen mit »1« und »2« angezeigt, die Neutralmarkierung blieb unverändert. Im unteren Instrumentenbereich teilten sich die beiden Blinkkontroll-Leuchten den Platz mit der Benzinanzeige. Sie blieb von allen 750er Fourmodellen nur der Automatikausführung vorbehalten und machte eine entsprechende Aufrüstung des Tanks erforderlich.

Ab dem Modelljahr 1976 standen die ersten CB 750 Four mit dem Zusatz »Hondamatic«, beginnend mit der Rahmennummer CB750A-7000001 und der Motornummer CB750AE-7000001 den amerikanischen und kanadischen Händlern zur Verfügung. Die Farbauswahl ließ nur die Alternative zwischen »muscat green metallic« und »candy antares red«, zwei gedeckten Farbtönen.

Doch trotz aller Detailarbeit gelang mit diesem Motorrad nicht der erhoffte Durchbruch. Gemessen an der verkauften Stückzahl zählt sie zu den seltenen Serienmaschinen innerhalb der CB 750er Four-Familie. Lediglich 7.331 Maschinen fanden 1976 einen Automati-

Honda CB 750

Die zweistufige Sitzbank und ein hoher Lenker sollten für ein entspanntes Fortkommen sorgen – die unzähligen Chrom- und polierten Leichtmetall-Teile für zeitlose Eleganz.

kliebhaber; von den Motoren produzierte Honda insgesamt 7405 Einheiten. 1977 spendierte ihr Honda zugunsten eines symmetrischen Aussehens eine Vier-in-Zwei Auspuffanlage und nahm Modellpflege vor. Goldene Zierstreifen am Tank und an den Seitendeckel auf den Candylasuren »sword blue« oder »presto red« angebracht gaben der Maschine ein ansprechendes, ausgereiftes Erscheinungsbild. Der Absatz stieg durch den hinzukommenen Verkauf in Japan um 44 % auf 10.560 Motorräder (von CBA-7100001-7110562) an.

Obwohl die Hondamatic mit 2.196 nur zehn Dollar teurer war als die CB 750 F Super Sport blieb die A eine Außenseiterin. Das Abschiedsmodell 1978, beginnend mit der Rahmennumer CB 750A-7200001 wurde in den Candyfarben »alpha red« und »polaris blue« ausgeliefert und trug die neue »two-station« Sitzbank. Wieviel Maschinen von ihr verkauft werden konnten, bleibt im Dunkeln. Die Angaben zur Stückzahl schwanken zwischen zwanzig- und dreißigtausend.

Die Testberichte fielen unterschiedlich aus, die Palette reichte von rückhaltloser Begeisterung bis hin zur verhaltenen Ablehnung. Wer sich erst einmal an den fehlenden Kupplungshebel gewöhnt hatte, wollte sie im Stadtverkehr nicht missen. Einfach in der Bedienung und Handhabung konnte sie sich ohne schleifende Kupplung durch jede »rush-hour« auf die Highways schlängeln. Bei der Ausflugsfahrt mit zwei Personen litt sie dagegen stark unter Leistungsmangel und zählte dann nicht mehr zur ersten Wahl – da griffen selbst die schaltfaulsten Amerikaner lieber zum »Original«. Zu lange benötigte der Wandler, um Leistung aufzubauen und so etwas wie Schub zu vermitteln – mit diesem Vierzylinder verband man andere Erwartungen.

Unter der Lupe

Die »anderen« Hondas: die Four-in-One-Modelle

Blickpunkt Europa: die CB 750 Supersport/F1

Bereits Anfang 1974 häuften sich die Stimmen, die nach mehr Leistung und sportlicher Optik verlangten; dazu gesellten sich unzählige Tuningexperimente aus allen Teilen der Welt. Häufig trugen diese »Fremdmaschinen« (Soichiro Honda) eine Vier-in-eins-Auspuffanlage. Der Entschluß, »dies selbst anzubieten« war nur noch eine Frage der Zeit. Die symmetrisch ausgelegte »Four« galt bei den Marktstrategen und den Kunden längst nicht mehr als »Cafe-Racer-Symbol«, diese Rolle sollte die neue Modellreihe »als sportliche Variante eines bekannten Themas« übernehmen. Allerdings sollte sich das nicht nur auf die 750er Reihe beschränken, Honda wollte diese Idee ebenso bei der CB 400 Four wie auch bei der CB 550 Four verwirklicht sehen.

Die eigenständige »Honda-Dream-Sport-Linie«, wie sie zuerst intern getauft wurde, war allerdings nicht so sportlich, wie sie hätte sein können, Honda sah in dem künftigen Sportler einen Ersatz für die bisherige K-Typen. Die Tourenfahrer und Liebhaber schwerer Maschinen sollten, so die Absicht, auf die GL 1000 Gold Wing umsteigen. Um keine Marktanteile bei der Umstellung auf die F-Reihe zu verlieren, entschloß man sich dazu, die Käuferreaktionen abzuwarten und die bekannte Four parallel weiter zu produzieren.

Die F1, so ihr offizieller Name, war das einzige Modell der 750er Reihe, das Honda speziell für den europäischen Markt entwickelte, bei der F2-Entwicklung hingegen spielten amerikanische Wünsche eine Rolle. Der Zusatzbezeichnung »Super Sport« sollte die Four-in-One in Beschleunigung und Optik gerecht werden. Ersteres erreichte Honda durch relativ einfache Maßnahmen, wobei die unverwüstliche und standfeste Grundkonstruktion des Motors (der auch in der F1-Version nicht mehr als 67 PS leistete) eine Vielzahl von Ansatzmöglichkeiten bot.

1975 erschienen mit dem Modellcode CB 750 F die

»Four in one« war das Motto der neuen 750 cm^3 Sport-Generation.

ersten Vertreter des neuen Zeitalters. Nur für eine kurze Übergangszeit von ein paar Monaten trug die Maschine noch nicht das »Supersport«-Signet am Tank, bis sie durch die F1 abgelöst wurde. Honda gab unterschiedliche Rahmen- und Motorseriennummern für die erste Serie an, was die eindeutige Zuordnung erschwert. Von der F0 wurden, beginnend mit der Rahmennummer CB 750F 1000002, lediglich 15 054 Maschinen produziert. Sie waren ausschließlich für die USA bestimmt.

Alle Motorräder ab der Rahmennummer CB 750 F 1015055 gehörten bereits zur modifizierten F1-Serie, da Honda die Rahmennummern anfänglich einfach fortschrieb. Erst mit dem Modelljahr 1976 erhielt auch die US-F1 (CB 750F´76 750 Super Sport) eine eigenständige Rahmennummer, beginnend mit CB750F 2000003. Leicht fällt dagegen die Identifikation anhand der Mo-

Honda CB 750

Planerische Vorstellungen der Research & Development Tochtergesellschaft vom künftigen Sportler.

tornummer. Sie begann mit CB750FE 2500004 und setzte sich über beide Serien durchgängig fort.

Trotz großer Werbeanstregungen und positiver Testberichte blieb der Absatz hinter den Erwartungen zurück. In den ersten beiden Jahren wurden in zwei Jahren lediglich 63.530 Einheiten verkauft (F0 und F1 zusammen), – obwohl – wie viele meinen, der Ansatz richtig war. Die »Supersport« kostete DM 7.198,–.

Modellpflege im Detail: die Technik

Eine effizientere Abgasführung erreichten die Techniker durch die geänderte Krümmeraufnahme am Zylinder-

So leicht und grazil geriet sie dann doch nicht, obwohl dieser Entwurf der späteren »F"«-Maschine schon sehr ähnlich.

kopf. Gehalten von Stehbolzen, rückte der Krümmeranfang näher an die Auslaßseite des modifizierten Leichtmetallkopfes heran – die gleiche Anordnung, wie sie später von der Honda CB 750 Four K7 übernommen wurde. Die Steuerzeiten der Nockenwelle blieben einlaßseitige unverändert, auf der Auslaßseite schlossen die Ventile durch die modifizierte Nockenwelle fünf Grad später als bisher (35 Grad nach unterem Totpunkt). Alle weiteren Einstellwerte blieben, wie die komplette Vergaseranlage mit einem Saugrohr-Durchmesser von 28 Millimeter, vorerst unangetastet. Keihin fügte in die Zinkdruckgehäuse der Vergaser lediglich eine weitere Querbohrung hinzu; sie führte zu einem höheren Luftdurchsatz im Leerlaufbetrieb. Die Bedüsung entsprach der der K6, neue Kolben erhöhten die Verdichtung auf 9,2 : 1.

Besonderes Augenmerk richtete man auf die Überarbeitung der Zylinderkopfdichtung. Mit einer teflonartigen Beschichtung versehen, wurde sie vom japanischen Spezialisten für Rennmotoren-Dichtungen, der Firma Ishino, hergestellt. Das genügte, um eventuellen Leistungsverlusten durch schärfere Emissionswerte zu kompensieren.

Das innerhalb der ersten Super-Sport-Serie gleich zweimal geänderte Kurbelgehäuse hatte mit Leistungssteigerung nichts zu tun. Die erste Überarbeitung diente dem Wegfall der Primärketten-Schmierung und aller damit verbundenen Teile und Bohrungen. Die zweite Modifikation (ab Motornummer 2559015) beinhaltete eine breitere Auflagefläche der Antriebswelle und ihrer Lager.

Honda stattete die neue Generation – wie später die K7 – mit einem Ölabscheider aus und führte die gefilterten Motorgase in den Ansaugtrakt des Motors zurück. Das merklich angewachsene Luftfiltergehäuse samt der größer gewordenen Ansaugöffnung war ein untrügliches Indiz für die mobilisierte Mehrleistung – was manchen leistungshungrigen K-Fahrer dazu veranlaßte, den Luftfilterkasten seiner Four aufzuschneiden, um die Einlaßöffnung zu vergrößern. Die erhoffte Mehrleistung stellte sich so allerdings nicht ein.

Der F1-Motor erhielt den knapper untersetzten Primärantrieb der späteren K7-Baureihe. Das Endantriebs-

Unter der Lupe

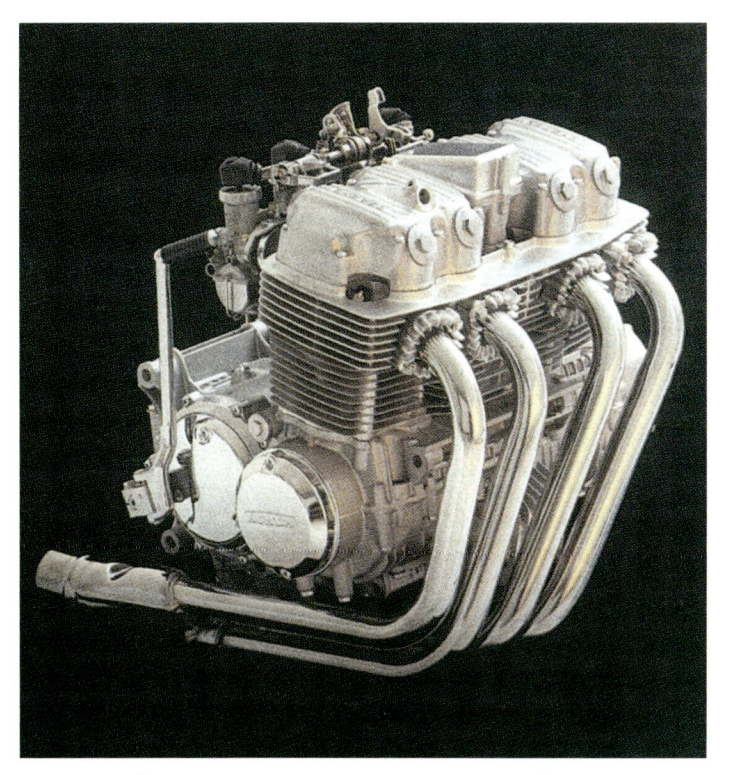

Der sanft überarbeitete Vierzylinder – neue Krümmerbefestigung durch Stehbolzen, andere Kolben und geänderte Steuerzeiten.

und die Gangstufen sind so ideal aufeinander abgestimmt, daß die Schaltvorgänge auch ohne Kupplungsbetätigung absolviert werden können«. Die Zeitschrift *Motorrad* schrieb in Heft 16/1975: »Wenn alle Testmaschinen von irgendwelchen Mucken geplagt wurden, die Honda CB 750 F lief – selbst bei kärglichster Pflege – über 40.000 Kilometer: ein Muster an Zuverlässigkeit, Kultur und tadellosem Benehmen.«

Amerikanische Tester-Kollegen hoben besonders auf die geänderte Leistungskurve des Motors ab und die Engländer experimentierten im Extrembereich: Sie rissen bei 2000/min die Gasschieber voll auf und freuten sich, daß der Motor sofort und ohne zu Verschlucken ansprach. Beeindruckend war das willige Hochdrehen des Vierzylinders – erst bci 10.000/min war Schluß. F.-J. Schermer staunte: »Selbst im fünften Gang mit aufrecht sitzenden Fahrer waren noch Drehzahlen um die 8000/min jederzeit möglich und auch an langen Steigungen fiel der Drehzahlmesser nicht unter 7500/min ab.«

Wer allerdings auch eine gestiegene Höchstgeschwindigkeit erwartete, sah sich enttäuscht. Spätestens hier machte sich das geänderte Übersetzungsverhältnis be-

zahnrad der Nebenwelle wurde von 48 Zähne auf 43 Zähne, das Zahnrad der Endantriebswelle von 56 auf 50 Zähne zurückgenommen. Ferner änderte Honda die Übersetzung im vierten Gang auf der Hauptwelle (von 31 auf 30 Zähne) und im fünften Gang auf der Nebenwelle (von 31 auf 32 Zähne), um den Anschluß der Gangstufen zu verbessern. Die Endübersetzung mit 2,82 wurde durch ein 17er Ritzel am Getriebeausgang erreicht – im Vergleich zur bisherigen Serie (2,67) eine deutlich kürzere Übersetzung. Die Sekundärkette, eine einfache Rollenkette, wurde auf 102 Glieder verlängert. Damit wären die vorgenommenen Motormodifikationen bei Serienstart schon benannt, eine Modellpflege, analog zur K6, wurde später im Bereich von Getriebe und Schaltelementen vorgenommen.

In Testberichten erntete die Maschine viel Lob, Testfahrer Franz Josef Schermer fragte sich, warum Honda überhaupt noch eine Kupplung verbaue: »Das Getriebe

Die desmodromische Betätigung der 28mm-Keihin-Vergaser.

Honda CB 750

merkbar. In der Beschleunigung von 0-100 km/h blieb die F1 mit 0,10 Sekunden über der magischen Grenze von fünf Sekunden. Die Suzuki GT 750 zeigte mit 4,9 Sekunden, was in der Dreiviertelliterklasse mittlerweile möglich war. Nur in der Elastizitätsmessung (50-150 km/h im fünften Gang) verteidigte die Honda mit 26 Sekunden (Suzuki 29 Sek.) den alten Spitzenplatz des Vierzylinders. Die gern genutzte Drehfreudigkeit des Motors, die geänderte Übersetzung und das Gewicht schraubten den Benzinverbrauch in die Höhe. Keine andere 750er Four war so durstig: 8,9 Liter verbrannte sie bei Tempo 130 auf der Autobahn. 9,5 Liter waren es bei 150 km/h und selbst bei Landstraßentempo (90 km/h) lag sie mit 7,8 Litern noch um rund zwei Liter über einer BMW

Schlank und abgespeckt wirkte die neue Linie – die erste Generation »F0« genannt, trug noch nicht die Bezeichnung »Super Sport« am Tank.

Die Schokoladen-Seite der neuen Silhouette – das Motorrad war »ein Muster an Zuverlässigkeit, Kultur und Benehmen« schrieb »Motorrad«.

Unter der Lupe

Für die gewöhnungsbedürftige Optik war die unsymmetrische Auspuff-Anlage wesentlich verantwortlich.

R 75/6. Selbst bei extremer Bummelfahrt war der Verbrauch nicht unter die Sechs-Liter-Marke zu drücken. Die Höchstgeschwindigkeit wurde mit 193,5 km/h bei einer Drehzahl von 8190/min gemessen (solo, langliegend). Eine deutsche CB 750 Four K6 – mit angeblich nur 63 PS – war mit 194,3 km/h bei 7963/min schneller.

Modellpflege im Detail: die Ausstattung

In der Optik der CB 400 F Supersport ähnlich, wirkte die F1 deutlich schlanker und kompakter. Auffälligstes Merkmal war die neue Auspuffanlage, an der sich die Geister schieden. Doch ob sie nun gefiel oder nicht: Gewöhnungsbedürftig war sie in jedem Fall – und sorgte für ein besseres Drehmoment in mittleren und unteren Drehzahlbereichen. Die Anlage selbst bestand aus vier Ein-

Honda CB 750

»Unbekleidet« und »nackt« beschrieben die amerikanischen Testberichte die linke Seite, welche am Anfang viele Zugeständnisse erforderte.

Scheibenbremsanlage mit Sichtfenster am Hinterrad und der neue, konisch zulaufende Schalldämpfer.

zelteilen und war daher kostengünstiger in der Produktion. Der Gewichtsvorteil gegenüber einer K-Anlage war allerdings nicht gewaltig, zumal es Honda nicht vermochte, diesen Vorteil konsequent umzusetzen: Dieser Supersportler mit Übergewicht schob 247 kg auf die Waage, eine bullige BMW R 75/6 brachte es nur auf 220 kg.

Amerikanische Motorradtester, und nicht nur diese, hatten mit der rechtsseitig verlegten Auspuffanlage ihre Schwierigkeiten: Honda habe auf der linken Seite wohl »etwas vergessen«, vermuteten sie, und der neu geformte, verchromte Kettenschutz bildete nur für einen schwachen Ersatz für die auf der linken Seite fehlenden Chromrohre. Der lange, schmale Tank faßte 17 Liter

Unter der Lupe

Die praktische Seite blieb erhalten – Ablagefach unter der bequemen Sitzbank, neue Kontrolleuchten-Konsole und das Lenk/Zündschloß zwischen den Instrumenten.

Modellpflege im Detail: das Fahrwerk

Honda vergrößerte den Nachlauf von 95 mm auf 119 mm und änderte den Lenkwinkel von 63° auf 61.10°, was das Handling nicht verschlechterte, aber die Richtungsstabilität deutlich verbesserte. Die Vorderradgabel wurde komplett überarbeitet und begeisterte nun auch kritische deutsche Motorradtester. Zusammen mit den speziell für europäische Verhältnisse weiterentwickelten Hinterrad-Federbeinen schien die neue Honda das Klassenziel erreicht zu haben.

(einschließlich fünf Litern Reserve), völlig neu war der Heckbereich mit Kunststoff-Bürzel, der die Rücklichteinheit wie auch ein praktisches Staufach aufnahm. Die Sitzbank wurde in der Form und Polsterung weicher und bequemer, dank der neuen Auspuffanlage konnten die hinteren Fußrasten für Mitfahrer günstiger angebracht werden. Das hintere Schutzblech bestand komplett aus Kunststoff, das sparte Gewicht, war günstiger herzustellen und konnte nicht rosten.

Fröhlich-bunt war die Farbpalette, die Honda für die neue Super-Sport angemischt hatte: ein sonniges »flake sunrise orange« oder ein »candy sapphire blue«; bei der bekannteren F1 konnte zwischen »sulfur yellow« oder »candy antares red« gewählt werden.

Angenehm und praktisch zugleich war das kombinierte Zünd- und Lenkschloß in der Lenkerkonsole; der Scheinwerfer war in einem speziellen Bügelhalter – ähnlich wie bei den Modellen 250 und 350 G – befestigt, die von der Gold Wing übernommenen Blinker saß auf separaten Auslegern. Zum wiederholten Male lobten amerikanische Motorradzeitschriften Verkabelung und elektrische Ausstattung als mustergültig.

Mustergültig war auch das Fahrverhalten der Four-in-One.

Schlank und sportlich mit neuem Heck – aus dieser Perspektive weist nichts auf einen Vierzylinder-Motor hin.

Honda CB 750

Die Choke-Betätigung erfolgte noch direkt an dem linken Vergaser.

Blickpunkt USA: CB 750 F2 Supersport

Obwohl die ersten beiden F-Serien die Verkaufserwartungen nicht erfüllten, war Honda nicht bereit, diese Modellreihe einfach wieder einzustellen. Konstruktiv bot der Motor noch genügend Spielraum für eine weitere Leistungsanhebung, ohne daß dies durch geringere Zuverlässigkeit erkauft werden mußte. Klarer und deutlicher sollte sich die neue Honda vom Tourenmodell unterscheiden und vor allem die amerikanischen Wünsche berücksichtigen. Ähnlich wie die K2 wurde auch die F2 1977 weltweit, 1978 nur noch für Europa weitergebaut.

15000 F2 verkaufte Honda in den ersten neun Monaten nach Nordamerika, ein im Verhältnis der bisherigen Stückzahlen eher enttäuschendes Ergebnis. Die Festlegung der Rahmen- und Motornummer für das amerikanische und kanadische Modell erfolgte nach dem bis-

Am Hinterrad verrichtete nun auch eine hydraulisch arbeitende Scheibenbremse ihren Dienst. Im Vergleich zu ihrem Pedant am Vorderrad fiel die effektive Bremsfläche der Scheibe um zehn Quadratzentimeter kleiner aus, der Bremssattel war schwimmend gelagert. Mechanik und Hauptbremszylinder fanden hinter einem vierfach am Rahmen verschraubten, massiven Leichtmetallwinkel Platz. Er diente gleichzeitig zur Aufnahme des Fußbremshebels. Im Vergleich zur früheren Trommelbremse ließ sie sich, so zumindest nach Meinung einiger Tester, nicht mehr ganz so gut dosieren. Die modifizierte Hinterradnabe nahm die aus Edelstahl gefertigte Scheibe durch selbstsichernde Muttern auf. Bei der Einstellung der Kettenspannung oder Demontage des Drahtspeichenrades blieb es bei den gewohnten Handgriffen.

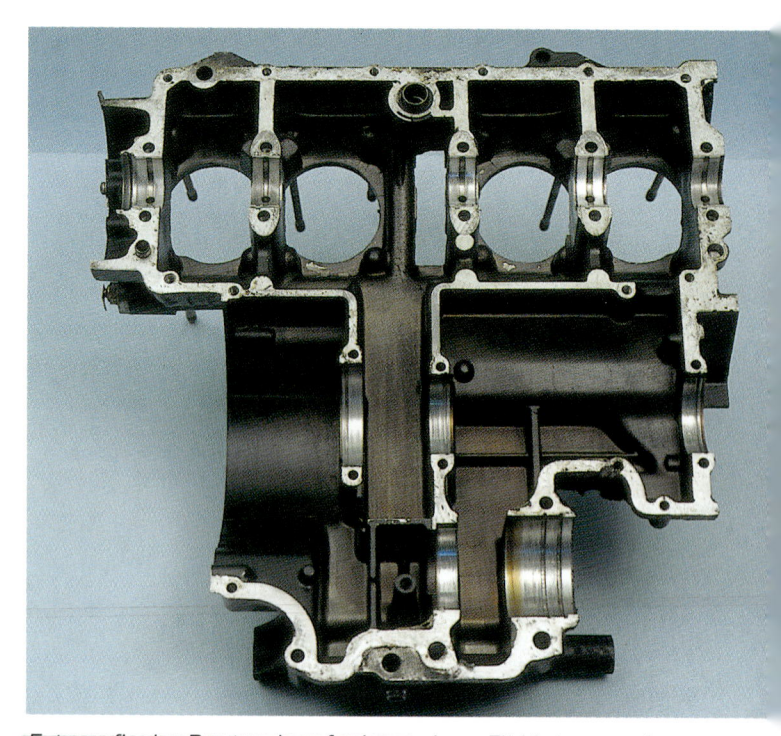

Fotografische Bestandsaufnahme eines FII-Motors nach 150.000 km – trotz gestiegener, technischer Belastung blieb die unverwüstliche Konstruktion richtungsweisend und gegenüber einer K0 von 1969 kaum nennenswert verändert.

Unter der Lupe

Im Blickfeld des Fahrers der schnellsten Honda 750 cm³ OHC begann das rote Feld des Drehzahlmessers bei 9500/U; doch der Motor drehte noch höher.

Die Lagerung des Endantriebs deutlich verstärkt und durch zusätzliche Schrauben besser im Kurbelgehäuse fixiert.

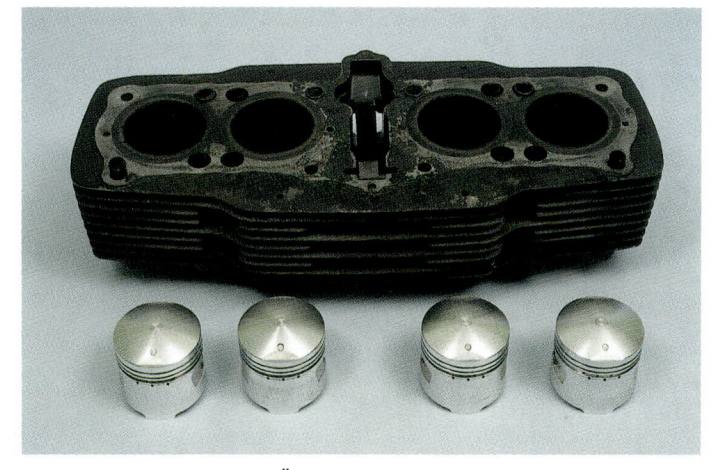

F II-Kolben mit erstem Übermaß von 0,25 und standfester Zylinderbank.

herigen Fortschreibungssystem; beginnend bei der Seriennummer CB750F-2100011- für den Rahmen und CB750E-2600014- für den Motor. Alle anderen Abnehmerländer und zum Teil die »General-Export-Versionen« erhielten eine andere Identifizierung. Die Engländer waren die ersten Empfänger der neuen F2, beginnend mit der Rahmennummer CB750G-1000014 – und der Motornummer B750GE-1000014. Da Honda aber auch »europäische Motornummern« in Rahmen mit der Nummer »CB 750 F...« einbauten (und umgekehrt), läßt sich die Gesamtfertigung nicht mehr zweifelsfrei ermitteln. Die Aufzeichnungen reichen von vierzig- bis zu sechzigtausend gebauten Maschinen dieses Typs. Zieht man alle durchgeführten Änderungen ins Kalkül, so stand mit der Honda CB 750 F2 die technisch interessanteste, (optisch) sportlichste, aber auch schwerste OHC-Four in den Schaufenstern.

Modellpflege im Detail: die Technik

Ausgangspunkt der bei R&D mit Computerhilfe entwickelten Supersport-Neuauflage bildete der K7-Motor und die für den Renneinsatz entwickelten Spezialteile. Trotz der sechs Mehr-PS, die bei 9000/min zur Verfügung standen, mußten nur wenige Teile der höheren Belastung angepaßt werden. Größere Ventile (Einlaß 34 mm, Auslaß 31 mm) und ein Polieren der Kanäle verbesserten den Gasdurchsatz, Modifikationen an den

Honda CB 750

Ovalere Ausschnitte der Brennräume, um Platz für die größeren Ventilteller zu schaffen, größere Dicht- und Auflagenfläche – kürzere Gaswege.

Eine Nockenwelle genügte – auch für schwindelerregende Drehzahlen ohne schwerwiegende Folgen.

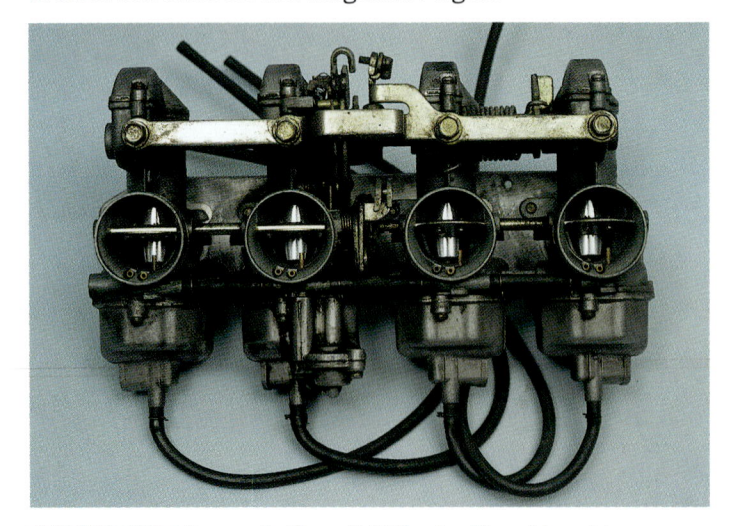

15.150 Liter Brennstoff – mit Hilfe der Beschleunigerpumpe am zweiten Vergaser unten – durchgeblasen; sie entsprach nur noch vom Prinzip der ersten Keihin-Anlage.

Brennräumen die Verwirbelung des zündfähigen Gemischs. Die Querschnitte der zwischen den Vergasern und Zylinderkopf angebrachten Verbindungsgummis vergrößerte sich um zwei Millimeter; Nockenwelle und Steuerzeiten entsprachen dem K7-Motor, Honda beschränkte sich auf eine stärkere Steuerkette und eine speziell gehärtete Nockenwelle. Um bei höheren Drehzahlen die gewohnte Zuverlässigkeit zu erhalten, wurden die Ventilfedern verstärkt und Federteller, Federsitze sowie Ventilkeile vergrößert. Durch diese Maßnahmen sank die Überdrehfestigkeit des Motors, wer den Motor in den roten Bereich (der bei 9500/min begann) jubeln ließ – was die Maschine problemlos zuließ – riskierte Ventil- und Kolbenschäden.

Weitere Motor-Modifikationen betrafen Abdichtung der Stehbolzen-Bohrungen an der Zylinder-Oberseite, die Verwendung einer Zylinderkopfdichtung, die den Kopf auf dem Zylinder regelrecht festklebte sowie eine auf 9,0:1 zurückgenommene Verdichtung, eine Folge der leichteren Kolben mit etwas geringerer Kompressionshöhe und geänderten Ringen. In der unteren Etage reichten verstärkte Pleulfuß-Schrauben und Gleitlagerschalen mit einer härteren Beschichtung aus, um den Motor für eine hochtourige Fahrweise zu wappnen. Die Kupplung konnte unverändert beibehalten werden, lediglich die Kupplungsfedern wurden in ihrer Kennrate von 99,8 kg auf 109,8 kg angehoben.

Zusätzliche Kühlrippen am Kurbelgehäuse sowie eine tiefer verrippte Ölwanne erhöhten die Wärmeabfuhr; zwischen Motorgehäuse und Ölfilter installierten die Techniker zusätzlich ein sternförmiges, mit vielen Kühlrippen versehenes Leichtmetallstück. Bei Händlerschulungen wurde dieses Teil als »Ölkühler« bezeichnet. Ebenfalls aus thermischen Gründen wurde der Vierzylinder mattschwarz lackiert.

Das Getrieberitzel blieb mit 15 Zähnen für England, Frankreich und Deutschland im Vergleich zur K7 unverändert, die FII für alle anderen Länder waren mit 14 Zähnen etwas knapper übersetzt. Bei allen Versionen gleich war das Kettenblatt mit 43 Zähnen, zwei mehr als bei der K7. Die Vergaseranlage stammte vom tourentauglichen Schwestermodell; modifizierte Schieber, Nadeln und

Unter der Lupe

Die »größte« Four zählte zu den schönsten Maschinen der OHC-Generation – zeitlos und mit qualitativ kaum zu übertreffenden Feinschliff.

Ein Traum von einem Motorrad mit gelungener, sportlicher »Verpackung«.

Führungen sorgten bei einem unveränderten Saugrohr-Durchmesser von 28 mm auch unter ungünstigsten Druckverhältnissen für ein noch rascheres Ansprechverhalten.

Änderungen gab es an der Vier-in-eins-Anlage. Die verchromten, doppelwandigen Krümmer führten wieder symmetrisch bis unter das Kurbelgehäuse, der Sammler führte die Anlage näher an den Rahmen heran und ermöglichte einen wesentlich harmonischeren Verlauf. Das voluminöse Dämpferrohr mit angeschweißtem, schwarzen Endstück war, sehr zum Erstaunen der amerikanischen Testfahrer, mit 80,6 Dezibel beinahe so laut wie die alten Vierzylinder und um 2,6 db lauter als die F1. In deutschen Kraftfahrzeugpapieren standen 79 db Stand- und 84 db Fahrgeräusch.

Ihrem Namen »Super Sport« wurde die neue Honda auch im Sprintvermögen gerecht. Sie beschleunigte in 4,8 Sekunden von 0 auf 100 km/h. Die magische Fünf-Sekunden-Grenze unterboten 1977 nur ganz wenige Motorräder. »Echte« 160 km/h waren nach sieben weiteren

Honda CB 750

»Schnell, fern, gut« betitelten sie die englischen Testberichte – *»aufregend und treu«* die Amerikaner.

getankt 253 kg schwer, für einen Sportler eindeutig zu viel. Die gleichschwere Suzuki begnügte sich in dieser Disziplin mit 8,7 Liter, erreichte allerdings mit einem Maximalverbrauch von 12,4 Liter die Verbrauchswerte eines Mittelklassewagens. Obwohl Honda das Kunststück vollbrachte, durch geschickte Formgebung das Fassungsvermögen des langgezogenen Tanks auf 18 Liter zu erhöhen, war die Super Sport in ihrer Bewegungsfreiheit stark eingeschränkt. Bei vollem Leistungseinsatz zwang sie bereits nach 150, spätestens 175 Kilometer zum Halt an der Zapfsäule.

Sekunden zu vermelden; die von der Zeitschrift *Motorrad* ermittelte Höchstgeschwindigkeit blieb nur drei Kilometer unter der Schallmauer von 200 km/h. Von der Konkurrenz vermochte lediglich die Suzuki GS 750 mit der Honda mitzuhalten, allerdings konnte sie nur im Sprint überzeugen: nach 4,5 Sekunden waren 100 km/h erreicht, trotz eines Leistungsmankos von zehn PS. Die Leistungs- und Drehmomentkurve der Suzuki reichte dennoch nicht an die der Honda heran. Wo die Honda, insbesondere im Zweipersonenbetrieb, noch ruhig bis zur Höchstgeschwindigkeit durchzog, mußte bei der Suzuki bereits in den vierten Gang heruntergeschaltet werden, um den oberen Drehzahlbereich zu erklettern. Das war auch bei Gegenwind oder an Steigungen so, selbst bei Solofahrten: der fünfte Gang zog nicht mehr. Bei einem Autobahndurchschnitt von 130 km/h stellte die Honda F II einen weiteren Rekord auf: Sie sog 10,1 Liter Superbenzin auf 100 km durch die Vergaser, was allerdings nicht allein dem Motor angelastet werden konnte; von allen CB 750 Four mit Schaltgetriebe war die F II voll-

Modellpflege im Detail: das Fahrwerk

In der Rahmengeometrie beließen es die Ingenieure bei dem Nachlauf von 119 mm des Vormodells, nahmen allerdings den relativ steilen Lenkkopfwinkel der F1 (61° 10`) auf 62° 5` leicht zurück; der Radstand wuchs um zehn auf 1480 mm. Auffälligster Punkt an der gestreckten und schlanken Super Sport waren jedoch die neuen ComStar-Felgen, eine Verbundrad-Konstruktion, die die Verwendung von schlauchlosen Reifen erlaubte. Mit der neuen, nahtlos gezogenen Felgenkonstruktion aus Aluminium konnten die Reifen auch dann noch im Felgenbett gehalten werden, wenn der Luftdruck auf 0,3 bar abgesunken war. Die Speichen ersetzte Honda durch ausgestanzte Stahlblechplatten, welche wie die konventionelle Drahtspeiche die Felge mit der Nabe verbindet. Die Stahlblechspeiche wurde in der Radmitte durch zwei selbstsichernde Schrauben mit der Nabe verankert; das gegenüber liegende Speichenende bettete man in ein Kunststoffstück und vernietete es mit der Felgenrippe.

Unter der Lupe

Demontiert oder ausgetauscht werden konnte nur das komplette Verbundrad. Bei der Nabe griffen die Ingenieure auf die bisher verwendete Aluminiumlegierung zurück – sie wurde lediglich für die Aufnahmen der Stahlblech-Speichen modifiziert.

Ihre Qualitäten bewiesen die neuen Räder auf einer Honda RCB 941 bei den 24 Stunden von Spa-Francorchamps. Den Werksrennmaschinen von Honda gelang ein Doppelsieg und wurde auch den neuen Verbundrädern zugeschrieben.

Ihrem neuen Flaggschiff spendierten die Honda-Techniker eine Doppelscheiben-Bremsanlage am Vorderrad, wobei die Edelstahlscheiben einschließlich innerem Kranz und Nabenaufnahme aus einem Stück gefertigt waren. Die Scheiben selbst waren um zwei Millimeter dünner und im Durchmesser fünfzehn Millimeter kleiner und damit auch leichter als die bei der K7. Die Bremsanlage mit den neuen Bremssätteln stammte vom japanischen Hersteller Nissin und basierte auf Hinterrad-Bremsanlage der F1. Honda verlegte die Bremssättel di-

Die Weltpremiere – schlauchlose Reifen dank der Com Star Felge.

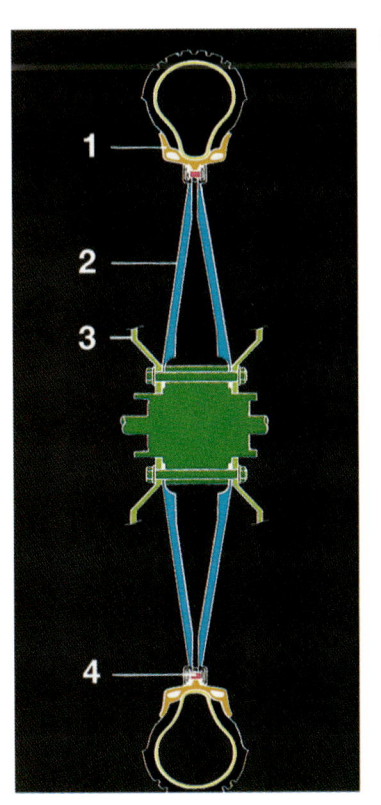

Aufbau des Verbund-Rades: Aluminium-Felgenbett (1), gehärtete Stahlblech-Speichen (2) Leichtmetall-Radnabe, (3) – durch Stahlnieten (4) verbunden.

rekt hinter die Standrohre. Gegenüber der CB 750 Four K7 erhöhte sich die nutzbare Bremsfläche um mehr als das Doppelte (2,28). Die Testfahrer von *Cycle Guide* bescheinigten der FII im März 1977, so wirkungsvoll zu verzögern wie noch keine Honda zuvor: Die Fuhre stand aus Tempo sechzig (in dem Fall handelte es sich um Meilen, was 96,56 km/h entspricht) bereits nach 40,64 Metern, drei Meter früher als eine F1. Speziell die Hinterradbremse, im Scheibendurchmesser mit 280 mm um zwei Zentimeter größer, ließ sich nun weicher dosieren und sprach nicht so giftig wie die des Vorgängermodells an. Der Bremsanker, welcher bei der F1 mit der vorderen Seite am Rahmen befestigt war, wurde direkt auf der Schwinge montiert; eine zusätzliche Kunststoffhaube sollte bei Regenfahrten das von der Scheibe aufgewirbelte Spritzwasser wie ein Schutzblech abfangen, um Fahrer sowie Beifahrer nicht unnötig der Nässe auszusetzen.

Auch die Hinterradfederung blieb bis auf die schwarz lackierten, äußeren Schraubenfedern unangetastet. Im Vergleich zur CB 750 K7 war sie selbst den Amerikanern

Honda CB 750

Kaum ein Teil, welches nicht im Detail überarbeitet wurde – auch die Auspuff-Anlage gelang im zweiten Anlauf wesentlich besser.

mit einem Federweg von 86,3 mm zu sportlich. Die »Tourenversion« bot dagegen mit 101,6 mm Dämpfungsweg den »spürbar« besseren Kompromiß im Abfangen von harten Stößen.

Modellpflege im Detail: die Ausstattung

Als die Amerikaner im Frühling 1977 in Las Vegas erstmals die FII zu Gesicht bekamen, waren sie von dem dezenten Kontrast, welchen diese Maschine ausstrahlte, begeistert. Mattschwarz gehaltene Einheiten standen im Gegensatz zu den zahlreichen eloxierten Leichtmetall- und Chromteilen.

Robuste Trägerteile aus poliertem Leichtmetallguß schmückten auf beiden Seiten das untere Rahmendreieck und nahmen die Fußrasten sowie das Bremspedal auf. Der hintere Bremsflüssigkeitsbehälter wurde, gut sichtbar, an einem Rahmenausläufer verschraubt; die Steckverbindungen des Kabelbaums wanderten in das Scheinwerfergehäuse. Wer die Doppelhupe das erste mal betätigte, erschrak. In Amerika stellte man fest, daß diese Honda selbst durch geschlossene Autoscheiben deutlich zu hören war. Das Vorderradschutzblech unterstrich den sportiven Charakter der neuen FII. Ohne zusätzliche Haltebügel vermittelt es optische Leichtigkeit. Die Befestigung an den Standrohren hätte vollauf genügt, zur Führung von Tachometerwelle und Bremsleitungen wurde dennoch eine kleine, umlaufende Strebe angebracht; der Tachometerantrieb wanderte auf die linke Seite. Der serienmäßige H4-Scheinwerfer und ein verchromter Lampenhalter vervollständigten die Ausstattung.

Als Farben standen »candy presto red«, »black« und für Europa zusätzlich »candy sword blue« zur Auswahl.

Die nicht optimale Schwerpunktlage artete beim Fahren durch eine kurvenreiche Strecke in ein umfangreiches Muskeltraining aus. Die Domäne der F2 war und blieb die schnelle Überbrückung von A nach B – zur Bewältigung weiterer Entfernungen grif-

Die rechte Seite hatte auch dazugewonnen und wirkte – wie das Motorrad – sehr elegant.

Unter der Lupe

Das europäische Abschiedsmodell einer »neuen Zeitrechnung im Motorradbau« (»Moto Cycle, Frankreich«).

fen die Amerikaner dagegen lieber auf die K7 zurück. *Cycle World* erklärte, warum: »Viele Fahrer ziehen die K7 der F2 vor. Sie wird dem Tourer-Anspruch eher gerecht als die FII ihrem Super-Sport-Versprechen und ist dadurch das bessere von zwei hervorragenden Motorrädern«. 1977 kostete die FII in Deutschland DM 6.766,– zuzüglich DM 142,– Auslieferungspauschale.

Die amerikanische Abschiedsserie: CB 750 FIII ('78) Super Sport

Für das zuletzt gefertigte OHC-Modell beließ es Honda, wie bei der CB 750 K8, im wesentlichen bei unveränderter Technik, Ausstattung und den Abmessungen. *Cycle World* fragte zehn Jahre später seine Leser nach der »schönsten« Four von Honda. Nach der unangefochten führenden K0 landete die F2 und die baugleiche FIII auf dem zweiten Platz, letztere in den USA und Kanada 57.915 Mal verkauft, beginnend mit der Rahmennummer CB750F-2200001 bis 2257915 – ein neuer Jahresrekord.

Honda führte bei diesem Modell die gleichen Änderungen im Vergasersystem, der Motorentlüftung und dem Zylinder durch wie bei der CB 750 Four K8. Überarbeitete Anlaufscheiben und damit geänderte Lagerung der Getriebewellen sorgte kurz nach Serienbeginn letztmals für ein neues Kurbelgehäuse.

Der Benzinhahn wurde mit einem leicht austauschbaren Filterelement ausgestattet, der Auspuffdämpfer erhielt eine bessere Halterung am geänderten Rahmen und Showa spendierte neue Hinterrad-Stoßdämpfer zum Abschied. Für das Super Sport Modell mit einer Nockenwelle standen nur noch zwei Farben zur Auswahl: das beliebte »candy presto red« und, dem Anlaß entsprechend, »black«. Die Farbe der Zifferblätter wechselte in eine dunkle Blautönung; ein Sicherheitsaufkleber warnte vor überhöhter Geschwindigkeit. Der Tank erhielt seitlich rote Streifen mit goldenen Zierlinien; die Seitendeckel einen Schriftzug im grafischen Design. Letztere waren so gelungen, daß die Zeitschrift *Motorcycle* nach Einstellung der Serie schrieb: »Ein Andenken zum Aufheben«.

Honda CB 750

Knapp verfehlt
Der inoffizielle Geschwindkeitsweltrekord

Die Verkaufserfolge der großen Honda-Serienmaschinen wären ohne deren prestigeträchtigen Rennerfolge kaum vorstellbar gewesen. Der Werbeslogan »aus dem Rennen in die Serie« war gar nicht so weit von der Wirklichkeit entfernt.

Aufmerksam registrierte man in Tokio die Reaktionen der Amerikaner auf den furiosen Sieg der CB 750 in Daytona. Die sprunghaft gestiegene Nachfrage (auch in den mittleren Hubraumklassen) bestätigten die Honda-Strategie, auf Rennerfolge und Rekordfahrten im Hauptabnehmerland USA zu setzen. Jetzt nahm Soichiro Honda eine ganz besonders prestigeträchtige Veranstaltung ins Visier: der Geschwindigkeitsweltrekord für Motorräder sollte von einer Honda aufgestellt werden.

Seit 1949 wurden in Saltlake City im amerikanischen Bundesstaat Utah Hochgeschwindigkeitsrennen auf einem ausgetrockneten, sich endlos ziehenden Salzsee ausgetragen. Der Testlauf, die »Bonneville National Speed Trial«, ist auf eine Strecke von elf Meilen (17,7 Kilometer) begrenzt. Die ersten fünf Meilen dienen der Beschleunigung, eine Meile für die Höchstgeschwindigkeit und weitere fünf Meilen für das Abbremsen des Fahrzeugs. 1970 stand der Rekord bei 428,177 km/h, aufgestellt von einer 1400er Harley-Davidson. Um in die endlose Liste der offiziellen Rekorde aufgenommen zu werden, wird die schnellste Zeit aus Hin- und Rückfahrt gewertet.

Schon seit den sechziger Jahren hatten die Rekordmaschinen nichts mehr mit einem herkömmlichen Motorrad zu tun. Spezialanfertigungen mit aerodynamischer Vollverkleidung gingen dort an den Start, Raketen auf Rädern, und eine solche entstand nun bei American Honda Motors, mit freundlicher Unter-

Das spartanische, enge Cockpit der »Hawk« mit dem Gasdrehgriff der CB 750 Serienproduktion.

Knapp verfehlt

Das Rekordfahrzeug, welches es »fast« geschafft hätte, kann heute im Honda-Museum in Tokio in Augenschein genommen werden.

stützung aus Japan. Geld spielte dabei keine Rolle, das Budget kannte kein Limit und führte zu einem Motorrad-Projektil mit der Projektbezeichnung »Streamliner«. 512 km/h sollten damit zu schaffen sein.

1971 wurden erste Details des entstehenden »Hawk« (Falke) veröffentlicht; der Rekordversuch sollte im Spätjahr stattfinden. Mit 6,53 Meter Länge und nur 0,63 Meter Breite erinnerte der »Falke« an eine zu groß geratene Gewehrkugel. Das Semi-Monocoque im Mittelteil des Chassis wurde durch Querwände aus Leichtmetall und Stahlbügel gehalten; die doppelte Außenhaut aus hauchdünnem Aluminium spannte sich, rot/weiß lackiert, über ein dünnes Rohrgerippe. Vor der Lackierung wurden alle Unebenheiten sorgfältig abgeschliffen und egalisiert - sogar die Schnellverschlüsse am unteren Rahmen zur Abnahme von Abdeckblechen waren versenkt. Das Einzelstück mit einem Radstand von vier Metern konnte durch eine Scheibenbremse am Hinterrad (dreißig Zentimeter Durchmesser) und zwei Bremsfallschirmen zum Stillstand gebracht werden.

Den Antrieb übernahmen zwei vor der Hinterachse plazierte Vierzylinder. Die erheblich modifizierten Aggregate, durch Turbolader gedopt, brachten jeweils 140 PS auf die Motorbremse - somit standen für den Rekordversuch insgesamt 280 Pferdestärken zur Verfügung, welche das 408 Kilogramm schwere Gefährt raketenhaft beschleunigen konnten. Zwei – unabhängig voneinander zu schaltende – Fünfganggetriebe brachten diese gewaltige Leistung über eine Kette an die Spezialräder; Goodyear stellte die schlauchlosen »Trial«-Hochgeschwindigkeitsreifen. Elektronische Drehzahlbegrenzer, geschmiedete Spezialkolben, kunstvoll geschlänge Auspuffanlagen sowie eine ausgeklügelte Luftzufuhr gehörten zu den weiteren Besonderheiten dieses Rekordfahrzeuges. Im Cockpit wurden neben Drehzahlmesser (bis 10.000/U) Kontrolleuchten angebracht, welche die eingelegten

Honda CB 750

Die von American Honda Motor präparierten, zwei Vierzylinder-Motoren sorgten für Furore – so schnell fuhr vorher noch kein anderes Motorrad.

Gänge getrennt anzeigten: ein Schaltfehler bei der Fahrt hätte durch die unterschiedliche Getriebeübersetzung unweigerlich das Fahrzeug zerrissen. Für das gewagte Unterfangen wurde der 33jährige Ingenieur und ehemalige Motorradrennfahrer Jon S. McKibben als Fahrer engagiert. Seine einzige Aufgabe am Motorradgasdrehgriff bestand darin, möglichst nahe an die 500 km/h Marke heranzukommen.

Die Honda-Versuche standen unter keinem guten Stern. Zuerst gab es Schwierigkeiten mit der Lenkung; kaum waren diese behoben, arbeitete das eine Getriebe nicht zufriedenstellend. Ein anderes Mal sprang bei 370 km/h die Antriebskette ab, gerade als der Versuch zu gelingen schien.

Die Hinfahrten absolvierte die Honda-Rakete fast immer problemlos, einmal durchfuhr McKibben die Strecke mit unglaublichen 458,5 km/h, was weit über dem bestehenden Rekord lag. Als die Technik schließlich funktionierte – die Hinfahrt wurde mit 464,4 km/h gestoppt – verhinderten nasses Salz und sich drastisch verschlechternde Wetterverhältnisse die Rückfahrt.

Zwölfmal nahm der »Falke« Schwung, zwölfmal ging er spektakulär zu Boden. Einmal verlor bei 420 km/h die Bodenhaftung und schoß senkrecht hoch, bevor er schwer auf den Boden krachte – McKibben stieg unverletzt aus. Die 500 km/h Marke blieb unangetastet, obwohl Honda 1973 den Falken für Geschwindigkeiten bis zu 585 km/h auslegte.

Trotz gewaltiger Investition blieb am Ende lediglich ein Trostpreis in Form des »inoffiziellen« Geschwindigkeitsrekords – und die Erkenntnis, daß das Potential der Vierzylinder-Konstruktion noch längst nicht ausgereizt war.

Vier gewinnt

Die Four im Rennsport

Die höchstdotierteste und berühmteste Motorrad-Veranstaltung der Welt fand Anfang der 70er Jahre in Amerika statt. Die »200 Meilen von Daytona« im Bundesstaat Florida war neben den Grand-Prix-Wettbewerben in Europa das Ereignis schlechthin. Hier erfolgreich zu sein, brachte jedem Hersteller viel Prestige und sprunghaft ansteigende Bestellungen. Darüber hinaus erfreuten sich Motorradrennen mit Serien-750ern eines enorm wachsenden Interesses. Die American Motorcyclist Association (AMA) entschloß sich daher, das bisherige Daytona-Reglement – maximal zugelassen waren bisher 500er mit OHV-Viertakter und Zweitakter – zu ändern. Ab 1970 durften generell Maschinen mit 750 cm^3 an den Start. Voraussetzung blieb, daß jede Rennmaschine auf einer Serienproduktion basierte, wovon in den USA mindestens zweihundert Stück verkauft sein mußten. Die Wettbewerbsmaschinen durften frei getunt werden, der Motoraufbau aber nicht verändert oder Teile durch solche aus anderen Materialien ersetzt werden; ferner mußten alle Maschinen durch die AMA homologiert werden.

Honda besaß mit der CB 750 Four endlich eine Chance, in Daytona ganz vorne mitzumischen. Zuvor allerdings wollten sie die Renntauglichkeit des neuen Vierzylinders beim 24 Stunden-Rennen in Le Mans testen.

Die Vorbereitungen für die Teilnahme am Bol d'Or lagen in Händen von Bill Smith, Honda-Fahrer und Händler aus Chester in England. Die Wahl fiel auf Smith, weil ihn eine enge Freundschaft mit Bill Hunt – Teamleiter des Honda-Rennteams bei der Isle of Man – verband. Außerdem hatte Smith mit einer (ausgeliehenen) 125er Ducati-Rennmaschine im Rahmen der britischen Meisterschaft in Oulton Park hinter Mike Hailwood den zweiten Platz geschafft.

Für die 33. Auflage des Langstrecken-Klassikers, die am 12. September 1969 stattfinden sollte, präparierte Alf Briggs von Honda U.K. eine Honda CB 750 Four – und das verhinderte beinahe einen Start, denn an diesem national ausgeschriebenen Rennen durften nur Franzosen teilnehmen. Steve Murray, der Besitzer der Honda, übergab seine Maschine kurzerhand an die beiden 19jährigen (französischen) Studenten Urdich und Rougerie. Das Feld setzte sich aus sechzig Maschinen zusammen; davon waren 55 fabrikneu und damit eigens für

Der spätere Sieger, Dick Mann während einer Trainingspause; er fuhr die »schwächste« CB 750 Four im Aufgebot der Japaner.

Honda CB 750

Ein Blick in die streng gehütete Box, wo die Japaner und die Amerikaner Hand in Hand arbeiteten, um die Sensation vorzubereiten.

dieses Rennen vorbereitet worden. Am stärksten war Kawasaki vertreten (sechs Mach III, fünf 250er und zwei 350er), gefolgt von Suzuki (acht 250er und eine 500er) und Ducati mit neun Maschinen. Triumph bot vier Maschinen auf, gefolgt von drei BMW (R 69), drei Moto Guzzi (750 V7) und drei Honda (eine CB 450, zwei 750 Four: eine fabrikneue und jene aus England). Zu erwähnen wären noch zwei Laverda 750 und die beiden Yamaha.

Die in England vorbereitete Honda wirkte mit Renntank, Höckersitzbank, Vollverkleidung, Leichtmetall-Hochschulterfelgen, Lenkungsdämpfer und zweiter Scheibenbremse am Vorderrad schon sehr professionell; motorseitig erschöpften sich die Unterschiede zur Serien-CB in einer schärferen Nockenwellen und der neu abgestimmten, schwarzen Auspuffanlage. Ihre Leistung betrug 70 PS. Wie am Uhrwerk spulten die beiden Studenten Runde um Runde ab, bis sie unangefochten mit einer Durchschnittsgeschwindigkeit von 116 km/h als Sieger feststanden. Die nächsten drei Plätze gingen an die Kawasaki Mach III, und als Fünfter überfuhr die unverkleidete 750er Serienhonda die Ziellinie – 45 % der gestarteten Maschinen schafften dies nicht. Der Ausgang dieses Rennens gab den »Startschuß« für Daytona.

Bei den von Honda (Japan) aufgerüsteten und nach Daytona entsandten fünf Maschinen handelte es sich um ganz andere Motorräder, die mit der Le-Mans-CB nur noch die Basis gemeinsam hatten. Bis zu 95 PS bei

Vier gewinnt

9700/U (der montierte Drehzahlmesser endete bei 12.000/U) entlockten die japanischen Ingenieure dem OHC-Vierzylinder im rot-weißen Renntrimm. Im Motor ergab die geänderte Bohrung und Hub (61,5mm x 63 mm) 748,6 cm³. Die 33,5mm großen Einlaßventile öffneten bereits 20° v.o.T. und schlossen 45° n.u.T; die Auslaßventile (27mm) öffneten 45° v.u.T. und schlossen 20° n.o.T. Alle Ventile wogen 15 % weniger wie ihre Serienpendants; im Zylinder bewegten sich geschmiedete Slipperkolben mit je einem Kompressions- und Ölabstreifring, welche die Verdichtung auf 11:1 anhoben. Im Zylinderkopf mit gehärteter Nockenwelle und Ventilfedern wurden die Einlaßkanäle auf 33,5 mm vergrößert und die Auslaßkanäle auf 27 mm leicht verkleinert. Die Beatmung übernahmen 35 mm Sandgußschieber-Rennvergaser von Keihin (eine Weiterentwicklung der am Serienprototyp gezeigten Anlage); gezündet wurde magnetisch bei 35° v.o.T. Die schwarze Rennauspuffanlage – ein Megaphon-Auspuffsystem mit dem gleichen Aufbau wie sie die auf der Isle of Man so erfolgreich eingesetzten RC 166 trug – brachte den besten Wirkungsgrad. Der aus dünnem Blech hergestellte Öltank wuchs auf ein Fassungsvermögen von vier Litern und versorgte zusätzlich einen Ölkühler.

Honda erleichterte das Gewicht, wo immer es vertretbar war – von der Kurbelwelle bis zur Teleskopgabel, deren Rohre aus Titan gefertigt wurden. Eine über Seilzug betätigte 200 mm Duplexbremse in der Leichtmetallnabe des Hinterrades und die serienmäßige, allerdings doppelte Scheibenbremse im Vorderrad brachten die Maschine zum Stehen. Die Felgen der 19-Zoll Räder bestanden, wie der langgezogene Renntank mit 28 Liter Fassungsvermögen, aus Leichtmetall. Der Sitzhöcker und die Verkleidung waren aus einer gezogenen Fiberglasform entstanden und federleicht.. Trotz dieser Detailarbeit blieb die Honda mit 175 kg Gewicht eine der schwersten Maschinen des Feldes. Trotzdem war man zuversichtlich, mit der in Nippon getesteten Höchstgeschwindigkeit von 260 km/h wurden neue Rekordwerte erreicht.

15.03.1970, kurz nach dem Start, welchen Dick Mann mit der Startnummer 2 am besten erwischte und sich sofort an die Spitze setzte.

Honda CB 750

Dick Mann's letzte Runde – er fährt bewußt »etwas« langsamer, um die einzige, verbliebene Honda auch heil über die alles entscheidenden, letzten Meter zu bringen.

15. März 1970. Jener denkwürdige Sonntag ging in die Analen dieses bis ins Jahr 1937 zurückreichenden Wettbewerbs ein. Zum ersten Mal sollte weder eine englische noch amerikanische Maschine als erste die schwarz-weiße Zielflagge sehen.

Bill Smith engagierte Tommy Robb und Ralph Bryans als Fahrer, eine weiter Rennmaschine reservierte er für sich selbst. Als vierten Fahrer schlug Bob Hansen von American Honda Motors – er brachte die Entwicklung der CB 750 Four entscheidend voran – Dick Mann vor. Zwar galt dieser mit seinen 36 Jahren schon fast als »Oldtimer«, konnte dafür aber auf viele Erfolge zurückblicken. 1963 wurde er das erste Mal amerikanischer Meister, ferner ging er auf Harley-Davidson und Matchless zweimal als Zweiter in Daytona durchs Ziel. Er galt als einer der talentiertesten und vielseitigsten Rennfahrer.

Auch amerikanische Rennfahrer verstanden etwas von »Kurvenlage«.

Vier gewinnt

Die Siegermaschine – Hondas größter Triumph in Amerika.

Achtzig Fahrer gingen an den Start des knapp sechs Kilometer langen Kurs, darunter klangvolle Namen wie Mike Hailwood auf BSA, Percy Tait auf Triumph, Kel Carruthers und Jack Findlay auf Yamaha, um nur einige zu nennen. Schon beim Qualifiing (gefahren ausschließlich auf einem Teilstück, dem 2,5 Meilen langen Hochgeschwindigkeitskurs) schienen die neuen Werks-Dreizylinder von BSA und Triumph mit bis zu 265 km/h unschlagbar zu sein. Dick Mann wurde Vierter (152,67 mph), hinter Vorjahressieger Gary Nixon (Tiumph), Mike Hailwood (BSA, 152,90 mph) und Gene Romero (Triumph) mit 157,34mph.

Beim Training stürzte Ralph Bryans. Er blieb unverletzt, während seine Honda ausbrannte. Auch Bill Smith hatte Pech: Kurz vor Rennbeginn brach im Training die Nockenwellenkette, eine Reparatur war nicht mehr möglich. Von den drei gestarteten Honda erwischte Mann den besten Start, er setzte sich mit bis zu 100 Meter vom Feld ab, wurde aber bald wieder eingeholt. Das Rennen endete von Ralph Bryans und Tommy Robb schon nach wenigen Runden, sie fielen, wie am Morgen Bill Smith, mit gebrochener Nockenwellen-Steuerkette aus. So blieb Dick Mann der einzige Honda-Fahrer im Feld.

Bis zur 31. von 53 Runden hielt er sich im Schatten der Spitzengruppe, dann dezimierten Ventilrisse, festgehende Motoren, gebrochene Kolben und Fahrfehler die Konkurrenz zusehends, und als das Rennen abgewunken wurde, krönte er seine siebzehnjährige Laufbahn mit dem bis dato größten Erfolg – in erster Linie, wie er später sagte, »weil ich die Honda schonend fuhr«.

Trotzdem stellte er den 1968 von Cal Rayborn auf einer Harley Davidson aufgestellten Rekord ein. Auf dem Hochgeschwindigkeitsoval brachte Mann die Honda auf einen Durchschnitt von 244,27 km/h; der Gesamtschnitt – bedingt durch den langsamen Innenkurs – betrug 102,69 mph (165,26 km/h): eine neue Bestzeit.

Danach wurde der Motor zerlegt. Dabei stellte sich heraus, daß der Vierzylinder noch höchstens fünfzig Me-

Honda CB 750

1973 konnte sich wieder eine aufgearbeitete CB 750 in Daytona plazieren.

ter durchgehalten hätte, dann wäre auch dessen Steuerkette gerissen. Ironie des Schicksals: Manns Maschine war auf dem Motorprüfstand die schwächste aller Renn-Honda. Dick Mann übrigens wiederholte seinen Erfolg im folgenden Jahr auf einer BSA und holte sich nochmals den amerikanischen Meistertitel.

Für Honda bedeutete dieser Sieg sehr viel; die Japaner wollten ihren Titel 1971 unbedingt verteidigen und engagierten den amerikanischen Rennfahrer Gary Fisher. »Pops« Yoshimura baute die Vierzylindermotoren auf und die Steuerketten hatte man verstärkt. Die Vierzylinder spulten mit der Präzision eines Uhrwerks die Trainingsrunden ab, im Rennen lag Gary bereits weit in Führung, als der Öltank platzte und mit ihm alle Sieges-

Ließ Träume wahr werden, wenn man(n) das nötige Geld besaß – der komplette Umbausatz im Detail: 10.000 Dollar für 23 zusätzliche Pferdestärken waren eine gewaltige Investition.

136

Vier gewinnt

Diese OHC-Four erreichte immerhin einen achtbaren sechsten Platz im Gesamtklassement.

träume. Honda legte eine Denkpause ein und brachte in Daytona erst wieder 1973 eine 750er an den Start. Die Honda hielt durch und schaffte einen sechsten Rang; im Juni 1977 siegte Phil Read im neugeschaffenen Wettbewerb der I.O.M. Formula 1: Er fuhr eine Honda CB 750 Four auf der Basis der gerade vorgestellten F 2-Modellreihe.

Es sollte noch Jahre dauern, bis Honda wieder mit eigenen Teams wieder an die großen Erfolge der sechziger Jahre anknüpfte, in der Zwischenzeit waren es Privatteams, die die Honda-Fahne hoch hielten. Doch das waren spezielle aufgebaute Rennmaschinen – im Gegensatz zu den ersten CB 750-Racern, die im Grunde nur leicht modifizierte Serienmaschinen gewesen waren.

Ab September 1970 bot Honda über seine Händlerorganisation einen frei käuflichen Tuningkit an, welcher aus den Komponenten der siegreichen Rennmaschine abgeleitet wurde. In drei Ausbaustufen erhältlich, beinhaltete er alle Teile, welche eine private Aufrüstung bis zu 90 PS ermöglichte. Im Gegensatz zum Original bestanden die Radnaben und Motorabdeckungen jedoch aus Magnesium. Der komplette Satz – einschließlich des Renngetriebes (»Seniormodell«) – kostete üppige 10.000 Dollar.

Honda CB 750

Der Thronfolger

Honda CB 750 Four DOHC

Die OHC-Generation war die erfolgreichste Motorrad-Baureihe der Welt, über eine Million Mal lief sie in unterschiedlichster Ausstattung, Farbe und Ausführung vom Band. In dieser Zahl nicht enthalten ist übrigens jene Ausführung, welche den amerikanischen und japanischen Cops vorbehalten war. Die CB 750 Four P – das Kürzel für »Police« – war nur mit einem einsitzigen, sehr bequemen Sattel erhältlich. In der Farbe »cristal-white« bot sie eine per Welle betriebene Sirene (angetrieben nach dem Dynamoprinzip über einen zuschaltbaren Abnehmer von der Flanke des Hinterradreifens), der große Tachometer war im Lampengehäuse untergebracht. In Deutschland fanden die OHC-Four 35.924 Käufer, zehn Jahre nach Serieneinstellung waren in der Bundesrepublik immer noch 4.726 Maschinen angemeldet. 1994 befanden sich noch 3.416 K-Modelle im Umlauf.

Mitte 1976 wurde in Tokio der Entschluß gefaßt, eine gänzlich neue Modellserie auf Kiel zu legen. Denn die Zeiten hatten sich geändert, die ehemalige Supermaschine war zum Alltags-Nutzfahrzeug degradiert worden. Die japanische Konkurrenz hatte zum Überholen angesetzt und leistungs- wie hubraummäßig aufgerüstet. Der Lack war ab vom Honda-Mythos.

Kurz vor Jahreswechsel 1976/1977 lud Honda amerikanische Fachjournalisten ein und fragte sie nach ihrer Meinung zu Honda-Motorrädern und der Zukunft der Marke. Dabei wurde deutlich, daß Honda in Qualität und Zuverlässigkeit der Konkurrenz immer noch voraus war, in Sachen innovativer Technik dagegegn hinterher hinkte. »Eine mutige Belebung und neue Positionsbestimmung würde nicht nur treue Honda-Anhänger zum Kauf animieren, sondern auch neue Käuferschichten langfristig mit der Marke verbinden« lautete das Fazit des außergewöhnlichen Workshops. Die Entwicklungsgeschichte der nicht minder erfolgreichen CB 750 Nachfolgeserie verlief nicht so geradlinig wie beim OHC-Modell; sie entstand vielmehr aus einer Kette von glücklichen Zufällen, gepaart mit harter Konstrukteursarbeit.

Hondas Ideenschmiede, die R & D Tochtergesellschaft in Asaka bei Tokio, erhielt den Auftrag, ein komfortables, handliches Motorrad mit den Fahreigenschaften ähnlicher einer Rennmaschine zu entwickeln. Eine Ma-

Die einsitzige Four – für die Polizei in USA, Japan und England gefertigt – bot eine mechanische betriebene Sirene, umfangreiche Sturzbügel und einen Tachometer im Lampengehäuse.

Der Thronfolger

Wachablösung: begonnen mit der CB 750 K 0 (im Vordergrund), bereichert mit der F-Serie (Mitte) und der neuen DOHC-Generation: Die beste »Honda CB 750 Four«.

schine für routinierte Sportfahrer mit höchsten Ansprüchen. Hiroshi Kameyama wurde zum zuständigen Chefkonstrukteur ernannt, zum Team gehörte auch der 40jährige Soichiro Irimajiri, mit der Materie seit der Arbeit an den RC-Vier- und Sechszylindern zehn Jahre zuvor bestens vertraut. Vielen innovative Projekte, wie CVCC-Motoren, Dreiventil-Zylinderköpfe oder der 50 cm³ Viertaktmaschine mit drei Zylindern und einer Nenndrehzahl von 23.000/U tragen seine Handschrift. In sein Team holte Irimajiri auch Masaharu Tsuboi als Motorenentwickler, einen ehemaligen Werksrennfahrer der 125er Klasse. Zusammen mit sechzig Ingenieuren verwirklichten diese drei innerhalb von achtzehn Monaten ein neues Superbike und setzten sich mit der sechszylindrigen CBX ein Denkmal. Bis allerdings feststand, daß diese Konstruktion tatsächlich auch realisiert werden würde, entwickelte die Truppe parallel zur Sechszylinderausführung (mit 24 Ventilen) einen Vierzylinder (mit 16 Ventilen). Beide Motoren hatten mit 64,5mm die gleiche Bohrung. Nachdem sich die Marketingabteilung für den Sechszylinder als neues Spitzenmodell entschieden hatte, entstand aus dem 98 PS starken Prototypen-Vierzylinder die spätere CB 900 (Bol d'Or), woraus schließlich die »kleinere Ausgabe«, die CB 750 K abgeleitet wurde.

Vom Aufbau sind sich die Motoren von CBX, CB 900 und CB 750 daher sehr ähnlich. Die von Masaharu Tsuboi und seinem Team entwickelten Aggregate orientierten sich in ihrer Technik an den Rennmaschinen RC 165 (Sechszylinder mit nach unten offenen Rahmen) und der langstreckenerprobten RCB 750/1000 (Vierzylinder mit Doppelschleifenrahmen). Beide Wettbewerbsmaschinen

Honda CB 750

waren mit zwei Nockenwellen, vier Ventilen pro Brennraum und zur Verringerung der Massen im Ventiltrieb mit Tassenstößel ausgestattet. Diese Bauweise bot genügend Leistung und war gleichermaßen aufwendig wie innovativ. Das Styling, so sah es das Lastenheft vor, sollte eindeutig europäisch ausfallen und die Verkaufspreise vergleichsweise günstig ausfallen. Der Vierzylindermotor mußte darüber hinaus genügend Potential für eventuelle Weiterentwicklungen bieten. Die Japaner scheuten keine Anstrengung und arbeiteten 1977 rund um die Uhr, um baldmöglichst »den Stellenwert von Honda im Motorradbau wieder deutlich zu demonstrieren« (Honda-Präsident Kiyoshi Kawashima). Die Entwicklungskosten für das neue 900er »Ausgangsmodell« betrugen allein 15 Millionen Mark.

Im Spätherbst des Jahres 1978 – die CBX war bereits zu Jahresanfang begeistert aufgenommen worden – war es endlich soweit. Der neue Thronfolger konnte das Erbe des ersten Vierzylinders in Großserie antreten.

Die CB 750 K (Z)

In Amerika erhielt die Neue die Bezeichnung CB 750 K'79 750 Four K, in Deutschland wurde sie 1978 – kurz vor der IFMA – mit dem Namen Honda CB 750 K auf das Podium gestellt.

Der völlig neu konstruierte, luftgekühlte Vierventil-Doppelnockenmotor war zwar in seiner Bauweise mit dem gleichfalls vorgestellten Antrieb der 900er Bol d'Or identisch, besaß im Gegensatz allerdings quadratische Hub- und Bohrungsmaße. Während der »alte« OHC Motor mit den Werten 61/63 mm einen effektiven Hubraum von 736cm^3 erreichte, nutzte diese Honda mit einem Verhältnis von 62/62 mm den Dreiviertelliter voll aus (749cm^3). Im Gegensatz zur CBX wurde die Drehstrom-Lichtmaschine nicht hinter die einteilige Kurbelwelle verlegt, sondern am rechten Kurbelwellen-Stumpf angebracht. Kipphebel suchte man in der Neuentwicklung vergebens – jede der Nockenwellen im Zylinderkopf bewegte viermal je zwei Auslaß- und Einlaßventile direkt über Stößeltassen. Die Konstrukteure sorgten mit dieser im

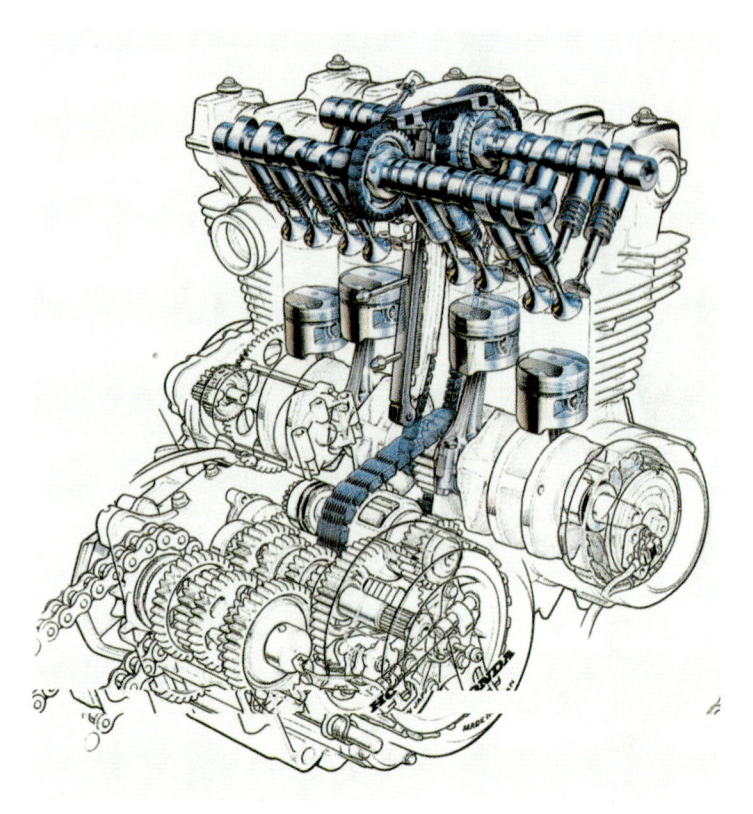

Konstruktionszeichnung des »kleineren« Motors – entsprungen aus dem Projekt eines neuen »Flaggschiffes« (CB 900) und der Six (CBX). Diese Motorenfamilie bildete die Grundlage für so großartige Maschinen wie die CB 1100 R.

Langstrecken-Rennsport bewährten Motorentechnik auch für eine merklich bessere Beatmung des Vierzylinders. Jedem Kolben standen auf der Einlaßseite 50 mm (2x 25 mm); auf der Auslaßseite 44 mm (2 x 22 mm) Ventilquerschnitt zur Verfügung; im Vergleich zum eingestellten F2- Modell bedeutete dies eine Steigerung des Gasdurchsatzes pro Zylinder um 44,61 %.

Honda wählte eine nicht alltägliche Form des Nockenwellenantriebes. Eine Zahnkette führte direkt von der Kurbelwelle zur obenliegenden Auslaß-Nockenwelle; die Verbindung mit der Einlaß-Nockenwelle übernahm eine weitere Zahnkette. Diese Kettenart war im Vergleich zu einer Rollenkette wesentlich standfester; ferner konnten die Zahnketten leicht und kurz gehalten werden, was die Lebenserwartung nochmals vergrößerte und eine lang-

Der Thronfolger

fristig exakte Steuerung des Ventiltriebes ermöglichte. Eine federbelastete, Kunststoff-beschichtete Ketten-Führungsschiene im mittig des Zylinderblocks eingegossenen Steuerkettenschachts spannte die von der Kurbelwelle nach oben verlaufende Kette. Die Nachspann-Vorrichtung durch eine einzige, auf der Rückseite des Schachtes angebrachte Schraubverbindung behielt Honda bei. Der in der Bogenform des Kettenspanners integrierte Federmechanismus drückte die Kettenführung beim Lösen der Einstellschraube automatisch in die richtige Position. Eine zweite, starre Führungsschiene wurde gegenüber des Kettenspanners eingebaut, um ein Schlagen der Kette zu verhindern. Das gleiche Prinzip übernahmen die Konstrukteure auch für die kürzere, obere Zahnkette – die Einstellschraube für das selbsttätige Nachspannen hierzu befand sich auf einem angegossenen Ausläufer auf der Auslaßseite des Zylinderkopfes in Motorenmitte. Wie beim 750er OHC-Automatic-Modell übertrug bei der neuen Motorenserie eine breite Hyvo-Zahnkette mit acht Laschen den Vortrieb der fünffach gleitgelagerten Kurbelwelle über zwei geradverzahnte Stirnräder an die Primär-Antriebswelle. Ein breite, starre Gleitscheine – unterhalb des oberen Kurbelgehäuses angebracht – begrenzte einen eventuellen Kettenschlag nach oben.

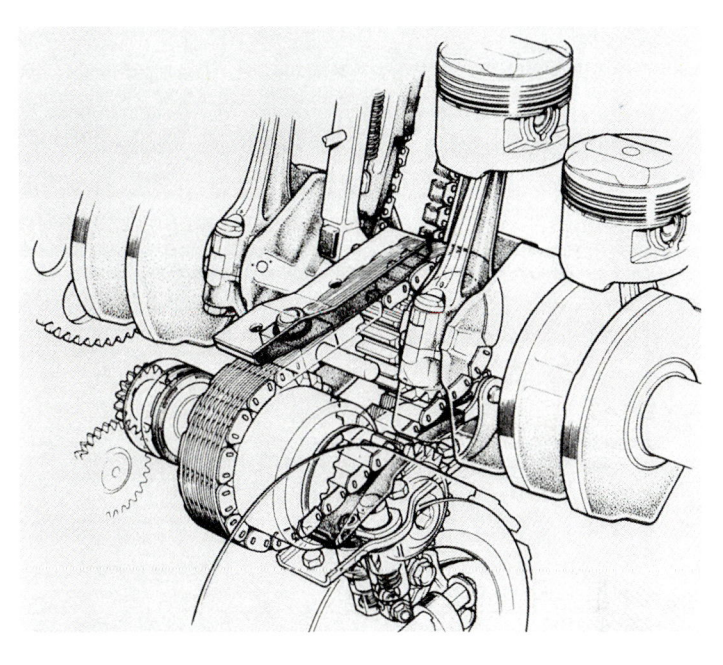

Der hohe technische Aufwand setzte sich auch im neuen Motor fort: Primärwelle mit integrierten Ruckdämpfer und hydraulischen Kettenspanner im unteren Kurbelgehäuse.

Die neue Four sollte sich in ihrem Aussehen an der bisherigen Serie orientieren und nur behutsam neue Akzente setzen – das »Eurostyle-Design« war der erste Schritt.

Technische Innovation fand sich in dem am Boden des Kurbelgehäuses angebrachten Kettenspanner. Er verfügte über ein Ölventilsystem, welches durch den Öldruck die Primärketten-Spannung – hydraulisch gedämpft – wartungsfrei regulierte. Die zweifache Untersetzung erhöhte Honda im Vergleich zur CB 750 F 2 von 1935 auf 2366.

Um die Zahnkette zu schonen und die Motorleistung möglichst ruckfrei an das Getriebe weiterzuleiten, wurde eine spezielle Dämpfervorrichtung entwickelt. Honda verzahnte den Primärwellenschaft in der Mitte und montierte eine innenverzahnte Nabe mit vier angegossenen Längsrippen. Auf die Nabe wurden zwischen jedes Rippenpaar zwei Gummielemente gelegt, welche von einem aufgeschobenen Rundgehäuse umschlossen und gehalten wurde. Direkt auf diesem Gehäuse brachten die

Honda CB 750

linder durch das hochgepumpte Öl kühlen zu müssen.

Honda brachte den Schmierstoff nun über hohlgebohrte Schrauben und eine starre Leitung, welche außerhalb hinter dem Zylinderblock verlief, vom eingegossenen Ölkanal des oberen Kurbelgehäuses direkt in den Zylinderkopf. Eine weitere Messingleitung in Kopfmitte beförderte das Öl zur Auslaßnockenwelle. Eingegossene Taschen im Zylinderkopf sorgten dafür, daß sich immer etwas Schmierstoff zwischen den Nocken und den Ventileinstellscheiben befand. Mit dieser einfachen Maßnahme gelang es, die Zeit bis zur Ölförderung durch die Pumpe zu überbrücken, ohne daß die Nocken trocken liefen. Auf Nockenwellen-Lagerschalen verzichtete Honda genauso wie auf die bisherige Konstruktion einzelner, austauschbarer Lagerböcke – die Wellen liefen direkt in den zwölf eingefrästen Lagern des Leichtmetallkopfes. Kratzer, Riefen oder eine zu große Toleranz der Nockenwellenhalter bedeutete den kompletten Zylinderkopfaustausch. Auch der Gußform des Zylinderkopfes sieht man das Primärziel

Den neuen Motor umschrieb »Motor Cycle« schlicht mit dem Wort: »perfekt« – vier Unterdruckvergaser sorgten für einen geschmeidigen Durchzug – die Paradedisziplin der Four-Serie.

Ingenieure die Zähne des Primärkettenrades an; eine direkte, metallische Verbindung zwischen Welle und Primärkette war nicht mehr gegeben: der sehr wirkungsvolle, durch Sprengringe gehaltene Getriebe-Ruckdämpfer war vollendet. Die bisherige Ölversorgung des Zylinderkopfes durch die vier inneren Stehbolzen-Bohrungen im Zylinderblock gaben die Konstrukteure auf. Der Nachteil dieser Lösung lag in der aufwendigen Abdichtung des Ölkreislaufes. Ferner brachte die Wärmeleitfähigkeit der verwendeten Leichtmetallegierung dem Motor durch den Fahrtwind schon so gute Kühlergebnisse, so daß keine Notwendigkeit bestand, zusätzlich die beiden inneren Zy-

Die symmetrische Anordnung und vier Auspuffrohre griff die Grundidee von 1969 wieder auf.

Der Thronfolger

Der Erfolg heiligt die Mittel: das neue Modell verkaufte sich hervorragend und übertraf erneut alle Erwartungen.

ihrer Erbauer an: Gewichtsersparnis. Dies ist auf die einheitlich entwickelte Ausgangsbasis dieser Motorenfamilie zurückzuführen, wo insbesondere beim Sechszylinder dieses Thema eine besondere Rolle spielte.

Zur Überprüfung des Ventilspiels mußten die Mechaniker andere Handgriffe anwenden: nach dem Lösen der acht verchromten, durch Gummielemente abgedichteten Sechskantschrauben mußte der Zylinderkopfdeckel abgenommen werden. Dies war – im Gegensatz zum OHC-Vierzylinder – durch einen entsprechend ausgelegten Verlauf des Doppelschleifenrahmens ohne Motorausbau möglich. Die im »Pentroof®-Kopf« – Honda ließ sich diese neue Gußform patentieren – eingesetzten Ventile wurden direkt von den Nocken der Welle über Tassenstößel betätigt. Eine Korrektur des Ventilspieles gestaltete sich bauartbedingt aufwendiger und konnte nur durch unterschiedlich starke Ventileinstellscheiben (shims) vorgenommen werden, welche in die Ventilheber einzusetzen waren.

Der in Fahrtrichtung leicht nach vorn geneigte Zylinderblock trug in den eingelassenen Gußlaufbuchsen Leichtmetallkolben mit je fünf Ringen, welche die Verdichtung auf dem ursprünglichen CB 750-Niveau von 9:1 hielten. Trotz einer Steigerung der Nennleistung auf 77 PS bei 9000/U gelang es Honda, die mittlere Kolbengeschwindigkeit auf 2,07 m/s zu senken – bei der um zehn PS schwächeren CB 750 K 6 (OHC) betrug sie 2,1 m/s. Das maximale Drehmoment von 6,7 mkg wurde bereits bei 7000/U erreicht, was im Verhältnis zur stärksten OHC-Serienausführung (F 2: 6,4 mkg/7500/U) nochmals eine spürbare Verbesserung bedeutete. Die-

Honda CB 750

ser Tatsache verdankt der Motor seine ausgezeichnete Elastizität und Durchzugskraft. Im Vergleich zu der 18 PS stärkeren 900er erfolgte die Leistungsabgabe bei der 750cm³ Maschine harmonischer.

Die über mehrere OHC-Serien immer wieder mit Verbesserungen der Schaltkulisse befaßten Ingenieure hatten dazugelernt. Das im neuen DOHC-Motor eingebaute Getriebe war praktisch baugleich mit der 900er. Über zwei Kugelgelenke und ein Gestänge geschaltet – rastete es sauber und exakt ein. Wie Beschleunigungstest bestätigten, war ein Gangwechsel der neuen 750er Four auch ohne Kupplungsbetätigung möglich. Der Motor konnte nur noch durch den zuverlässigen Elektrostarter – unterbracht in einer Mulde im oberen Kurbelgehäuse – gestartet werden. Wie die Praxis schon bei den OHC-Modellen bewies, konnte auf eine Kickstarter-Einrichtung getrost verzichtet werden, was sowohl Platz, Gewicht und Kosten einsparte.

Gelungene Überarbeitung und zeitloses Finsih in der spiegelfreien Instrumenten-Konsole – unter der schwarzen Abdeckung unterhalb des Zündschloßes waren die Sicherungen zugänglich.

Honda's Interpretation vom meisterlichen Radaufbau: ComStar-Verbundfelgen und schlauchlose Reifen – die Vorderradgabel ließ keine Wünsche mehr offen.

Während die Primär- und Hauptgetriebe-Welle unverändert durch Radial-Kugellager geführt wurden, brachte Honda auf der rechten Seite der Antriebswelle ein 22 mm großes Nadellager an, zur Vermeidung von unerwünschtem Spiel durch einen Paßstift im Kurbelgehäuse gehalten. Auf der Seite des Sekundärritzels mit 15 Zähnen blieb es bei einem durch zwei 62 mm große Sicherungsringe fixierten, massiven Radial-Kugellager. Sämtliche Lager erhielten durch ein überarbeitetes Öl-Verteilungssystem über haarfeine, in das Kurbelgehäuse eingegossene Kanäle Schmierstoff zugeführt. Die Druckumlauf-Schmierung übernahm die von der Primärwelle linksseitig angetriebene Eatonpumpe. Honda verzichtete bei dem neuen Sportmotorrad auf einen separaten Öltank in Rahmenmitte und gab dem Naßsumpf den Vorzug. Viereinhalb Liter Motoröl flossen bei dem neuen Vierzylinder in die nicht zu bauchig gegossene Ölwanne; der mittig an der Frontseite des Kurbelgehäuses angeschraubte Ölfeinfilter mit Bypaßventil wurde wie der

Der Thronfolger

quer im oberen Gehäusehälfte verlaufende Hauptölkanal beibehalten. Der Sekundärantrieb erfolgte über eine vernietete O-Ring Kette mit 90 Gliedern; die 38 Zähne am hinteren Kettenblatt ergaben eine Gesamtuntersetzung von 2.533. Verzichten durften künftige Besitzer auf ein Einstellen der Zündung. Über die unter dem linken Seitendeckel angebrachten Transistoren gesteuert, arbeitete dieses zeitgemäße System mit zwei einstellbaren Impulsgebern am linken Kurbelwellenstumpf wartungsfrei und anspruchslos.

Die Gemischaufbereitung war Sache des von Keihin produzierten und aus der CBX-Anlage abgeleiteten Unter-Druckquartetts. Die Vergaser hatten einen Saugrohr-Durchmesser von 30 mm und eine integrierte Beschleuniger-Pumpe. Schon die Betätigung des Gasdrehgriffs machte deutlich, welche Vorzüge diese Vergaser im Vergleich zu den Seilzug-gesteuerten, mit vier Rückholfedern ausgestatteten Schieberausführungen der OHC-Modelle boten: Der »Kraftaufwand« war kaum mehr der Rede wert.

Das voluminöse, einteilige Luftfilter-Gehäuse aus schwarzem Kunststoff verschwand völlig hinter den lackierten Seitenteilen. Über eine angeschraubte Seitenplatte konnte das durch ein Blechstreifen gehaltene Filterelement erreicht und ausgetauscht werden. Für die kanadische und amerikanische Ausführung mußte ferner ein Ölabscheider, welcher die Motorgase vom Öl trennte und zurück in das Luftfiltergehäuse leitete, montiert werden.

Die Krümmer der Auspuffanlage wurden wie bei der CB 750 Four K 7 sehr nahe an die Auslaßventile herangeführt, um die Strömungswege auch auf der Auslaßseite kurz zu halten. Trotz eines Mehrgewichts von zwei Kilogramm gegenüber der 900er vier-in-zwei-Anlage entschied sich die Marketing-Abteilung für das ursprüngliche 750er Design und montierte vier Auspuffrohre. Im Gegensatz zur alten Version konnten bei dieser Anlage die beiden oberen Dämpfer einzeln ausgetauscht werden, während die Krümmer und die unteren Dämpfer eine Einheit bildeten. Zwei Befestigungspunkte genügten: im Krümmerbereich durch Stehbolzen und angewinkelte Blechhalter für die Dämpfereinheit. Begrenzt justierbar, war die Auspuffanlage gegenüber der F 2 um fünf Dezibel leiser gewordenen.

Wer die neue CB 750 Four zum ersten Mal fuhr, war begeistert. Im Vergleich zu der leistungsstärkeren Bol d'Or fühlten sich die europäischen Testfahrer auf der kleineren Ausgabe wohler. Die homogene, geschmeidige Kraftentfaltung über ein Drehzahlband von 3000/min bis hinauf zu 10.000/min verbesserte die alten Bestmarken der eingestellten Serie im Durchzugsvermögen. Nur fünf Sekunden benötigte die CB 750 K im dritten Gang, um von 40 km/h auf 100 km/h zu beschleunigen, die gleiche Zeit, welche neun Jahre zuvor die CB 750 Four K0 brauchte, um aus dem Stand die 100 km/h Marke zu erreichen. Auch diese Disziplin konnte der neue Motor um eine halbe Sekunde verbessern – trotz einem Gesamtgewicht von 256 kg (mit Werkzeug und Öl, vollgetankt). Selbst eingefleischte OHC-Fahrer erlebten den spürbaren, kaum für möglich gehaltenen Unterschied: ohne sich zu verschlucken, zog dieses Triebwerk seidenweich bereits ab 1000/min mit gleichmäßiger Kraftentfaltung durch. Die Höchstgeschwindigkeit betrug – solo liegend – 200 km/h bei einer Nenndrehzahl von 9300/min. Sowohl in Leistung wie auch Kaufpreis (DM 7.842,– genau DM 600,– teurer wie eine F 2) fuhr die neue Honda 1978 der Konkurrenz davon.

Die würdige Nachfolgerin einer epochemachenden Konstruktion: Honda CB 750 K.

Honda CB 750

Die Modifikationen am Rahmen, den Federelementen und schließlich die neue Sitzposition brauchten keinen Vergleich zu scheuen, fast schien es so, als ob die Ingenieure in jenem einen Entwicklungsjahr alles nachgeholt hatten, was sich Fahrer und Journalisten zuvor jahrelang für diese Honda gewünscht hatten. Mit »ideal« umschrieben die Testberichte die überarbeitete Sitzposition, lediglich groß gewachsene Fahrer reklamierten die Lage der weit zurückversetzten Fußrasten. Mitverantwortlich hierfür war auch die Reduzierung der Sitzhöhe, welche gegenüber der F 2 um fünf Zentimeter niedriger ausfiel (780mm), so daß jetzt auch japanische Fahrer sicher die Füße auf den Boden brachten. Nach dem Anfahren wurde die neue Sitzgeometrie schnell wieder vergessen, so handlich und einfach ließ sich die neue Generation dirigieren. Bei der Europa-Ausführung erhielt der niedrige, anatomisch auf den Fahrer zugeschnittene Lenker mit seinen schlanken, günstigen Griffen ebenso wie die neuen Bedienelemente für Blinker und Lichtbetätigung gute Testnoten. Die englischen Testfahrer bemerkten, »daß man sich auf dieser Honda einfach wohl fühlen muß« und empfahlen der eigenen Industrie, sich an diesem hohen Qualitäts-Standart ein Beispiel zu nehmen. Für den deutschen Tester Peter Limmert war das gute Halogenlicht und Fassungsvermögen des zwanzig Liter Tanks erwähnenswert. Bedingt durch den sparsamen Verbrauch von durchschnittlich 7,3 Liter/100km reichte dies für einen Aktionsradius von 250 Kilometer.

Fast wie die »große« Bol d'Or: Scheibenbremse am Hinterrad, schwarz abgesetzte Felgen und eine vier-in-zwei Auspuffanlage. Die Dämpferrohre, Federbeine und das Heck wurden von der CBX übernommen.

Der Thronfolger

140mm Bodenfreiheit und 79 PS ergaben mit dem spurstabilen Fahrwerk »eine neue Dimension im Motorradbau«.

Der Doppelschleifen-Rohrrahmen mit einem Lenkkopfwinkel von 62,5° wies weitere Besonderheiten auf. Wartungsfreundlich ließ sich für einen Motorausbau der vordere, rechte Rahmenunterzug abschrauben, ohne daß dies negative Einflüsse auf die Stabilität des Fahrwerks hatte. Die hydraulisch gedämpfte, vordere Teleskopgabel blieb mit 35 mm Standrohrdurchmesser auf dem Niveau der alten OHC-Serie; ein Arbeitsweg von 160 mm Federweg war neu: »Gut genug, um die Maschine locker und gelöst auch über schlechte Landstraßen spielerisch und ohne jede Anstrengung in die gewünschte Richtung zu dirigieren – selbst in großer Schräglage auf welligem Untergrund behält das Vorderrad genügend Bodenkontakt« schrieb *Motorrad* im November 1978. Die gründliche Überarbeitung der hinteren, ebenfalls hydraulisch ge-

Honda CB 750

16 Ventile, zwei obenliegende Nockenwellen – ein Musterbeispiel an Elastizität.

dämpften Federbeine mit zehn Millimeter höheren Federweg hatten hieran genauso Anteil wie die zeitgemäße Kegelrollen-Lagerung der Lenkkopfpartie. Trotz beibehaltener Hinterrad-Schwingenführung durch Kunststoff-Buchsen wurde der CB 750 Four »ein faszinierendes Handling und Fahrwerksqualitäten« bestätigt, »woran sich zukünftig die Straßenlage von anderen Motorrädern dieser Klasse messen lassen müssen«.

Honda spendierte dem neuen 750er Flaggschiff Com-Star-Verbundräder, welche durch die Montage von schlauchlosen Reifen den Japanern zu einer Weltpremiere verhalf. Für die Länder USA, Kanada, Südafrika und das General-Exportmodell blieb es bei Drahtspeichen-Felgen mit Felgenband, Schlauch und Mantel der Größenordnung 3.25 H 19 für vorn und 4.00 H 18 für den Hinterreifen. Die beiden vorderen Scheibenbremsen mit einem Durchmesser von 275 mm und die über Gestänge betätigte, hintere Simplex-Trommelbremse brachten die Maschine bei einer Geschwindigkeit von 50 km/h in 11,9 Metern zum Stehen. Die von Nippon Denso überarbeiteten

HONDA CB 750 Chopper
- Motor: 4-Zyl.-4-Takt, DOHC
- Bohrung/Hub: 62,0/62,0 mm
- Hubraum: 748 cm³
- Verdichtung: 9,0:1
- Höchstgeschwindigkeit: 200 km/h
- Höchstleistung: 56,6 kW/9.000 min⁻¹
- Starter: E-Starter
- Tankinhalt: 16 l
- Schaltgetriebe: 5 Gänge
- Gesamtlänge: 2.375 mm
- Gesamtbreite: 920 mm
- Gesamthöhe: 1.175 mm
- Radstand: 1.535 mm
- Bereifung vorne: 110/90-19 62 H
- hinten: 130/90-16 67 H
- Bremsen vorne: Zweischeibenbremse
- hinten: Innenbackenbremse
- Eigengewicht: 252 kg

Geschmackssache, nicht nur für die USA: auch die Europäer durften ausprobieren, wie sich »die ganz andere CB 750« fuhr.

Der Thronfolger

Die CB 750 FII trug eine Halbschalen-Verkleidung, deren Oberteil aus der CB 1100R modifiziert wurde – in silbermetallic mit gold eloxierten Felgen eine der schönsten Maschinen der Vierzylinder-Baureihe.

Einzelarmaturen verzichteten auf jeglichen Chrom und wurden in einem schwarzen Gehäuse zusammenfaßt. Bemerkenswert war das dritte Fenster in der Mitte der Einheit: quadratisch geformt und ebenfalls durch Glas abgedeckt konnte der Fahrer darin die Tages- und Gesamtkilometer ablesen. Die Designer verstanden es, der Nachfolgerin ein sachliches und dennoch sportliches Aussehen zu verleihen, wobei die geschwungene Linie der Tank-Sitzbank-Kombination auffällt. Honda bezeichnete die von Tsutomu Aoto entwickelte »Eurostyle-Linie« als einen Versuch, zwischen dem japanischen und europäischen Geschmack zu vermitteln. Dennoch störten sich einige amerikanische Testfahrer am »Autorücklicht«, welches mit der CX 500 identisch war. Bei den kanadischen und amerikanischen Modellen verlief die Linie der Sitzbank/Heckkombination nicht ganz so flüssig. In diesen Ländern erhöhte Honda im Trend des Chopper-Zeitalters den hinteren Sitzbankteil deutlich (two-stage-design) und gab dem Fahrer eine muldenförmigere Sitzpolsterung.

Hondas neue Interpretation von sportlicher Fortbewegung in der 750er Klasse wurde ein voller Erfolg. Im ersten Produktionsjahr wurden allein in Deutschland mehr Maschinen dieses Typs verkauft, als alle bisherigen, hier zugelassenen K-Modelle der eingestellten OHC-Serien insgesamt. Bei über 36.000 Motorräder – lieferbar waren die Candyfarben »tanganight blue«, »muse red« und »bayard brown« sowie für die USA zusätzlich »black« – führte Honda mit dieser Four endlich wieder die Zulassungs-Statistik in der 750cm^3-Klasse an. Ein Langstreckentest der Zeitschrift *Motorrad* bestätigte über 26.650 Kilometer ihre Zuverlässigkeit und günstige Unterhaltkosten: Prädikat »sehr empfehlenswert«. Zeitgleich mit der »K« Version bot Honda eine Sportausführung mit dem Namen »750 Super Sport« an. In Anlehnung an die frühere OHC »F« Serie erhielt die CB 750 F eine vier-in-zwei Auspuffanlage und Com-Star-Verbundräder. Durch ihre Verkleidung sah sie der CB 900 Bol d'Or F II zum Verwechseln ähnlich.

In Amerika wurde 1980 ein neues Bundesgesetz erlassen, welches die Höchstgeschwindigkeit aller importierten und neu zugelassenen Motorräder auf 80 mph (128,72 km/h) beschränkte, wobei eine Abweichung von fünf Meilen zugestanden wurde. Ferner mußte der Tachometer geeicht sein und – »zur Vermeidung jeglicher Ex-

Honda CB 750

Zum zehnjährigen Bestehen der Four-Serie brachte Honda diese – auf 50.000 Einheiten limitierte – zweifarbig lackierte CB 750 K heraus.

perimente« auch bei 80 mph enden. Die Japaner stellten sich durch einen sehr lang übersetzten, letzten Gang auf diese Vorschrift ein, während sich fortan die amerikanischen Motorrad-Zeitschriften nur noch mit den unterschiedlichen Bescheunigungs-Werten und nicht mehr mit der von vornherein festgelegten Höchstgeschwindigkeit in ihren Testberichten befaßten. Neben dem überarbeiteten, neu gestylten K-Modell – gegen 130 Dollar Aufpreis konnten auch ComStar-Räder geordert werden – ergänzte Honda die Serie durch eine dritte Variante, die CB 750 »C«. »Über das Aussehen verkauft man Motorräder – die Custom ist ein perfektes Beispiel hierfür« – schrieb *Motor-Cyclist* in seiner November-Ausgabe 1980. Mit einem Preis von 2.998 Dollar lag sie zweihundert Dollar über dem »Economic-Modell«, wie die Amerikaner das Tourenmodell »K« bezeichneten. Tropfenförmiger Tank, gesteppte Sitzoberfläche, verchromte Luftfilter-Abdeckungen und flacherer Lenkkopf-Winkel brachten das neue Chopper-Design und jene Fortbewegung, welche heute mit dem Begriff »cruisen« umschrieben wird. Im Motor unterschieden sich alle drei Modelle lediglich in der Vergaser-Bedüsung und der Auspuffanlage. *Motor-Cyclist* fuhr alle drei Versionen und stellte Vergleiche an. Die »F« bot den besten Durchzug, während bei den beiden mit einer vier-in-vier Anlage bestückten Hondas im Fazit der »K« die besseren Noten zugesprochen wurden. Sie bot mehr Komfort, war leichter sowie schneller und offerierte die besssere Sitzposition. Ferner ließ sie bei hohen Umdrehungen weniger Vibrationen an die Lenkerenden und behielt damit die Oberhand.

Im Rahmen der Modellpflege verbesserte Honda 1981 die Vorderrad-Gabel durch eine luftunterstütze Dämpfung und vergrößerte den Standrohr-Durchmesser von 35 auf 37 mm. Bis 1982 blieb das Touren-Modell und die Custom im US-Verkaufsprogramm, ein Jahr danach wurde auch die »F« eingestellt.

Die dritte Generation

Honda CBX 750 F

Die schnellste CB 750 Four, die es je gab, verdankt ihre Existenz einer asiatischen Besonderheit. Honda hatte bereits 1981 mit einem neuen Bauprinzip – dem wassergekühlten V–Motor – ein 750cm^3 Modell entwickelt und auf den Namen VF 750 F getauft. Ab 1983 stand die Maschine in den Schaufenster der Händler. Für jeden anderen Motorrad-Hersteller wäre damit das Ziel, in dieser Klasse ein neues Motorrad auf höchstem technischen Niveau zu entwerfen und anzubieten, erreicht. Nicht so für Honda. Die Firmenleitung beauftragte 1982 die 1500 Ingenieure des eigenen Tochterunternehmens R&D, ihre schier unbegrenzte Kreativität auch auf die »alte« Konstruktion, den luftgekühlten Reihen-Vierzylinder-Motor zu übertragen, um die beste technische Lösung zwischen den beiden Motorbauarten herauszufinden.

In der Theorie sprachen alle Vorzüge für die V-Bauweise. Dem wassergekühlten Motor konnte aufgrund thermisch günstigerer Bedingungen eine höhere spezifische Leistung abverlangt werden. Bei einer – ge-

CBX 750 F? Nein, dies war die fast baugleiche Vorläuferin, die CB 700SC Nighthawk 'S, welche seit Anfang 1984 in USA ausgeliefert wurde.

Honda CB 750

Das für die Nighthawk entwickelte Cockpit war eine Mischung aus CB1100R und CB 750 FII – im rechten Fenster konnte digital die eingelegte Gangstufe abgelesen werden.

genüber dem luftgekühlten Pendant – höheren Verdichtung ergab sich ferner ein besserer Wirkungsgrad. Insgesamt also optimale Voraussetzungen für eine höhere Leistung bei gleichzeitig niedrigerem Verbrauch.

Nun lag es an den Ingenieuren, das Gegenteil zu beweisen und das Erbe der CB 750 erfolgreich weiterzuführen. Die dritte Generation mit dem Namen Honda CBX 750 F geriet zur »besten Honda, die es je gab« (Werbeaussage). Die Honda CBX 750 F stellte sich 1984 der europäischen Öffentlichkeit. Sowohl in Technik als auch Leistung bot Honda bei diesem Reihen-Vierzylinder ein Feuerwerk brillanter Motorradbaukunst, lediglich Tourer-Qualitäten bot die dritte Generation nicht.

Der konstruktive Fortschritt steckte insbesondere im Motor. Die technischen Gemeinsamkeiten mit der CB 750 Four K (Z) beschränkten sich auf die beiden Nockenwellen und die 16 Ventile. Schon das Bohrung/Hubverhältnis von 67 x 53mm identifizierte die neue 750er als Kurzhuber, welche durch ihre Leistung von 91 PS bei 9.500/min eine neue Rekordmarke setzte – ein PS mehr, wie Honda 1969 aus der 750 cm³ OHC-Rennmaschine beim 200-Meilen-Rennen in Daytona mobilisiert hatte. »Selbst damit«, meinte Soichiro Irimajiri als führender Ingenieur des RC17-Projektes, »ist die Leistung des luftgekühlten Reihen-Vierzylinders noch nicht ausgeschöpft«.

Charles Everitt, Testfahrer der amerikanischen Motorradzeitschrift *Cycle Guide* stellte das neue Motorrad 1984 in der Septemberausgabe seinen Lesern vor. Er bedauerte sehr, daß sich Honda dazu entschlossen hatte, die CBX nicht in das USA-Angebot aufzunehmen. Zumal die neue Maschine nicht, wie in der deutschen Presse berichtet, eine völlige Neuentwicklung darstellte, sondern im Detail bis auf einige Kleinigkeiten der bereits für die USA produzierten CB 700 SC »Nighthawk« entsprach. Diese stellte bei einer Bohrung von 67 x 49,4 mm achtzig PS bei einer Nenndrehzahl von 10.000/min zur Verfügung.

Motorbau-Kunst vom Feinsten: hydraulischer Ventilausgleich, 16 Ventile, zwei Nockenwellen, hydraulische Kupplung, sechs Gänge.

Die dritte Generation

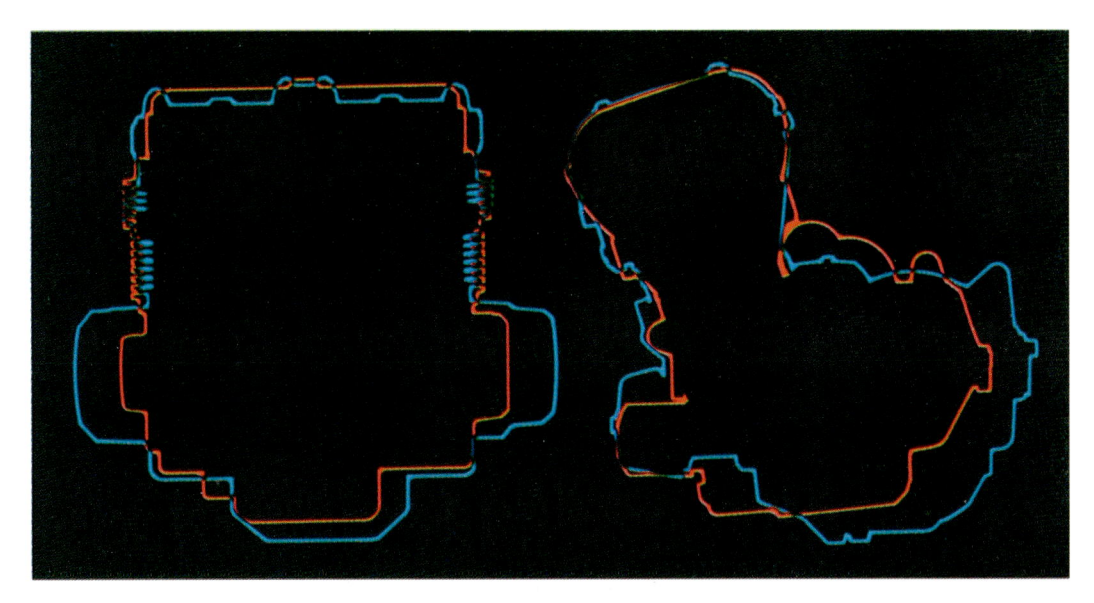

Die Gegenüberstellung des CB 750F-Motors (blaue Linie) und der Antriebsheit der CBX 750F (rote Linie) macht es deutlich: der technisch aufwendigste Motor benötigte den geringsten Platz.

Die Modifikationen für ein europäische Nighthawk beschränkten sich auf eine 3,6 mm größere Bohrung, größere Ventile (Einlaß 25 mm – Auslaß 22,5 mm), andere Steuerzeiten, das »Anti-Hopping-System« der Kupplung, eine Scheibenbremse am Hinterrad einschließlich dem Umbau der Hinterraddämpfung auf das Honda Pro-Link-System und ein leicht überarbeitetes Design: alle anderen »Neuheiten« waren in gleicher Ausführung bereits an der »Nighthawk« verwirklicht worden.

Aus deutscher Sicht basierte der mattschwarz lackierte Motor in wesentlichen Grundzügen auf der 1983 präsentierten CBX 650. Die Feinarbeit begann schon am Zylinderkopf. Das erste Ziel, einen nahezu rennmäßigen Gasdurchsatz zu erreichen, gelang durch geschickt gewählte Strömungswege, Ein- und Auslaßkanäle trafen nahezu senkrecht auf die Ventilteller. In einem Winkel von nur 38° angeordnet, ermöglichen sie eine effektivere Gestaltung der Brennräume. Die Bauhöhe des auf Höchstleistung ausgelegten Vierzylinders wäre dadurch allerdings sehr gewachsen. Um dennoch eine vernünftige Bodenfreiheit zu erhalten, griffen die japanischen Motorenbauer auf eine englische Idee zurück. Honda verkleinerte die Ölwanne auf ein Minimum und nutzte wie bei der Nighthawk die beiden vorderen Rahmenunterzüge als zusätzliches Ölreservoir. Im Gegensatz zur CB 750 K (Z) reduzierte das Entwicklungsteam die Ölmenge um fast einen Liter auf 3,6 Liter. Bei einem Ölwechsel mußten zwei Ölablaßschrauben geöffnet werden, die eine an der Ölwanne, die andere am Rahmenunterzug. Die Verlagerung des Motoröls in den Rahmen mit einer Zu- und Rückleitung zu dem direkt unter dem Doppelscheinwerfer an-

Das Cockpit für die Europa-Ausführung geriet mit der Leichtmetall-Einfassung zum Blickfang; der linke Bremsflüssigkeits-Behälter war für die hydraulische Kupplung zuständig.

Honda CB 750

HONDA CBX750F

LUBRICATION
GRAISSAGE
SCHMIERUNG
LUBRICACION

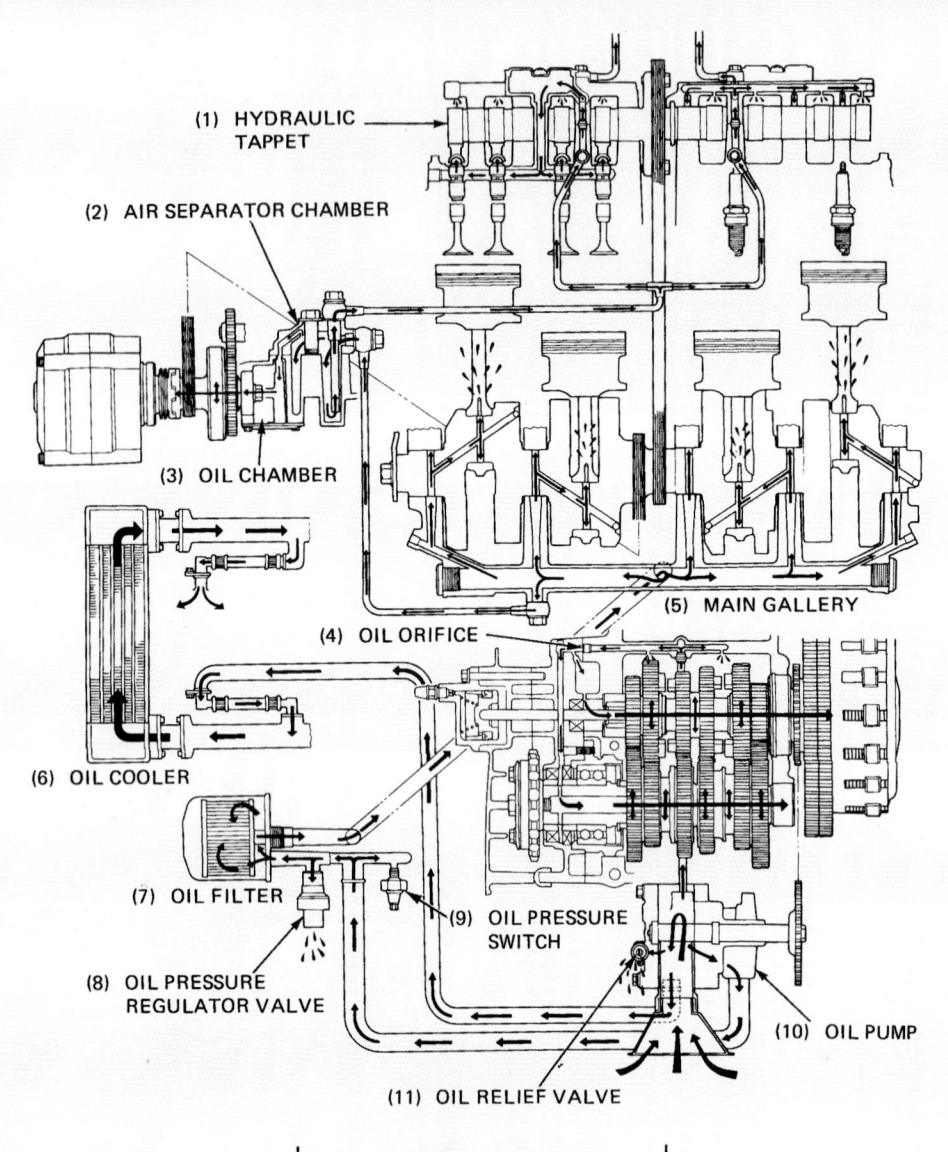

- (1) HYDRAULIC TAPPET
- (2) AIR SEPARATOR CHAMBER
- (3) OIL CHAMBER
- (4) OIL ORIFICE
- (5) MAIN GALLERY
- (6) OIL COOLER
- (7) OIL FILTER
- (8) OIL PRESSURE REGULATOR VALVE
- (9) OIL PRESSURE SWITCH
- (10) OIL PUMP
- (11) OIL RELIEF VALVE

- (1) HYDRAULIKSTÖSSEL
- (2) LUFTABSCHEIDERKAMMER
- (3) ÖLKAMMER
- (4) ÖLBLENDE
- (5) HAUPTKANAL
- (6) ÖLKÜHLER
- (7) ÖLFILTER
- (8) ÖLDRUCKREGELVENTIL
- (9) ÖLDRUCKSCHALTER
- (10) ÖLPUMPE
- (11) ÖLENTLASTUNGSVENTIL

Der Ölkreislauf geriet mit seinen zahlreichen »Verbrauchern« zur neuen Herausforderung, um den leistungsstärksten 750cm³ Motor ausreichend zu kühlen.

Die dritte Generation

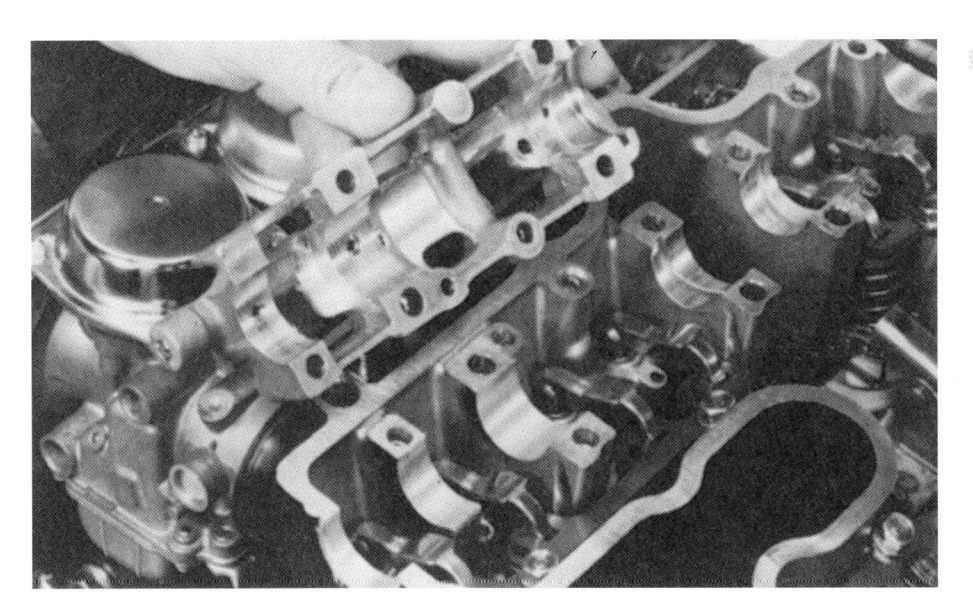

Detailaufnahme des Zylinderkopfes nach Abnahme der Nockenwellen – das obere Einzelteil ist einer der vier Halteböcke – unter den eingefrästen Nockenwellenlager sind die Kipphebel und Hydraulikstößel zu sehen.

gebrachten Ölkühler sorgte, in Verbindung mit dem hinter den Zylindern plazierten Wechselstrom-Generator, für eine nahezu ideale Gewichtsverteilung von vorne 49,8 % und hinten 50,2%.

Ein flacher Kolbenboden sorgte zusammen mit neu entwickelten Kolbenringen – der oberste Ring wurde hartverchromt – für eine mit der CB 700 SC Nighthawk identische Verdichtung von 9,3 : 1. Im Zylinderkopf verwirklichte Honda seinen Werbespruch »der Reihen-Motor, welcher sich fast von selbst wartet« und montierte die schon aus CBX 550 und CBX 650 bekannte Technik des hydraulischen Ventilspiel-Ausgleichs. Hierbei übernahmen die im Boden des Zylinderkopfes, unter den Nockenwellen plazierten und von vier Führungsblechen gehaltenen Kipphebel eine Doppelfunktion. Mit ihrem der Motorinnenseite zugewandten Ende betätigten sie die Ventile, unter ihrem anderen Ende befand sich jeweils ein kleiner, hydraulisch betätigter Stöpsel – die Ölhydraulik-Einheit. Sie hielt das Ventilspiel innerhalb der Idealwerte und reduzierte Ventilgeräusche auf null. Die beiden Nockenwellen liefen wie beim Vorgängermodell direkt im Zylinderkopf. Fixiert wurden sie von vier rechteckigen Halteböcken, worin die oberen Lageraussparungen eingefräst waren. Die einteilige Zahnkette, welche von der fünffach gleitgelagerten Kurbelwelle zu den austauschbaren Kettenrädern der Nockenwellen verlief, wurde über einen Federmechanismus vollautomatisch nachgestellt. Die konstante Spannung der Steuerkette erreichten die Ingenieure durch eine einfache, aber wirkungsvolle Maßnahme. Neben dem federbelasteten, konventionellen Kettenspanner übernahm das Nachspannen ein eingebauter Ratschen-Mechanismus, welcher je nach Längung der Kette die Konstruktion automatisch nachführte. Wartungsarbeiten an der bürstenlosen, zwangsgekühlten Lichtmaschine mit einer Leistung von 280 Watt gehörten ebenfalls der Vergangenheit an. Zwischen dem äußeren und inneren Spulenkranz bewegten sich zwei Polschuhläufer, verschleißfreudige Kohlebürsten gab es nicht mehr.

Für die ungemein effiziente Gemischverwertung sorgten die bereits an der Nighthawk 700 SC montierten, vier Keihin-Unterdruckvergaser mit einem Saugrohr-Durchmesser von 34mm und einer Beschleunigerpumpe – untereinander von einer verschleißfrei arbeitenden Mechanik geführt und verbunden. Von der Seite betrachtet, fallen die rechts und links montierten, chromattierten Kunststoffattrappen zwischen Luftfiltergehäuse und Vergaser auf, Honda übernahm sie von der Nighthawk »S«. Gekonnt überdeckten sie die schwarzen Gummis der eigentlichen Ansaugstutzen und vermittelten auf den ersten Blick den Eindruck, daß diese Honda über offene, rennmäßige Ansaugtrichter atmet. Die schwarz ver-

Honda CB 750

Die schnellste CB 750 Four Serienmaschine aller Zeiten.

chromte Vier-in-zwei Auspuffanlage des amerikanischen Ausgangsmodells wurde für die europäische CBX unterhalb des Krümmerbereiches miteinander verbunden und neu abgestimmt. Honda befestigte die Auspuffdämpfer und die vordere Motoraufhängung in Silentgummis, um Vibrationen vom Rahmen fern zu halten.

Auch im Kurbelgehäuse wurde das Ziel, »das ganze Können in diesen Motors zu stecken«, (R&D zur Entwicklung des »Basismotors« der CB 700 SC) sichtbar. Am oberen Gehäuse wurde eine Aufnahme für die Lichtmaschine und den Anlasser hinter der Zylinderbank angegossen. Von der fünffach gleitgelagerten Kurbelwelle führte neben der Steuerkette eine weitere Zahnkette ab. Mittig zwischen den Kurbelwellenwangen trieb sie die nadelgelagerte Welle der Lichtmaschine samt angeflanschten Anlasserfreilauf an. Die Ingenieure hielten auch für diese Zahnkette einen automatischen Kettenspanner samt Führungsschiene für erforderlich; sehr fortschrittlich auch die von der VF 750 F übernommene »Anti-Hopping-Kupplung«. Angeschlossen an der hydraulisch betätigen Mehrscheiben-Ölbadkupplung sorgte dieses System mit einer integrierten Freilaufeinrichtung dafür, daß das Hinterrad in unteren Gängen beim Schiebebetrieb nicht zum Stempeln gebracht werden konnte, weil die Kupplung ein gewisses Maß an Schlupf zuließ.

Die dritte Generation

Im Vergleich zur CB 750 K (Z) verstärkte Honda die Schaltgabeln auf eine Dicke von 6,1mm und übernahm das Sechs-Gang-Getriebe der CB 700 SC. Während bei der amerikanischen Nighthawk der sechste Gang sehr lang ausgelegt wurde (in den Prospekten als »overdrive« bezeichnet) glichen die japanischen Techniker die Übersetzung den europäischen Ansprüchen und Verhältnissen an; *Motorrad* bescheinigte der CBX 750 F »ein präzis arbeitendes und kaum besser abzustimmendes Getriebe, welches die bekannt hohe Honda-Qualität zu neuen Dimensionen führt«. Eine Primärwelle oder Kickstarter-Einrichtung war in dem wesentlich kompakteren, nur 419 mm breiten und 75,5 kg schweren Motor nicht mehr zu finden. Der Hauptölkanal verlief jetzt unterhalb des Kurbelgehäuses; die hinter der Kupplungsglocke montierte Ölpumpe versorgte über ein weitverzeigtes Netz von Bohrungen und Leitungen alle relevanten Schmierstellen. Die kontaktlose, vollelektronische Zündung riegelte bei 11 000 Touren ab, die Steuerelektronik legte dann zwei der vier Zylinder lahm.

In ihrer Optik signalisierte die Maschine einen radikalen Bruch mit ihren Vorgängerinnen. Das Styling der CBX lehnte sich stark an die aggressive Optik der Honda-Langstrecken-Rennmaschinen an. Mattschwarz stand im Kontrast zu den lieferbaren Farben »monzarot« oder »plejaden-silbermetallic«, wobei die auffälligen, seitlich verlaufenden Zierlinien die gestreckte Silhouette weiter verstärkten. Die Unterdruck-Kammerdeckel der Vergaser und die 39 mm dicken Standrohre der luftunterstützen, hydraulischen Vorderradgabel waren die einzigen Teile, welche noch in das Chrombad durften. Den vom Computer entworfenen Doppelschleifenrahmen aus konventionellen Rundrohren mit zentralem Oberrohr geriet sehr stabil; das obere, zentrale Rahmenrohr wurde so geführt, daß der Zylinderkopf samt Zylinder abgenommen werden konnte, ohne daß der Motor ausgebaut werden mußte. Der kompakte Vierzylinder erlaubte die Verwendung einer langen Schwinge und die Montage eines auf europäische Verhältnisse abgestimmten, sensiblen Federsystems, während sich die Amerikaner mit zwei konventionellen Federbeinen aus der CB 750 Four K zufrieden geben mußten. Die Kastenschwinge der CBX 750 F

So schmal baute kein anderes Motorrad mit vier Zylindern.

erhielt ein luftunterstützes Zentralfederbein mit dreifach verstellbarer Zugstufe (Pro-Link-System) und wurde auf der Ritzelseite (16 und 45 Zähne) durch ein Nadellager, auf der gegenüberliegenden Seite durch zwei Radialkugellager geführt.

Honda CB 750

Die Doppelscheibenbremse mit 280 mm Durchmesser am 16 Zoll Vorderrad erhielt ihre Schwimmsättel mit je zwei Bremskolben von Nissin und ließ zusammen mit dem am linken Tauchrohr angebrachten, mechanisch angesteuerten »Anti-Dive-System« (die Vorrichtung sollte beim Bremsen das Eintauchen der Gabelrohre begrenzen) keine Wünsche mehr offen. Der Bremsnickausgleich war vierfach verstellbar und funktionierte sehr zuverlässig. Am 18 Zoll Hinterrad war ein weiterer Unterschied zur amerikanischen Nighthawk erkennbar: eine hydraulisch betätigte Scheibenbremse (in den Abmessungen und Konstruktion mit ihrem vorderen Pendant identisch) ersetzte die Simplex-Trommelbremse. Schlauchlose Reifen und ComStar-Verbundräder waren in dieser Klasse schon zum Standart bei Honda-Motorrädern geworden. Der Benzinhahn am 22-Liter-Tank war membrangesteuert, so daß bei ausgeschaltetem Motor kein Benzin in die Brennräume nachlaufen konnte.

Dem Rennsport entliehen schienen die symmetrisch angeordneten, drei Instrumente in ihrer aluminiumfarbenen Einfassung zu sein. Während der links plazierte Tachometer in der Größe dem rechtseitigen Kombiinstrument für Benzinanzeige und Voltmeter entsprach, war der mittig plazierte Drehzahlmesser, dessen roter Bereich bei 10.000/min begann, deutlich größer. Sechs farbige, oberhalb der Instrumente eingelassene Kontrolleuchten komplettierten das in Japan als europäische »Fahrer-Informationseinheit« titulierte Cockpit. Es geriet im Vergleich zu den rot/schwarzen Zifferblätter der Nighthawk-Ausführung, welche noch eine Digitalanzeige über die jeweils eingelegte Gangstufe und eine separate Kontrolleuchten-Konsole trug, deutlich professioneller. Die beiden Lenkerhälften aus geschmiedetem Duraluminium ließen eine entspannte Armhaltung zu und waren individuell einstellbar.

Die Jagd nach überflüssigen Pfunden, wo immer möglich, machte sich bezahlt: Mit 218 kg (Nighthawk: 213 kg) war sie um 18 kg leichter als die K (Z) und damit so schwer wie die Ur-K1 mit vier Auspuffdämpfern.

Motorrad bemühte sich 1984 leidlich, das CBX-Chassis auf öffentlicher Straße an seine Grenzen zu bringen und erklärte am Ende die durchgeführten Versuche »für gescheitert«. »Keine Pendelneigung, keine Lenkreaktion in Schräglage bei Unebenheiten oder beim Bremsen«. In den Kriterien Fahreigenschaften, Handlichkeit und Kurvenverhalten fiel den Testfahrern nur ein passendes Wort ein: »beispielhaft«. Und die amerikanische *Cycle Guide* erklärte die CBX »nicht nur für die Europäer attraktiv, sondern auch für alle Yankees. Die Maschine existiert, also gebt sie an den Markt – und der Markt ist hier.«

Der seidenweich laufende Reihenvierzylinder begeisterte durch seine Fahrwerte, er beschleunigte von null auf 100

Der Motor aus der Weitwinkelperspektive – Höchstleistung auf kleinstem Raum.

Die dritte Generation

»Schade, daß ihr uns diese Traum-Maschine nicht gebt« schrieben die amerikanischen Testfahrer, welche diese Entscheidung nicht nachvollziehen konnten.

km/h in 4,3 Sekunden und erreichte eine Höchstgeschwindigkeit von 211 km/h bei 9530/min; der Durchschnittsverbrauch lag bei 6,8 Liter auf 100 km.

Um dem Reihen-Vierzylinder zusätzlich Kühlluft zuzuleiten, griffen die Aerodynamiker in Asaka auf die Erkenntnisse der Windkanalversuche zurück. Der untere Teil der Halbschalen-Verkleidung, der Vorderrad-Schutzblechhalter und der am unteren Kurbelgehäuse befestigte Spoiler wurde so ausgeformt, daß die Luftströmung des Fahrtwindes als zusätzliches »Kühlgebläse« genutzt werden konnte. Mit einem Verkaufspreis von DM 10.203,- war sie um DM 403,- günstiger, wie die 90 PS starke VF 750 F – im Verhältnis zu der gebotenen Technik fast schon ein Sonderangebot, dem 19.674 Käufer in aller Welt nicht widerstehen konnten.

Honda CB 750

Der Sprung zurück in die Neuzeit

Die CB Seven-Fifty

»Nichts läßt sich so schwer wiederholen, wie ein großer Erfolg« sagt eine japanische Weisheit. So gesehen kann man den Ingenieuren in Asaka nur applaudieren, sie schafften nämlich mit der »Nighthawk« genau das. Auslöser dieser CB 750-Renaissance waren nicht die Marktstrategen, nicht die Konkurrenz und auch nicht die Fachpresse, sondern eine Anfang 1990 durchgeführte Umfrage unter amerikanischen Honda-Motorradfahrern. Das Ergebnis dieser Studie war überraschend, viele wünschten sich die alte »Sevenfifty« mit zeitgemäßer Technik zurück, ohne Verkleidung und sonstigen »Schnickschnack«. Außerdem genügte den meisten eine Scheibenbremse am Vorderrad – wie damals eben. Tourentauglich, leicht beherrschbar und vor allen Dingen nicht übermäßig teuer. Auf den Punkt gebracht, lautete die Formel: kleinster Preis bei größtem Vergnügen, wie 1969. Gesagt, getan: Das Projekt erhielt die Codebezeichnung »MW3«, die spätere Produktionsnummer der Nighthawk 750.

Um amerikanischen Wünschen zu genügen – Europa wurde in die Planung (noch) nicht eingeschlossen – mußte die neue Four also nicht unbedingt ein supermodernes High-Tech-Gerät mit teuren Einzelkomponenten werden, sondern ein solides, leistungsstarkes Motorrad mit überschaubarer Technik und vernünftigen Preisen, kurzum: bewährte Honda-Qualität, ansprechend und zeitlos verpackt.

Anders als bei der ersten CB 750 wurde, schon aus Kostengründen, auf bestehende Komponenten zurückgegriffen. Die Motorenbauer in Saitama erinnerten sich des bereits 1984 für Europa gebauten, 91 PS starken Vierzylinder der CBX 750 F. Er erhielt den Zuschlag, weil er den Amerikanern – als kleinere Version in der ersten »Nighthawk« mit 700 cm^3 – schon bekannt war und wegen seiner Zuverlässigkeit sich eines guten Rufs erfreute. Die Vordergabel mit einem Standrohr-Durchmesser von 41 mm stammte von der NTV 650 Revere, die einzelne, hydraulische Scheibenbremse mit einem Durchmesser von 316 mm einschließlich Doppelkolben-Schwimmsattel von der CBR 1000 F, während die beiden hinteren, fünffach einstellbaren Showa-Federbeine aus der ersten Nighthawk stammten, ebenso der Stahl-Zentralrohrrahmen mit zwei Unterzügen samt Kastenschwinge und die über Gestänge betätigte Simplex-Trommelbremse. Das passende 17-Zoll-Hinterrad drehte sich ursprünglich in der 400er Honda CB-1.

Wie aus der Studie weiter hervorging, wünschten die Amerikaner an ihrer Honda weder einen Hauptständer,

Der Sprung zurück in die Neuzeit

eine Verkleidung noch einen Soziushaltegriff – dafür legten sie auf einen guten Geradeauslauf und eine bequeme Sitzposition Wert.

Honda reagierte prompt und sah bei der Nighthawk einen Hauptständer nur noch gegen Aufpreis vor, der massive Haltegriff am Heck entfiel ersatzlos. Aufgegeben wurde auch die teure Idee, die vorderen Rahmenunterzüge als zusätzliches Ölreservoir zu nutzen. Druckfeste Ölleitungen – im Freien zum kleiner gewordenen Kühler unterhalb des Steuerkopfs verlegt – übernahmen jetzt den Transport direkt zum Kurbelgehäuse. Dank des 18 Zoll Vorderrads und der sehr stabilen Rahmengeometrie beurteilten erste Testberichte das Fahrverhalten mit »beispielhaft, beherrschbar und gutmütig – auch bei schlechtem Wetter«. Der Satz: »Losfahren und sich über viele Meilen wohlfühlen« ist auch der gut gepolsterten Sitzbank sowie der gelungenen Federungsabstimmung zuzuschreiben: »Wie die erste CB 750 Four fliegt dieser Nachtfalke unbeirrt immer geradeaus – bis nachgetankt werden muß«.

Den Rotstift machte auch vor dem Motor nicht halt, wenngleich tiefgreifende Veränderungen nicht vorgesehen waren. Die vormals hydraulisch betätigte Naßkupplung wurde durch eine preiswertere Seilzugmechanik ersetzt. Die Kupplung setzten die Ingenieure aus den CBR-Sportmodellen zusammen, lediglich der nadelgelagerte Kupplungskorb und die Kupplungsnabe entstammten noch der CBX. Sie wurden wie

Trotz Rotstift-Aktion blieb das Herz dieser Four weitgehend baugleich mit dem Leistungsspender der CBX 750F – und in seiner Leistung besser, wie erwartet.

Honda CB 750

Zurück zur Zukunft: zeitlos, nicht mehr wie nötig und dennoch unverwechselbar: die Armaturen der neuesten Generation.

die seitliche Getriebe- und Kupplungsabdeckung auf die Seilzugbetätigung umgestellt; im Getriebebereich konnte bei fünf Gängen eine Schaltstufe eingespart werden. Die um elf PS reduzierte Leistung gegenüber der CBX 750 F ging auf das Konto der wesentlich kürzeren Ventilöffnungszeiten, des kleineren Luftfilters und der neu abgestimmten Auspuffanlage, die mehr Durchzug im unteren Drehzahlbereich bot. Die Einlaßventile wurden im Ventilteller-Durchmesser um einen auf 24, die Auslaßventile um zwei auf 20,5 Millimeter verkleinert. Weitere Eingriffe fanden nicht statt, die Neubedüsung der Unterdruckvergaser sowie der überarbeitete Choke-Mechanismus gehörte eindeutig zu den Verbesserungen.

So gering die Modifikationen auf sein mochten: Sie waren sehr wirkungsvoll. Das maximale Drehmoment der CB 750 Nighthawk F betrug 6,8mkp bei 7000/min und lag nur unwesentlich unter den 7,1mkp bei 8.500/min der CBX.

Der neuen Nighthawk genügte ein einzelner Zündimpulsgenerator von Toyo, die Zwangsabschaltung bei Überschreiten der Maximaldrehzahl entfiel. Und obwohl

So nur in Europa: die vordere Scheibenbremsanlage fiel gewaltig aus; sie brachte sonst viel größere Honda-Maschinen wie die CBR 1000 F zum Stillstand.

neue Ersatzteilnummern für Zylinderkopf, Zylinder und das Kurbelgehäuse vergeben wurden, war die Unterschiede zur CBX minimal: Der Zylinderblock erhielt an

Der Sprung zurück in die Neuzeit

den beiden inneren Zylindern breitere, mehr nach vorn ausgegossene Kühlrippen, im Außendurchmesser um zwei Millimeter kleinere Laufbuchsen und neue Halterungen für die äußeren Ölleitungen. Zwei kleinere Paßstifte brachten die Änderung der Zylinderkopfdichtung und des Zylinderkopfes. Das Kurbelgehäuse mußte bereits auf die Verwendung der per Seilzug betätigten Kupplung modifiziert werden, hinzu kam eine vereinfachte Kurbelgehäuse-Entlüftung samt geänderter Montage der Impulsgeber-Einheit. Die Beschränkung auf das Wesentliche führte zu einem verblüffenden Nebeneffekt: Mit einem Leergewicht von 210 kg trennte die CB 750 F Nighthawk nur noch fünf Kilogramm von der ersten Four.

Vier Millimeter tiefer geriet die Ölwanne, nachdem der Rahmen nicht mehr als zusätzlicher Öltank fungierte. Bis auf das Zahnrad des ersten Ganges paßten die Techniker die Übersetzung der anderen Gangstufen an den zivilen Charakter der Maschine an. Honda wählte die Ritzelbestückung mit 15 und 38 Zähnen, um bewußt den Tourencharakter der neuen CB 750 Four, insbesonere im fünften Gang, zu unterstreichen. Der Beschleunigung tat dies keinen Abbruch: 5,3 Sekunden von 0-100 km/h war immer noch ein akzeptabler Wert.

Trotz der eng anliegenden, bis hinter das Kurbelgehäuse geführten Krümmer büßte die Nighthawk gegenüber der CBX fünf Millimeter an Bodenfreiheit ein. Die gegossenen, das Speichendesign gelungen nachempfundenen Leichtmetallfelgen lösten aus Kostengründen Drahtspeichen- oder Verbundrad-Lösungen ab. Die hondaspezifische Perfektion blieb dennoch erhalten:

»Markant, einfach und doch bestechend geriet die Außenhaut der Braut« formulierte es *Motor-Cyle*. »Ein Märchen wird wahr – sie ist zu schön, um sich mit der Analyse von Statistiken, Meßwerten und Marktchancen dieses Modells zu befassen« sinnierte *Motorrad*. Verantwortlich für diese Liebeserklärung war das von Honda R&D in Asaka gezeichnete Desgin, eine Mixtur zwischen der ersten Four und mutig geliftet »Eurolinie«. Die bequeme, breite Sitzbank fügte sich harmonisch in

Nicht für Amerika: längere Schwinge, Hauptständer und Scheibenbremse hinten.

Honda CB 750

Die Honda CB 750 F II – wie sie in den Honda-Katalogen offiziell bezeichnet wird – des Jahres 1998: kosmetische Pflege und eine Vielzahl von Detail-Änderungen: honda-typische, konstante Weiterentwicklung ist längst zum Pflichtfach geworden.

das Gesamtbild ein und gab selbst bei längeren Testfahrten keinen Grund zur Kritik. Die Tankform ermöglichte wie bei der ersten CB 750 den Blick vom Sattel aus auf Zylinderkopf und Kühlrippen. Der Meilentacho lag wie der Drehzahlmesser in verchromten Gehäusebechern oberhalb des H4-Scheinwerfers.

Trotz der kostengünstigen Übernahme zahlreicher Baugruppen ging Hondas Rechnung auf: Die Maschine wirkte wie aus einem Guß. Der nur mit Klarlack versehene, mächtige Leichtmetall-Vierzylinder mit verchromter Auspuffanlage geriet fast ein wenig zu perfekt. Sensationell war der Preis dieser Neuauflage: 3.998 Dollar, etwa 7.500 Mark, waren 1991 schon kein Sonderangebot mehr, sondern schon beinahe ein Geschenk. Die perfekteste Four, die es je gegeben hatte, kostete nur 900 Mark mehr als die erste K 0.

Der Sprung zurück in die Neuzeit

Das Design kam bei den Amerikanern so gut an, daß es in gleicher Form auf eine weitere »Nighthawk« mit 250 cm³ übertragen wurde.

Die Europäer gelangten durch Zufall und auf Umwegen zu ihrem Nachtfalken. Honda Deutschland erhielt über einen Testbericht in der Zeitschrift *Motorrad* (Michael Schäfer fuhr eine privat importierte Nighthawk) erste Reaktionen auf diese Maschine, und die waren so gut, daß man sich zum Import entschloß. Um der teutonischen Kurvenhatz und den höheren Anforderungen an das Fahrverhalten gerecht zu werden, war eine Nachrüstung unabdingbar. Daher hing die Frage eines europäischen Verkaufs in erster Linie vom Spiel mit dem Rechenschieber ab – um so erfreulicher, daß das Ergebnis am Ende positiv ausfiel.

Rahmen, Federung und Bremsen wurden modifiziert; dazu kamen ein größerer Tank und ein nicht mehr in Gummi gelagerter, flachen Lenker sowie Hauptständer, Soziushaltebügel und eine kleinere Seitenstütze. Die Auspuffanlage, Bedienelemente, Blink- und Lichteinheiten variierten je nach Bestimmungsland.

Auch bei den Europa-Modellen fungierten andere Honda-Motorräder als Teilespender. Die beiden vorderen Scheibenbremsen mit einem Durchmesser von 296 mm

Endlich hatte Honda Deutschland gehandelt: Die »Umbauaktion« der Nighthawk zur »Seven Fifty« brachte der Maschine auch bei uns viele Freunde.

Honda CB 750

Die Zeitreise fand ein gutes Ende – gut genug, um auch dreißig Jahre nach der Grund-Idee den japanischen Flügel auf dem Tank dieses Vierzylinders zu tragen.

samt der Doppelkolben-Schwimmsättel stammten aus CBR 1000 F, CBR 600 F und VFR 750 F, sie boten eine hervorragende Bremsleistung – kein Wunder, schließlich waren sie auf weitaus höhere Fahrleistungen ausgelegt worden. Ähnliches ließ sich auch vom Hinterrad berichten, gemäß dem Motto »Sicherheit vor Kosteneinsparung«, zumal die originale Nighthawk-Trommelbremse nach drei beherzten Vollbremsungen am Ende war. In Eu-

Der Sprung zurück in die Neuzeit

ropa wurde die CB 750 hinten über eine Scheibe mit 240 mm Durchmesser und Einkolben-Schwimmsattel verzögert.

Die Vorderradgabel erhielt das härter abgestimmte Dämpfungssystem der CBR 600 F, anstelle des luftunterstützen Pro-Link-Systems fand eine konventionelle Schwinge mit zwei fünffach einstellbaren Showa-Federbeinen mit Ausgleichsbehälter Verwendung.

Laut Aussage von Honda wurde der Rahmen noch einmal um dreißig Prozent steifer als das in dieser Beziehung gewiß nicht schlechte CBX-Chassis. Gelohnt hat sich die drei Grad steilere Anordnung des Lenkkopfwinkels, um der Maschine ein noch besseres Handling bei Kurvenfahrten mitzugeben sowie der um einen Zentimeter verkürzte Radstand. Die aufgerüsteten Armaturen für Lichthupe und Scheinwerferbetätigung (in USA ist Dauerlicht vorgeschrieben) brachten mit dem knieschlüssigen Tank, dessen Volumen auf zwanzig Liter anwuchs, die europäischen Vorstellungen zum Ausdruck. Die Hinterradschwinge wuchs um dreizehn Millimeter, was sich in der 112er (Nighthawk:110er) DID 525 O-Ring Kette niederschlug. Die Maßnahmen konnten sich »erfahren« lassen: »ein solches Maß an Lenkpräzision – auch bei dem oft so heiklen Bremsen in Schräglage und unerschütterlichen Geradeauslauf sucht seinesgleichen« zieht Michael Schäfer Bilanz im »Motorrad«. Trotzdem büßte die auf den Namen CB 750 »Seven Fifty« getaufte Maschine im Vergleich zur Nighthawk zehn Millimeter an Bodenfreiheit ein. Verantwortlich hierfür war weniger der serienmäßige Hauptständer, sondern die Neugestaltung der Auspuffanlage im Übergangsbereich zwischen Krümmer und Dämpfer. Früher wie bei der Nighthawk setzte der voluminöse Vordämpfer unterhalb des Kurbelgehäuses dem Streben nach Bodenabstand frühzeitig ein Ende. Ein größerer Ölkühler, Doppelhupe, eine wegen der geänderten Auspuffdämpfer und Luftfiltereinheit anzupassende Bedüsung der Keihin-Unterdruckvergaser und die geschickt um achtzehn Millimeter höher verlegten Fußrasten vollendeten die europäischen Modifikationen. Eine verlängerte Hinterrad-Abdeckung und für die Länder Österreich sowie der Schweiz ein zusätzliches, komplexes System im Ansaugtrakt zur Reduzierung der Emissionswerte spiegeln die unterschiedlichen Zulassungsbestimmungen wider. Bei ziviler Fahrweise konnten 400 Kilometer Reichweite mit einer Tankfüllung Normalbenzin absolviert werden, dies entsprach einem Durchschnittsverbrauch von fünf Litern auf 100 Kilometer. Die auch für zwei Personen sehr bequeme Sitzbank und ihre unverwechselbare Silhouette blieben, bis auf den seitlichen Einschnitt für die geänderte Stoßdämpfer-Aufnahme, erhalten.

Die zuvorbei bei der Nighthawk von »Motorrad« bemängelte Durchzugsschwäche des fünften Ganges war sehr viel einfacher zu beheben. Eine geänderte Primär-Übersetzung – im Getriebebereich blieb die Maschine unverändert – reichte aus, um ihr mehr Kraft zu verleihen. Wie kraftvoll die beabsichtigte Abmagerungskur auf nominal 74 PS bei einer Nenndrehzahl von 8.500/U ausgefallen war, zeigten verschiedene Rollenprüfstände auf, wo zwischen 81 und 84 PS Leistung an der Kupplung gemessen wurden. In nur 4,6 Sekunden zog ein deutsches Exemplar diesen Vierzylinder von 0-100 km/h – 0,9 Sekunden schneller wie ihre 80 PS starke und fünf Kilogramm leichtere, amerikanische Schwester. Die Schallmauer von 200 km/h in der Höchstgeschwindigkeit zu durchbrechen war nicht Zielsetzung der Konstrukteure, noch macht längeres Fahren bei 196 km/h im anstürmenden Fahrtwind besonders viel Spaß. Ihre Domäne blieb die Durchzugskraft, wo im fünften Gang von 60-140km/h gerade einmal 16,2 Sekunden vergingen - zwei Sekunden weniger wie bei der Nighthawk. Die weitere Aufrüstung hatte 1992 mit einem Verkaufspreis von DM 10.865,- ihren berechtigten Aufschlag; sie ist auch 1998 noch im Honda-Verkaufsprogramm; dreißig Jahre nach der Entwicklungsphase der ersten CB 750 Four hat sich Honda mit ihr ein lebendig gebliebenes Denkmal gesetzt. Soichiro Honda hatte recht, als er sagte, ...»wir müssen jene Motorräder bauen, welche die Menschen begeistern« – die Honda CB 750 Four gehört zweifelsfrei dazu.

Rat und Tat

Clubs und Szene

Seit Juni 1990 besteht in der Bundesrepublik der »1. HONDA CB 750 FOUR CLUB e.V. Deutschland«, der über 300 Mitglieder verfügt. Der Schwerpunkt der Clubarbeit liegt, wie schon der Name vermuten läßt, auf der ersten »großen« Four: die Honda CB 750. Willkommen sind jedoch auch alle »anderen« Four-Fahrer, welche sich aus den Modell-Reihen 350, 400, 500, 550 und 650 cm^3 rekrutieren.

Ferner treffen sich in diesem Kreis »mutige Umbauer«, deren Kreationen auf den Vierzylinder-Motoren von Honda basieren. Hierzu zählen Aufrüster wie Egli, Rickman, Eckert oder die Chopper-Szene aus den 60ziger und 70ziger Jahren mit Namen wie AME.

Zweimal jährlich werden Jahrestreffen abgehalten, daneben gibt es regionale Tagestreffen und Stammtische in unterschiedlichen Gebieten. »Schnelle Hilfe« wird über die bundesweit ansässigen Ansprechpartner den Mitgliedern oder Freunden des Clubs zuteil; die Namensliste der Club-Mitglieder und nähere Details sind bei dem Vorsitzenden, Herrn Uwe Scherer, Gartenstrasse 1, 76547 Sinzheim (e-mail-Adresse: scherer.fourclub@t-online.de) erhältlich. Ferner präsentiert sich der Club auf allen namhaften Messen oder Ausstellungen zum Teil mit restaurierten Fahrzeugen.

Die Hilfe zur Selbsthilfe reicht vom Nachdruck alter Teilekataloge, Handbüchern, Ersatzteilbeschaffung, Tips für eine fachgerechte Restaurierung bis hin zu praktischen Verbesserungen (zum Beispiel eine elektronische Zündanlage für die CB 750 Four unter Beibehaltung des optischen Originalzustandes). Vier mal im Jahr erscheint die eigene Clubzeitschrift mit weiteren, umfassenden Anregungen und Neuigkeiten aus der Szene. Der Jahresbeitrag beträgt DM 72,— zuzüglich einer einmaligen Club-Aufnahmegebühr von DM 20,-.

In der Schweiz steht der »HONDA KLASSIKER I.G.« Club, ebenfalls 1990 gegründet, allen Honda-Freunden offen. Der Club ist von der Modellgeschichte in mehrere Sektionen unterteilt: von der »Lightweight-Klasse«, über die CB 450 bis hin zur »CBX« und »Gold Wing« findet der Interessierte hilfsbereite, freundschaftliche Atmosphäre und Unterstützung bei allen Fragen rund um die »Adlerschwinge aus Fernost«. Die Adresse des Vorsitzenden lautet: »Honda Klassiker Interessengemeinschaft, z.Hd. Herrn Andy Brändli, Grabenackerstr. 83, CH-8404 Winterthur«. Der Mitgliederbeitrag beträgt jährlich 50,- Schweizer Franken und beinhaltet den Bezug der jährlich dreimal erscheinenden »Honda Klassiker Bulletin«.

Der größte europäische Club, welcher für Enthusiasten aller japanischen Motorräder - vorausgesetzt die betreffenden Maschinen sind mindestens 15 Jahre alt – offen steht, ist der »Vintage Japanese Motorcycle Club« – kurz VJMC genannt. Interessierte wenden sich an Mr. Co-

Rat und Tat

lin Gibson, P.O. Box 1038, Bristol, BS99 1US in England. Mittlerweile sind dort über 5400 Mitglieder registriert; eine eigene, in Farbe erscheinende Clubzeitschrift bietet viermal im Jahr wertvolle Hinweise auf Teilebeschaffung, Restaurationserkenntnisse und im Innenteil auf mehreren Seiten das »Autojumble« – ein Such- und Angebotsprogramm vom (seltenen) Rückspiegel bis hin zu kompletten Maschinen in unterschiedlichsten Zuständen. Aufgeteilt nach den vier bekanntesten japanischen Herstellern wird ein Interessent schnell fündig.

Für Freunde der neuen Medien, welche über einen Internetanschluß verfügen, sei darüber hinaus die Adresse »www.ultranet.com« mit Sitz in USA empfohlen, welche kürzlich eine Clubreise – nur mit alten Honda CB 750 Four – auf der legendären Route 66 durchführte und sich im Internet um die Modelle CB 550 und CB 750 unter dem Namen »the Vintage Classic Emporium« annimmt.

Die Preisentwicklung oder: was ist meine »Four« heute wert?

»Welch ein Glück, daß ich mich für eine Honda entschieden habe« - dieses »Glück« wird all jenen bewußt, wenn es um die Teilebestellung geht. Bei anderen japanischen Herstellern ist – im Vergleich zu Honda – häufig nach kürzester Zeit die Meldung »discontinued« (gestrichen) aus dem Teile-Computer zur Kenntnis zu nehmen.

Honda-Teile für die CB 750 Four-Serie gibt es dagegen noch. Einziger Wertmutstropfen ist die oft gelieferte, »abweichende« Ausführung des gesuchten Teils. Ein Instrumentenset für eine CB 750 K0 oder K1 gibt es nur noch gebraucht, die lieferbaren Sets der Nachfolge-Serien passen nach einigen Umbauten zwar, sind aber nicht mehr »original K0«. In Japan hat sich deshalb im Werk eine Sektion gegründet, welche alle Originalteile auf Wunsch nachliefert oder anfertigt. Doch freudigen Teilesuchern sei gewarnt: die »Preise« liegen außerhalb jeglicher Vorstellungskraft und eine Bestellung kann nicht über die hiesige Händlerschaft, sondern nur direkt aufgegeben werden.

Es bleibt daher nur die Alternative, bei nicht mehr lieferbaren Ausführungen auf Neuteile jüngerer Serien zurückzugreifen, wobei sich auch hier Honda die Qualität und Lieferung dieser Teile sehr teuer bezahlen läßt, da diese »Parts« in der Kalkulation einzig nach der Umschlagshäufigkeit festgelegt werden. Viele Clubs haben sich daher für einzelne Nachfertigungsaktionen entschlossen und mit Erfolg zum Beispiel den Luftfilterkasten der K0 reproduziert.

Eine originale Sitzbank der ersten Serie bezieht ein Unternehmen in USA mittlerweile so originalgetreu, daß selbst Honda-Mitarbeiter beim Vergleich mit einem Originalbezug keine Unterschiede mehr feststellen können.

Originalfahrzeuge zu taxieren richtet sich je nach Seltenheitsgrad und Zustand. Die Preise für gut erhaltene CB 750 Vierzylinder sind in den letzten Jahren deutlich angezogen, eine Auswirkung der sich allmählich verknappenden Original-Teile. Gefragtestes Modell ist und bleibt die erste Serie, wobei die teuerste Version die Sandguß-Ausführung ist. Im März 1997 erhielt ein original restauriertes Fahrzeug den Zuschlag bei umgerechnet DM 22.000,-; im Juni des gleichen Jahres wurde für eine Sandguß-Ausführung (komplett, aber zu restaurieren) noch USD 4.000,- aufgerufen. Aber auch die erste K0-Serie mit Kokillenguß-Gehäuse zieht weiter an, dort bewegen sich die Preise (im Zustand 1) zwischen 12.000 bis 14.000 Mark. Mindestens genauso gesucht ist die Modellreihe K1, wo zwischenzeitlich bis zu DM 8.500,- zu inventieren sind (Zustand 2) oder die auf nur 1000 Stück begrenzte Serie der DOHC-Custom Sonderversion; dort bewegen sich die Preise inzwischen von DM 9.000,- bis zu DM 11.000,-.

Zu den Modellen, wo in nächster Zeit mit weiteren »Höhenflügen« zu rechnen ist, zählt die in Deutschland nicht angebotene Automatic-Ausführung - insbesondere die ausgereifte, letzte Serie. Die Gebote beginnen bei DM 7.500,- – es wurden aber auch schon DM 9.500,- für sehr gut erhaltene Maschinen bezahlt.

Unter den Youngtimern werden sich in den nächsten Jahren die CBX 750F und die CB 750 F (letzte DOHC Serien) weiter nach oben entwickeln – hier liegt die Range zwischen DM 6.000,- bis DM 7.000,-- für originale Aus-

Honda CB 750

führungen (noch) ein vertretbares, interessantes Angebot. Die noch nicht entdeckten »Schätze« werden in den nächsten Jahren von diesem Trend partizipieren: die Serien K2 – K 8 und die F II oder F III, wobei die Verfügbarkeit von Ersatzteilen genauso eine Rolle spielt, wie die immer knapper werdende Angebote älterer, wertvollerer Erstserien.

»Artgerechte« Pflege und ein wohlgefülltes, privates Ersatzteil-Lager mit Original-Teilen wird in Zukunft immer den Vorrang erhalten, zumal Käufer und Verkäufer dann weitgehend vor »Überraschungen« sicher sind, denn nichts ist ärgerlicher, als ein K0-Komplettfahrzeug mit einem K2-Motor im Rahmen.

Anhang

Technische Daten

Honda CB 750

Technische Spezifikationen   HONDA 750 OHC

Abmessungen (mm)		K 0	K 1	K 2	K 3 - K 6
Länge		2.160	2.160	2.175	2.175
Breite		885	885	870	870
Höhe		1.155	1.155	1.170	1.170
Sitzhöhe		800	800	810	810
Bodenfreiheit		160	140	140	140
Radstand		1.455	1.455	1.455	1.455
Fußrastenhöhe		310	310	310	310
Lenkkopfwinkel		63°	63°	63°	63°
Nachlauf	MM	95	95	95	95
Federweg V	MM	143	143	143	143
Federweg H	MM	85	85	85	85
Räder/Reifen					
Vorne		3.25-19	3.25-19	3.25-19	3.25-19
Hinten		4.00-18	4.00-18	4.00-18	4.00-18
Bremsen					
Vorne, mm	S=Scheibe	S/260	S/260	S/260	S/260
Hinten, mm	T=Trommel	T/180	T/180	T/180	T/180
Gewicht (trocken, in kg)		205	218	218	218
Tankinhalt (Ltr.)		18	17	17	17
Übersetzung					
I. Gang		2.500	2.500	2.500	2.500
II. Gang		1.708	1.708	1.708	1.708
III. Gang		1.333	1.333	1.333	1.333
IV. Gang		1.097	1.097	1.097	1.097
V. Gang		0.939	0.939	0.939	0.939
Primär		17 : 45 Z	18 : 48 Z	18 : 48 Z	18 : 48 Z
Untersetzung					
Primär		1708	1708	1708	1708
Enduntersetzung		2812	2667	2667	2667
Motor		Luftgekühlter Viertakt-Reihen-Vierzylinder mit einer obenliegenden Nockenwelle (OHC)			
		Zylinder um 15° in Fahrtrichtung geneigt			
		Bohrung 61mm, Hub 63mm; Hubraum: 736cm^3			
Öltankinhalt		3,5 Ltr.	>	>	>
Verdichtungsverhältnis		9.0 : 1	9.0 : 1	9,0 : 1	9,0 : 1
Steuerzeiten					
Eö v. OT		5	5	5	5
Es n. UT		30	30	30	30
Aö v. UT		35	35	35	35
As n. OT		5	5	5	5
Leistung PS/U		67/8000	67/8000	67/8000	67/8000
Drehmoment mkp/U.		6.1/7000	6.1/7000	6.1/7000	6.1/7000
Zündzeitpunkt					
stat./dyn. Grad KW v.OT		6/40	6/40	6/40	6/40
Vergaserdurchmesser		28 MM	28 MM	28 MM	28 MM
Hauptdüse		140 / 120	120	120	105
Beschleunigerpumpe		nein	nein	nein	nein
Elektrische Anlage; 3-Phasen-Drehstrom					
Leistung kw/U		0.21/5000	0.21/5000	0.21/5000	0.21/5000
Batterie		12V-14 AH	>	>	>

Anhang

K 7 / K 8	F / F 1	F 2 / F 3	CB A '76	CB A '77 / '78
2.280	2.200	2.210	2.250	2.250
880	860	860	865	865
1.185	1.160	1.185	1.185	1.190
810	810	830	820	810
150	135	135	135	140
1.495	1.470	1.480	1.480	1.480
330	320	325	330	340
62°	61° 10	62,5°	61,5°	62,5°
115	115	113,5	115	115
141,5	141,5	141,5	141,5	141,5
101,6	86,3	86,3	91,5	91,5
3.50-19	3.25-19	3.25-19	3.50-19	3.50-19
4.50-17	4.00-18	4.00-18	4.50-17	4.50-17
S/295	S/260	2 x S/280	S/295	S/295
T/180	S/260	S/280	T/180	T/180
231	227	232,5	241	242 / 245
19 / 19,5	18/17	18	19,5	19,5
2.500	2.500	2.500	2.263	2.263
1.708	1.708	1.708	1.520	1.520
1.333	1.333	1.333		
1.133	1.133	1.133		
0.939	0.969	0.969		
15 : 41 Z	17 : 48 Z	14 : 43 Z	17 : 48 Z	15 : 42 Z
1985	1985	1985	1351	1349
2733	2824	3071	2824	2800
>	>	>	5,5 Ltr.	5,5 Ltr.
9,2 : 1	9,2 : 1	9,0 : 1	8,6 : 1	8,6 : 1
0	5	5	5	5
40	35	40	30	30
40	35	40	40	40
0	5	5	5	5
67/8000	67/8500	73/9000	47/7500	47/7500
6.1/7500	6.1/7500	6.4/7500	5.0/6000	5.0/6000
10/35	6/40	10/35	10/33-36	10/33-36
28 MM	28 MM	28 MM	24 MM	24 MM
115	105	105/110	102	108
ja	nein	ja	ja	ja
0.21/5000	0.21/5000	0.21/5000	0.29/5000	0.29/5000
>	>	>	12 V / 20 AH	12 V / 20 AH

Honda CB 750

Rahmen/Motornummer der OHC-Vierzylindermodelle HONDA 750 OHC

Modell	Datum/Ab	Rahmennummer	Motornummer	Land
		CB 750 -	**CB 750 E-**	
CB 750 K 0	06.06.69	1000001 - 1044649	1000001 - 1044805	USA/CAN/GB/F/D/NL/AUSTRALIEN
CB 750 K 1	21.09.70	1044650 - 1132192	1044806 - 1135000	USA/CAN/GB/F/D/NL/AUSTRALIEN/ED-TYPE
CB 750 K 2	01.03.72	2000001 - 2200000	2000001 - 2200000	USA/GB/F/D/ED + GENERAL EXPORT TYPE
CB 750 K 3	01.02.73	2200001 - 2300000	2200001 - 2300000	USA/CAN/GENERAL EXPORT TYPE
CB 750 K 4	01.02.74	2300001 - 2372114	2300001 - 2372114	USA/CAN/GENERAL EXPORT TYPE
CB 750 K 5	01.02.75	2500001 - 2540000	2372115 - 2428761	USA/CAN/GENERAL EXPORT TYPE
CB 750 K 6	01.03.76	2540001 - 2700008	2428762 - 2700000	USA/F/D/ED -TYPE
CB 750 K 7	01.02.77	K2700009 - 2800000	2700001 - 3000000	USA/F/D/ED -TYPE
CB 750 K 8	01.03.78	2800001 - 2862900	3000001 - 3062980	USA/GENERAL EXPORT TYPE
		CB 750 F -	**CB 750 FE -**	
CB 750 F 0	01.03.75	1000002 - 1015054	2500004 - 2515093	USA/CAN/GENERAL EXPORT TYPE
CB 750 F 1	01.02.76	1015055 - 1041036	2515094 - 2563530	ED/GB/F/D/AUSTRALIEN/GEN.EXPORT TYPE
CB 750 F 1	01.02.76	2000003 - 2022317	2515094 - 2563530	USA
CB 750 F 2	01.02.77	2100011 - 2200000	2600014 - 3100000	USA/CAN/GENERAL EX. TYPE/AUSTRALIEN
CB 750 F 2	01.02.77	CB750G-1000014 - 1500000	B750GE-1000014 - 1500000	GENERAL EX. TYPE/F/D/ED/GB/AUSTRALIEN
CB 750 F 3	01.03.78	2200001 - 2257915	3100001 - 3157958	USA/CAN/GENERAL EXPORT TYPE
		CB 750 A -	**CB 750 AE -**	
CB 750 A	01.02.76	7000001 - 7007331	7000001 - 7007500	USA/CAN/GENERAL EXPORT TYPE
CB 750 A 1	31.03.77	7100001 - 7110562	7100001 - 7110600	USA/CAN/GENERAL EXPORT TYPE
CB 750 A 2	01.02.78	7200001 - 7300000	7200001 - 7300000	USA/CAN/GENERAL EXPORT TYPE

Anhang

Technische Spezifikationen HONDA 750 DOHC

Abmessungen (mm)		K*	F*	C*	CBX/F*	CB750*	NH750**
Länge		2.280	2.195	2.375	2.175	2.220	2.185
Breite		785	785	920	740	780	800
Höhe		1.130	1.135	1.175	1.240	1.100	1.135
Sitzhöhe		810	815	760	795	795	780
Bodenfreiheit		145	140	130	145	130	140
Radstand		1.520	1.520	1.535	1.465	1.495	1.505
Fußrastenhöhe		335	335	k.A.	365	338	320
Lenkkopfwinkel		62,5 °	62,5 °	60,7°	63°	64°	61°
Nachlauf	MM	114	112	125	93	91	117
Federweg V	MM	160	160	160	150	130	140
Federweg H	MM	112	110	100	42,5	110	110
Räder/Reifen							
Vorne		3.25-19	3.25-19	110/90-19	110/90-16	112/70-17	110/80-18
Hinten		4.00-18	4.00-18	130/90-16	130/80-18	150/70-17	140/70-17
Bremsen							
Vorne, mm	S=Scheibe	2 x S/ 275	2 x S/ 275	2 x S/ 275	2 x S/280	2 x S/296	S/316
Hinten, mm	T–Trommel	T/190	S/272	T/190	S/280	S/240	T/160
Gewicht (trocken, in kg)		236	232	234	218	215	210
Tankinhalt (Ltr.)		20	20	16,5	22	20	18
Übersetzung							
I. Gang		2.553	2.553	2.500	3.000	3.000	3.000
II. Gang		1.789	1.789	1.708	2.235	2.056	2.056
III. Gang		1.391	1.391	1.333	1.750	1.545	1.545
IV. Gang		1.160	1.160	1.097	1.434	1.240	1.240
V. Gang		0.964	0.964	0.939	1.240	1.074	1.074
VI. Gang					1.115		
Primär		18 : 46 Z	18 : 46 Z	18 : 43 Z	16 : 45 Z	15 : 40 Z	15 : 38 Z
Untersetzung							
Primär		2381	2381	2381	1780	1780	1780
Enduntersetzung		2556	2556	2388	2812	2667	2553
Motor		Luftgekühlter Vierzylinder-Viertakt-Reihenmotor					
Bohrung/Hub		62 x 62 mm	62 x 62 mm	62 x 62 mm	67 x 53 mm	67 x 53 mm	67 x 53 mm
Hubraum		748 cm^3	748 cm^3	748 cm^3	747 cm^3	747 cm^3	747 cm^3
Ölmenge gesamt		4,5 Ltr.	4,5 Ltr.	4,5 Ltr.	3,6 Ltr.	3,6 Ltr.	3,6 Ltr.
Verdichtungsverhältnis		9.0 : 1	9.0 : 1	9.0 : 1	9,3 : 1	9,3 : 1	9,3 : 1
Steuerzeiten (bei 1mm Hub)							
Eö v. OT		5	5	5	10	0	0
Es n. UT		35	35	35	40	35	35
Aö v. UT		35	35	35	45	30	30
As n. OT		5	5	5	5	-5	-5
Leistung PS/U		77/9000	79/9000	77/9000	91/9500	74/8500	80/9000
Drehmoment mkp/U.		6,53/7000	6,53/8000	6,7/7000	7,1/8500	6,43/7500	6,8/7000
Zündzeitpunkt							
Zündsystem		Transistor	Transistor	Transistor	dig. Trans.	dig. Trans.	dig. Trans.
stat./dyn. Grad KW v.OT		10/30	10/30	10/30	10/32	10/33	10/33
Vergaserdurchmesser		30 mm	30 mm	30 mm	34 mm	34 mm	34 mm
Hauptdüse		102	102	102	112	108-112	110-112
Beschleunigerpumpe		ja	ja	ja	ja	ja	ja
Elektrische Anlage; 3-Phasen-Drehstrom							
Leistung kw/U		0.26/5000	0.26/5000	0.26/5000	0.32/5000	0.24/5000	0.24/5000
Batterie		12V-14 AH	12V-14 AH	12V-14 AH	12V-14 AH	12V-14 AH	12V-14 AH

* die Daten für die DOHC-Ausführungen beziehen sich ausschließlich auf das deutsche Modell
** US-Modell Nighthawk CB 750

Erleben Sie Europas größte Motorrad-Zeitschrift!

Faszination Motorrad

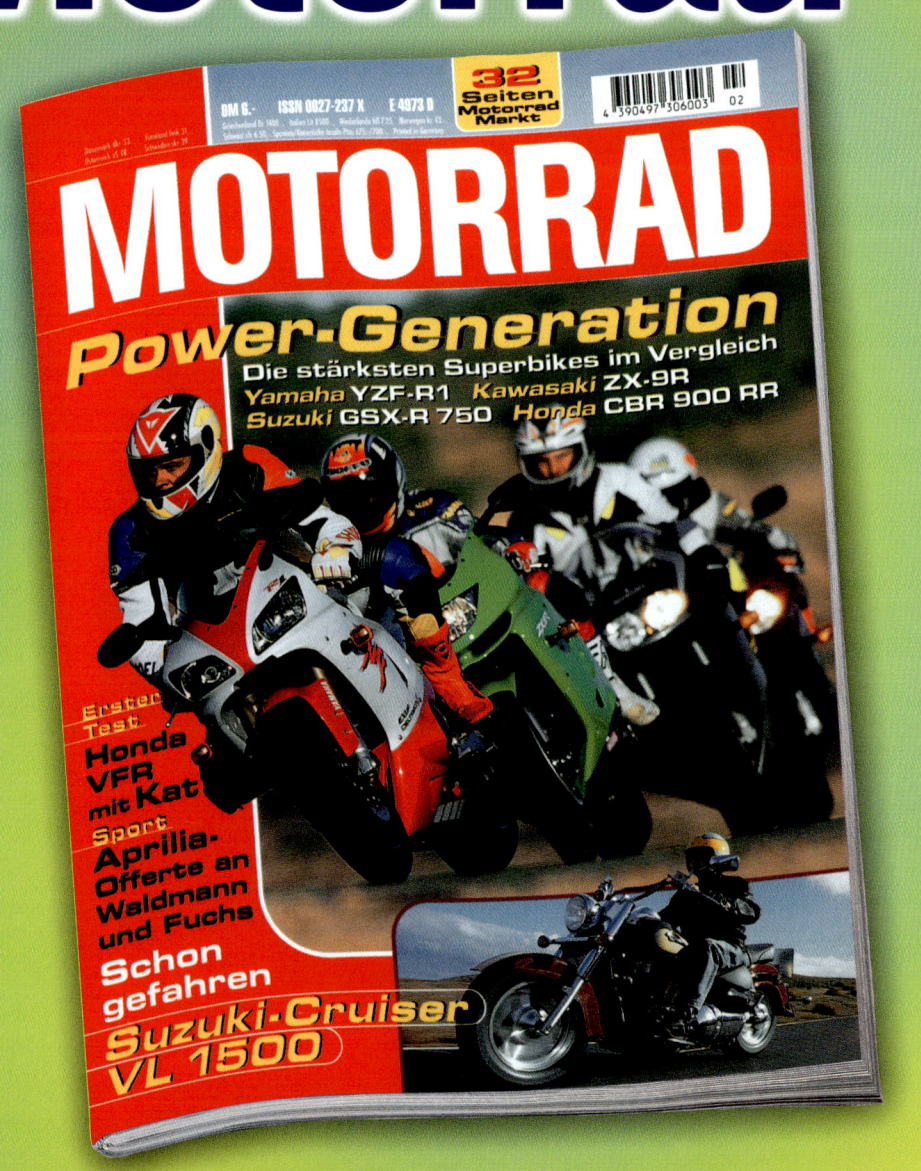

MOTORRAD, Europas größte Motorrad-Zeitschrift, fasziniert jeden, vom Einsteiger bis zum Profi. MOTORRAD testet für Sie die neuesten Maschinen, informiert über alle technischen Neuheiten und Entwicklungen, zeigt die neuesten Trends, bringt umfangreiche Reportagen, aktuelles Motorrad-Sportgeschehen und für alle Tourenfahrer den großen Reiseteil „Unterwegs".

Holen Sie sich die aktuelle Ausgabe jetzt an Ihrem Kiosk.

MOTORRAD Alle 14 Tage neu!